les mathématiques à l'école primaire

Tome 2

les mathématiques à l'école primaire

Tome 2

3. Géométrie
4. Mesures de grandeurs
5. Typologie des situations-problèmes

de boeck

L'auteur :

Xavier ROEGIERS dirige, aux Éditions De Boeck, avec François-Marie GERARD, la collection ***CRACKS en MATHS,*** qui propose des outils pour l'apprentissage des mathématiques à l'école primaire.

Pour toute information sur notre fonds, consultez notre site web: **www.deboeck.com**

Illustrations : Alice Bertrand. www.aliceb.be

2e édition

Rue des Minimes 39, B-1000 Bruxelles

Imprimé en Belgique

Dépôt légal 2011/0074/145

ISBN 978-2-8041-6480-5

Table des matières

Deuxième partie

Les principaux contenus mathématiques (suite)

Annexes

Index

CHAPITRE 3

La géométrie

INTRODUCTION

Si, au sens strict du terme, la **géométrie** se limite essentiellement à l'étude des figures de l'espace, l'**apprentissage de la géométrie** à l'école poursuit quatre objectifs principaux.

Parmi ces 4 objectifs, seuls les deux premiers sont exclusivement liés à la géométrie.

1. Se situer et se repérer dans l'espace

Il s'agira d'amener l'enfant à positionner des objets par rapport à lui, à se repérer dans son environnement, à effectuer ou décrire un déplacement donné, etc. C'est le domaine de la topologie au sens large du terme.

2. Maîtriser le monde des figures de l'espace

On peut identifier 4 composantes principales de cette maîtrise.

a) Reconnaître et décrire des formes
En prenant appui sur les connaissances intuitives qu'il a de son environnement («cet objet est plein, il est rond", «il n'a que des bords droits»), on amènera l'enfant à mettre de l'ordre dans ses observations, à nommer les figures principales et à rechercher leurs propriétés.

b) Établir des relations entre les formes
Il s'agira par exemple de rechercher comment une figure peut se transformer en une autre: en redressant les deux côtés obliques d'un parallélogramme particulier, on peut obtenir un rectangle; lorsqu'on diminue la longueur de ce même rectangle tout en gardant la même largeur, on obtient un carré, etc.

c) Construire des figures
Construire des droites parallèles, un angle de 45°, un carré etc.

d) Abstraire
Il s'agira d'amener l'enfant à dépaser par la pensée le cadre strict de sa feuille de papier: l'amener à «voir dans sa tête" que deux droites vont se couper même si le point de rencontre se situe en dehors de la feuille, qu'un cube a six faces et huit sommmets, etc.
C'est aussi l'amener à remplacer des objets ou des dessins par des concepts. Par exemple, une droite est un concept: on ne peut en dessiner qu'une minuscule partie, même sur un tableau gigantesque.

3. Développer l'esprit de recherche

Il existe une multitude de figures de l'espace: limitées et illimitées, convexes et non convexes, planes et non planes, à une, deux ou trois dimensions, etc. Celles-ci constituent un vaste laboratoire, riche en classements et en observations diverses. C'est un terrain privilégié pour éveiller l'esprit scientifique des enfants, à condition toutefois d'y être attentif et de ne pas être attaché uniquement à l'aspect formel des apprentissages. C'est ainsi qu'il sera intéressant de confronter l'enfant à des formes «biscornues», et de l'amener à en dégager les similitudes et les différences avec d'autres formes déjà rencontrées, non pas pour accumuler des connaissances supplémentaires, mais pour développer une démarche d'observation et de recherche.

4. Développer la précision et la rigueur

Rigueur et précision sont intimement liées. La rigueur est la précision de la pensée, la précision est la rigueur de la main. Au même titre que la curiosité et l'esprit scientifique. Elles ne font pas l'objet d'un apprentissage spécifique, mais devraient être une préoccupation constante.

Deux schémas structurent l'ensemble de ce chapitre:

a) une **structuration des apprentissages** à l'école (en couleur ci-dessous)

b) un schéma des **contenus** exposés dans cet ouvrage (en noir)

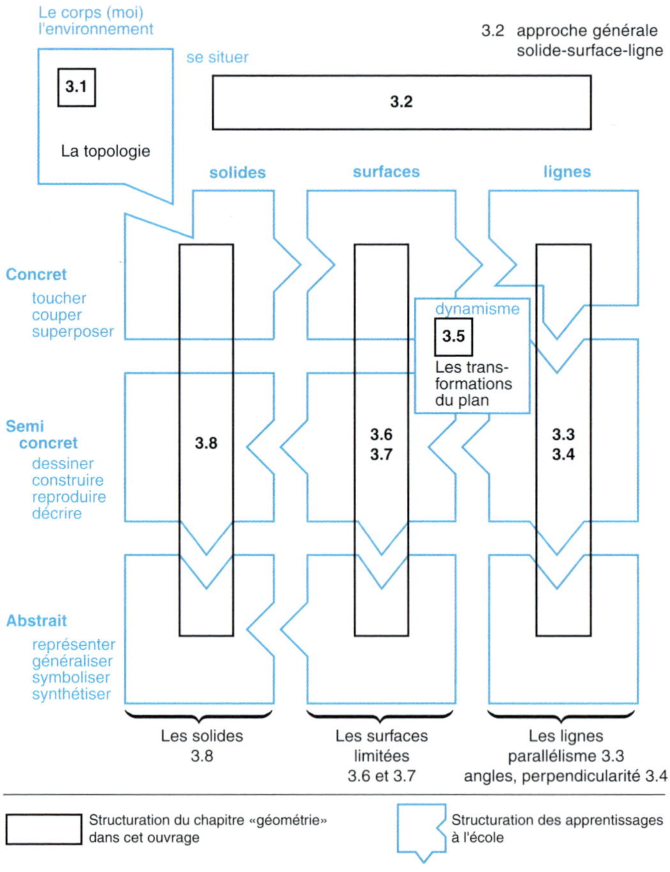

Le premier (en couleur) est constitué de onze modules, ou de onze «cases» dont nous verrons plus tard que l'enfant les parcourt dans un sens bien déterminé, un peu comme un jeu de l'oie (voir s.d. 3.2.4, 3.4.7, 3.5.8, 3.7.8, 3.8.7).

Parmi ces onze modules, neuf sont ceux d'un tableau 3 sur 3 structuré selon les axes «solide — surface — ligne» et «concret — semi concret — abstrait». Ces neuf cases de base sont complétées par deux cases préparatoires, à savoir la topologie et les transformations du plan. A ce stade de la lecture, il n'est pas encore nécessaire de maîtriser ce parcours qui sera présenté en entier en 3.8.7 et dont la structure détaillée apparaîtra au fil des suggestions didactiques de ce chapitre.

Le second (en noir) se superpose au premier et sert de fil conducteur à l'étude des contenus dans ce chapitre. Cette approche des contenus suit globalement la progression de la structuration des apprentissages, sans toutefois intégrer les stades concret, semi concret et abstrait, qui sont des données essentiellement pédagogiques.

À côté de titres qui traitent plus spécifiquement d'objets géométriques précis:

- **(3.3)** les lignes,
- **(3.4)** les bandes; les angles et la perpendicularité,
- **(3.6)** les surfaces polygonales et le disque,
- **(3.7)** les triangles et les quadrilatères,
- **(3.8)** les solides,

on trouve trois titres qui servent davantage à préparer le terrain de la géométrie :

- **(3.1)** la topologie: l'étude des éléments qui permettent de se situer dans son environnement
- **(3.2)** une approche générale des solides, surfaces et lignes: une vision globale des figures de l'espace à une, deux ou trois dimensions et du lien qui les unit.
- **(3.5)** les transformations du plan: l'ouverture à une approche dynamique des surfaces.

L'esprit qui préside à cette démarche, ainsi qu'à la présentation des différentes notions, s'attache à faire apparaître les **relations dynamiques** entre les figures de l'espace, mais aussi à fournir à l'enfant les moyens nécessaires pour dépaser le cadre étroit de la feuille de papier et passer aux notions de **droite infinie** et de **plan**. Il s'agit de l'ouvrir à la «géométrie», pas seulement aux «formes géométriques».

3.1 ÉLÉMENTS DE TOPOLOGIE: FRONTIÈRES ET REPÉRAGE DANS LE PLAN

Il n'entre pas dans les objectifs de cet ouvrage de développer de façon complète la topologie, mais uniquement d'en donner un petit aperçu dans certains de ses aspects, assez limités mais utiles aux enseignants qui sont confrontés au problème de l'appréhension de l'espace par des petits enfants.

L'approche de cette branche dans le présent ouvrage reste toutefois relativement complexe. Il est possible de la passer en première lecture mais ses implications pédagogiques nécessitent qu'on y revienne par la suite.

3.1.1. Ce dont s'occupe la topologie

La topologie est une branche des mathématiques dont l'aspect visible peut se matérialiser par des déformations d'objets.

Elle étudie les propriétés de ces objets suite à des transformations dites ***biconti-nues***, c'est-à-dire à la fois bijectives et continues.

Une transformation **bijective** est une transformation qui, à chaque point, fait correspondre un et un seul point et inversément.

Une transformation **continue** d'une forme est une transformation telle qu'il n'est pas introduit de rupture ou de cassure, c'est-à-dire telle que tout couple de points voisins après transformation l'ait été avant transformation, et que tout couple de points voisins avant transformation le reste à tout moment.

Un exemple tiré du monde des enfants est la déformation d'un morceau de plasticine. Pour faire un anneau, l'enfant part d'une boule et l'étire d'abord en un serpent dont les extrémités seront ensuite recollées.

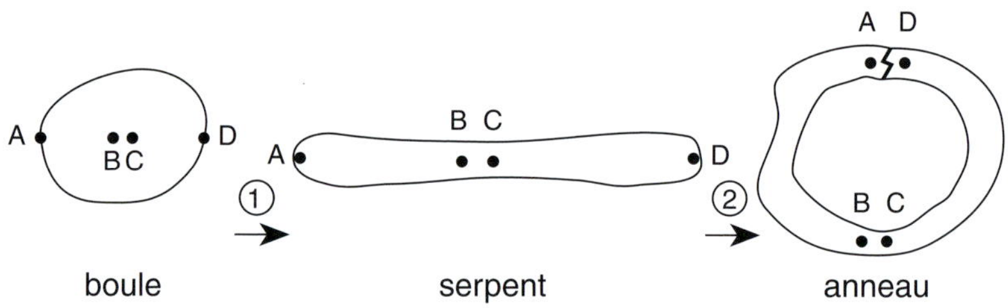

La transformation ① est continue: tout couple de points voisins (B; C) au départ le reste après transformation. Topologiquement, la boule et le serpent sont équivalents.

Par contre, la transformation ② fait apparaître des couples (A; D) voisins qui ne l'étaient pas avant transformation. La transformation n'est pas continue: elle fait apparaître un trou. D'autre part, il n'y a plus conservation des notions d'intérieur et d'extérieur: des point A et D qui étaient à l'extérieur sont maintenant à l'intérieur.

Si on avait troué la boule pour faire l'anneau, on aurait rejeté à l'extérieur des points qui se trouvaient à l'intérieur: les frontières ne se conserveraient pas, les transformations ne seraient pas bicontinues.

Un autre exemple est donné par la schématisation de cartes de géographie:

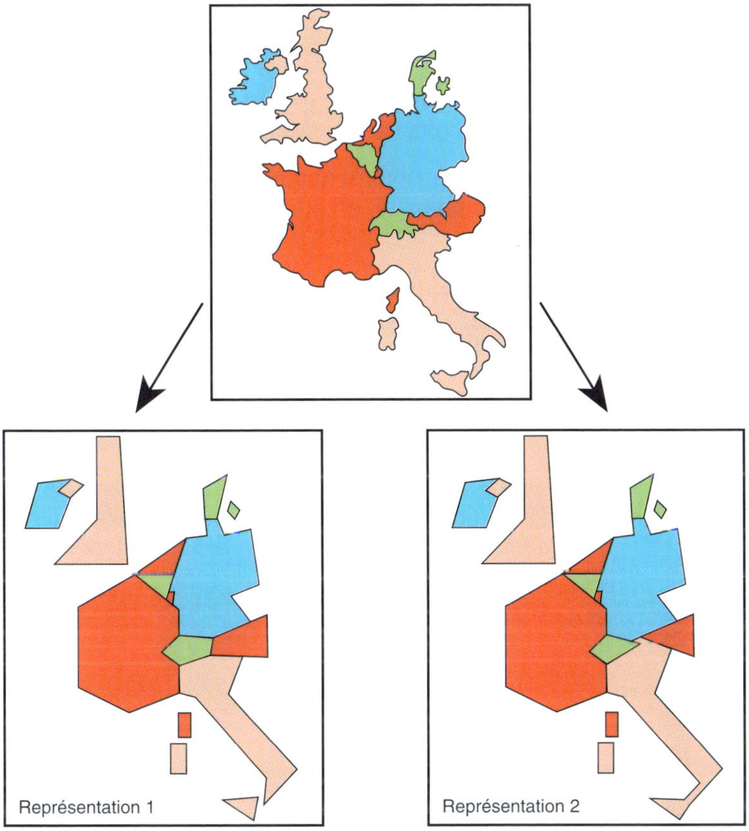

La représentation 1 est topologiquement identique à la carte de géographie: il y a respect du nombre de régions (16) et de frontières (17).

Par contre, la représentation 2 n'est pas topologiquement identique à la carte initiale. En effet, il y a d'une part suppression d'une région (la Sicile), ce qui réduit à 15 le nombre de régions. D'autre part, il y a une suppression de frontière entre la Suisse et l'Autriche, et introduction d'une frontière entre l'Allemagne et l'Italie.

La différence entre topologie et géométrie réside dans le fait que la première s'occupe essentiellement **de voisinage (fermé/ouvert), de régions, de situation (intérieur/extérieur)**, de déformations continues, sans se préoccuper de distances, de proportions, de linéarité, de parallélisme, propriétés qui relèvent du domaine de la géométrie. Ainsi, dans les trois figures ci-dessous, on associera les deux premières sur un plan topologique (même nombre de régions,...) tandis que sur un plan géométrique, ce seront les deux dernières qui présenteront le plus de similitudes au niveau de la forme:

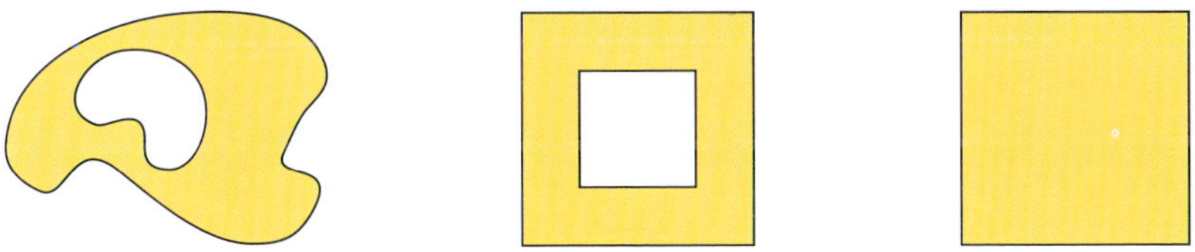

En restant exclusivement dans le plan, nous explorerons principalement deux domaines que l'on pourrait qualifier de topologiques, c'est-à-dire s'occupant principalement de voisinage et de position relative d'éléments les uns par rapport aux autres:

1. les frontières et les labyrinthes **(3.1.2)**
2. le repérage dans le plan et les systèmes de coordonnées **(3.1.3 et suivants).**

Ce choix est motivé par l'intérêt que représente le développement de ces notions au niveau de l'école primaire, en guise de préparation à la géométrie.

Suggestion didactique

Structurer l'espace

Si l'on voulait résumer sommairement la structuration de l'espace d'un enfant entre 4 et 11 ans, on pourrait distinguer trois grandes étapes:

- dans un premier temps, l'enfant conquiert **l'espace «topologique»;** il apprend à se positionner et à positionner les objets: à gauche/à droite; dans/hors de; à l'intérieur/à l'extérieur; au-dessus/en dessous; etc.
- Pour illustrer l'évolution de l'enfant, partons d'un dessin à reproduire, un masque par exemple.

(modèle)

L'enfant qui reproduit le modèle par le dessin 1 respecte les critères topologiques: ce qui est dans, ce qui est à gauche de, à droite de, au-dessus de, en dessous de,... le reste.

(dessin 1)

- dans un deuxième temps, l'enfant découvre l'**espace géométrique;** il pénètre dans le monde des formes, du parallélisme, de la perpendicularité. C'est ce qui constitue la géométrie proprement dite. La reproduction suivante du même modèle donné ci-dessus respecte les critères géométriques: respect de l'alignement; respect des formes rectangulaires, rondes, triangulaires; respect du parallélisme, des angles droits et de la symétrie.

(dessin 2)

- dans un troisième temps, l'enfant apprend à maîtriser l'**espace métrique;** il pénètre dans le monde des grandeurs, des mesures de ces grandeurs: «ce segment mesure 10 cm», «c'est un carré de 16 cm^2 d'aire», etc.

(dessin 3)

Ce dernier dessin est le seul où, en plus des autres, soient respectés les critères métriques, c'est-à-dire les critères de grandeurs.

Cette troisième partie fait actuellement l'objet d'un chapitre distinct de la géométrie: celui des grandeurs et de la mesure de ces grandeurs (le chapitre 4 de cet ouvrage).

Chez les enfants, l'appréhension de l'espace topologique précède donc celle de l'espace géométrique. Le premier lieu d'exploration est le corps lui-même : connaître son corps, ses parties et les relations entre ces parties.

Ensuite, l'enfant cherche à prendre possession de l'espace qui l'entoure en s'y donnant des points de **repère**: «je suis dans, je suis hors de, je suis au-dessus de, je suis à l'intérieur de, il est à l'extérieur de, elle est à gauche de, etc.»

Ce n'est que plus tard que l'enfant se penche sur le monde des formes, en appréhendant d'abord celles-ci selon des critères de type topologiques (par exemple troué/ non troué, voir 3.8.1), et ensuite seulement selon des critères de distances, de parallélisme,..., menant à l'étude de la géométrie proprement dite, puis des grandeurs et des mesures.

3.1.2. Les frontières et les labyrinthes

Une ***frontière*** est une ligne qui partage le plan en deux régions, l'une intérieure et l'autre extérieure, telles qu'on ne puisse pas passer de l'une dans l'autre sans franchir la frontière.

Une frontière est dite ***connexe*** s'il est possible de la parcourir entièrement sans devoir faire un «saut», c'est-à-dire sans devoir traverser une région que limite cette frontière.

Par exemple, la frontière de la France n'est pas connexe parce qu'il faut faire des «sauts» pour la parcourir entièrement (îles, D.O.M,...).

Une application directe de la notion de frontières est le coloriage de cartes de géographie: il est établi que quatre couleurs suffisent à colorier n'importe quelle carte de géographie sans que deux régions ayant des frontières communes ne soient coloriées dans la même couleur.

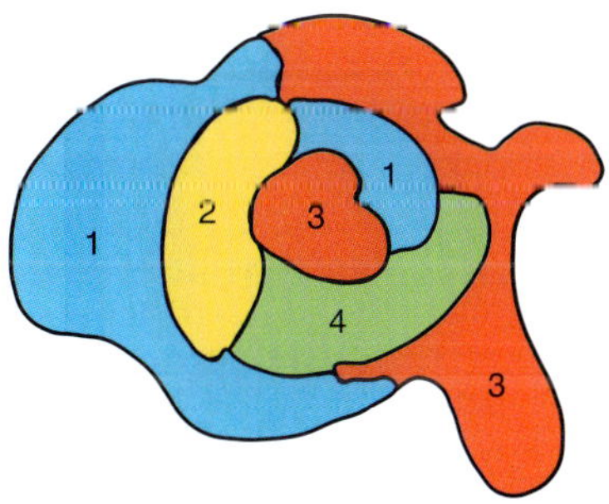

Dans certains cas, il n'est pas évident de déterminer si des éléments se trouvent à l'intérieur ou à l'extérieur d'un contour:

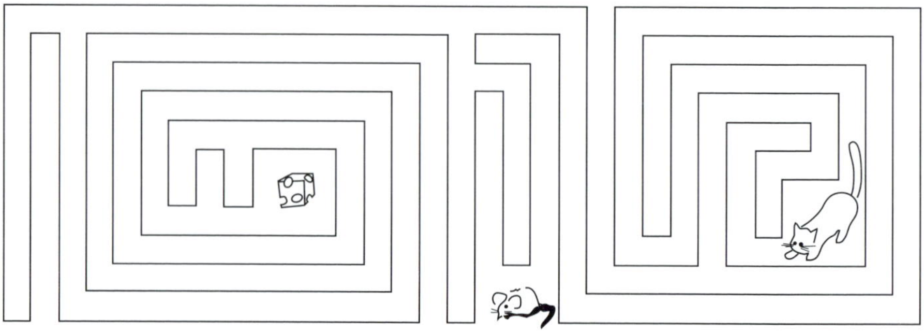

La souris pourra-t-elle attraper le fromage? Et est-elle menacée par le chat? Un procédé extrêmement simple pour le déterminer consiste à tracer un trait reliant la souris à l'élément à positionner (le fromage ou le chat). Si ce trait coupe la frontière un nombre pair de fois avant d'atteindre l'élément à positionner, celui-ci se trouve dans la même région. Si le trait coupe la frontière un nombre impair de fois, l'élément est dans une autre région.

Tout se passe donc à merveille pour la souris qui pourra aller rechercher son morceau de fromage sans être inquiétée par le chat qui se trouve à l'intérieur du contour.

Nous ne développerons pas ici la question des labyrinthes: contentons-nous de citer un procédé extrêmement simple permettant de s'y retrouver dans un labyrinthe: il suffit de considérer le labyrinthe comme un ensemble de régions limitées par des frontières; le point d'arrivée se situant nécessairement dans la même région que le point de départ, il suffit de longer une frontière pour arriver avec certitude au but:

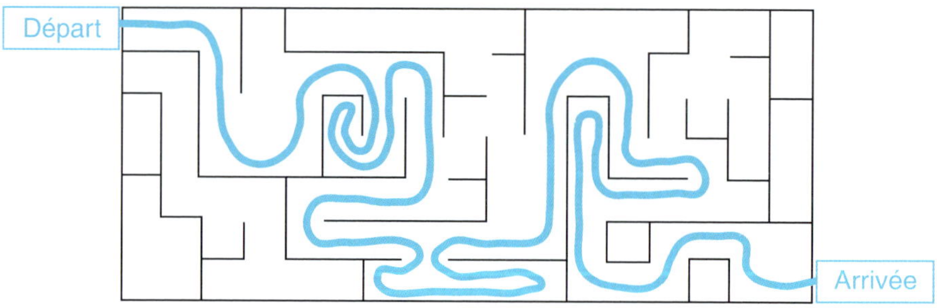

3.1.3. Repérage dans le plan: approche générale

Apprendre à l'enfant à se situer dans le plan, à situer les objets dans le plan, à les situer les uns par rapport aux autres, tel est l'ensemble des objectifs poursuivis par cette partie de la topologie qu'est le repérage dans le plan.

Les quatre étapes permettant d'atteindre cet objectif pourraient être:

	Vers la notion de
1. se déplacer dans un sens donné: les parcours fléchés;	...sens, direction, flèche (3.1.4)
2. agir et exprimer un déplacement en deux dimensions;	...réseau, quadrillage du plan, déplacement (3.1.5)
3. comparer différents déplacements entre deux points. Rendre un déplacement minimal;	...vecteur, abscisse, ordonnée (3.1.6)
4. se localiser dans le plan et localiser des points;	...origine, système d'axes orientés, graduation par les nombres entiers (3.1.7)

Nous reprendrons successivement chacune de ces étapes telles qu'on peut les faire vivre aux enfants, après avoir exposé brièvement les notions théoriques qui sous-tendent ces démarches.

3.1.4. La différence entre le sens et la direction

La **direction** (3.3.9) d'une droite n'est pas liée à son **sens** (à son **orientation**).

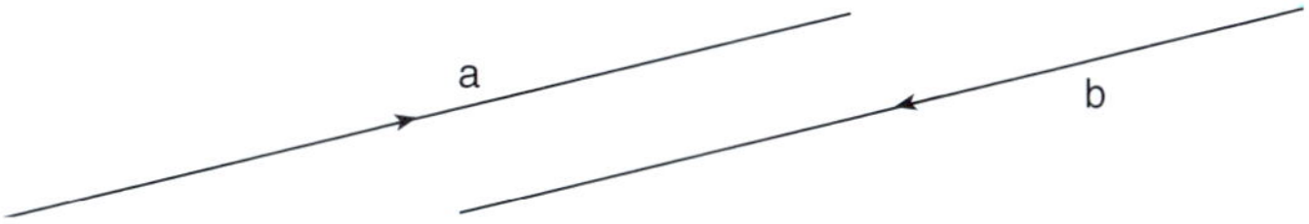

Les parcours **a** et **b** ont même direction mais des sens (ou orientations) différents: on dit que ces deux parcours linéaires ont des **sens opposés**.

Suggestion didactique

Les parcours fléchés

Dans ces parcours à une dimension, l'enfant sera amené, en salle de gymnastique par exemple, à se déplacer le long d'un parcours fléché.

Il devra bien veiller à «rentrer» dans la flèche et non à se «cogner» contre sa pointe.

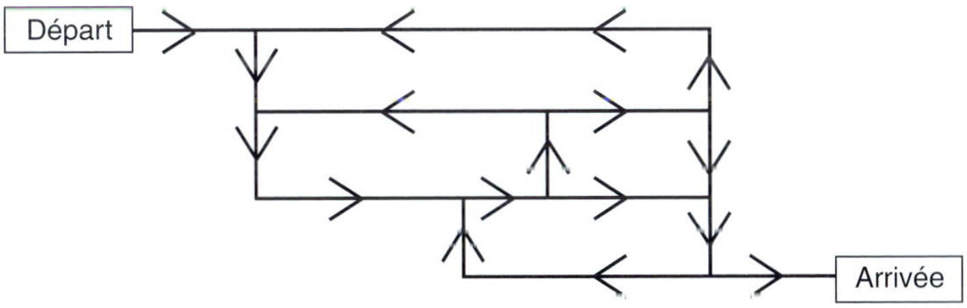

Variantes possibles: modifier le point de départ, disposer, sur les routes à ne pas emprunter dans un sens, des panneaux «sens interdit», etc.

Un prolongement de cette activité pourrait être, par exemple, de représenter à la droite du parcours suivi, des fleurs bleues et, à sa gauche, des fleurs rouges.

Le parcours suivant est-il topologiquement identique au précédent?

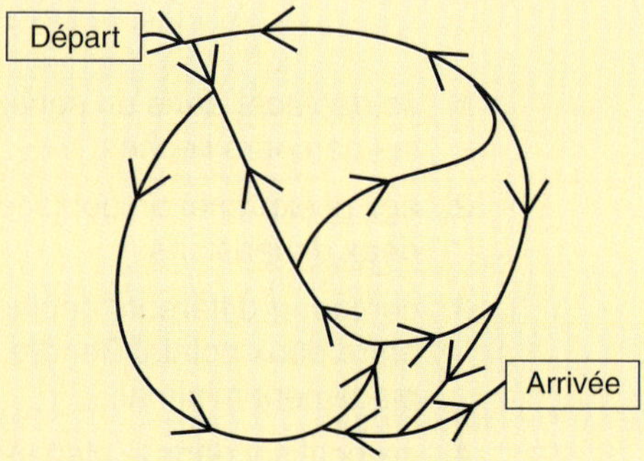

3.1.5. Les notions de réseau et de quadrillage du plan

Un ***réseau*** est un ensemble structuré de lignes (3.2.2), droites ou non, dans le plan (3.3.5), qui permette de joindre deux quelconques de ses points en se déplaçant uniquement le long des lignes du réseau.

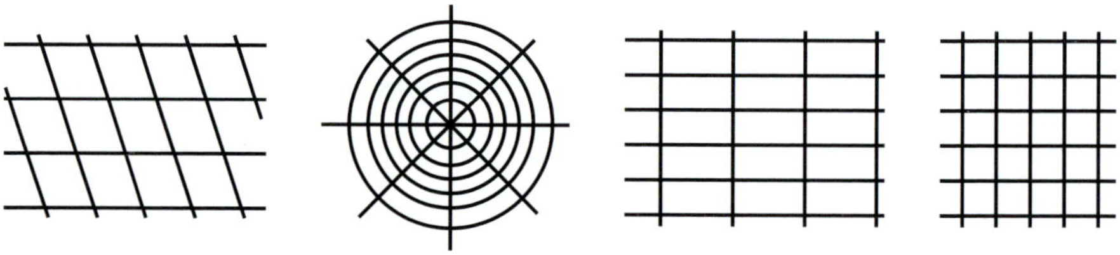

EXEMPLES : Réseau ferroviaire, réseau routier, réseau des lignes de tram, réseau des rivières, réseau de distribution d'eau, d'électricité, toile d'araignée, télédistribution, réseau informatique,...

Un ***quadrillage*** est un réseau composé de droites appartenant à deux directions perpendiculaires entre elles et délimitant des carrés de même grandeur (le quatrième réseau ci-dessus).

Suggestion didactique

Agir et exprimer un déplacement sur quadrillage

Lorsqu'il s'agit d'exprimer de façon plus précise la nature d'un déplacement, on a recours à un réseau, ou encore mieux à un quadrillage dont les deux directions perpendiculaires de déplacement sont, par exemple, les directions «tableau-porte», et «fenêtre-portemanteau» si le cadre de référence est la classe; les directions «nord-sud» et «ouest-est» si le cadre est le plan d'une ville représenté en salle de gymnastique ou en cour de récréation.

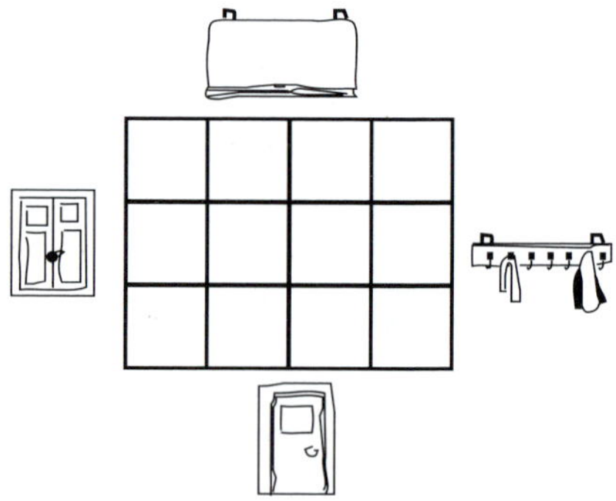

Les droites ne sont pas encore orientées; il existe donc deux directions mais quatre sens différents opposés deux à deux: les sens nord (**N**) et sud (**S**) de même direction, les sens ouest (**O**) et est (**E**) de même direction, ceci pour le second exemple.

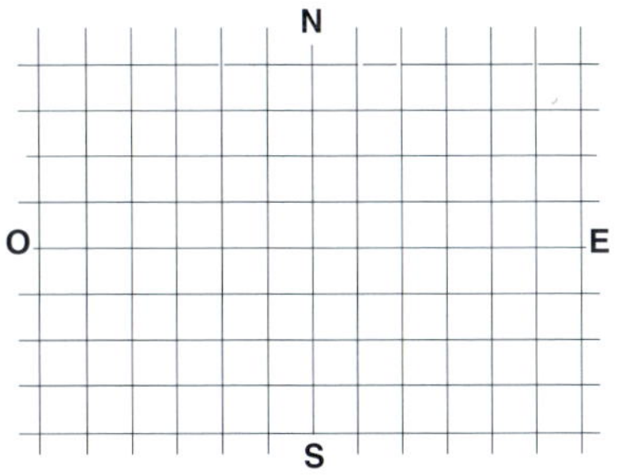

Dans le cadre d'une ville, où les droites représentent les rues, on peut emprunter le parcours suivant pour se rendre du carrefour A au carrefour B:

- 1 unité (intervalle, pas) vers l'est
- 3 vers le nord
- 1 vers l'ouest
- 2 vers le nord
- / vers l'est
- 3 vers le sud
- 3 vers l'ouest
- 4 vers le sud

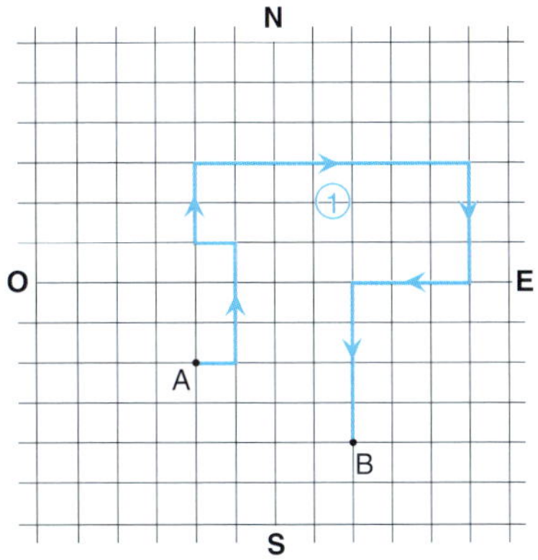

Le parcours 1 peut être symbolisé comme suit:

1**E**, 3**N**, 1**O**, 2**N**, 7**E**, 3**S**, 3**O**, 4**S**

Chaque enfant pourra ainsi symboliser plusieurs parcours de son choix. En première année, il faudra veiller à ce que ces représentations restent horizontales car le passage du plan horizontal au plan vertical est difficile à cet âge-là.

Ce type de repérage est un **repérage absolu**: les notions de sud, est,… gauche, droite,… se rapportent à des repères fixes. C'est le repérage d'un observateur fixe.

Une autre façon d'envisager les choses est de se mettre dans la peau de celui qui se déplace, engendrant ainsi un système de repérage différent: le **repérage relatif**, ou repérage par rapport au mouvement; la gauche n'est plus la gauche du réseau, mais la gauche par rapport au sens de déplacement.

On retrouve là le principe de fonctionnement de la géométrie «tortue» du langage «LOGO», utilisé en informatique pour développer l'esprit logique chez l'enfant: ce dernier doit donner une série d'ordres successifs à une tortue qui se déplace sur l'écran, en se mettant à la place de celle-ci. En se déplaçant, la tortue laisse une trace à l'écran qui constitue un dessin que l'enfant s'est fixé au départ comme objectif.

Si la tortue a, au départ, la tête tournée vers la droite, le parcours ① s'exprimerait de façon analogue à la suivante:

avance 1 – gauche 90 (avance de 1 pas puis tourne à gauche de 90°)
avance 3 – gauche 90
avance 1 – droite 90
avance 2 – droite 90
avance 7 – droite 90

avance 3 – droite 90
avance 3 – gauche 90
avance 4.

La tortue se trouve alors au point B, orientée vers le bas

3.1.6. La notion de vecteur – Abscisse et ordonnée

À la notion de vecteur est associée la notion de déplacement qui peut être oblique, c'est-à-dire avec une composante horizontale et/ou une verticale.

Un ***vecteur*** est un déplacement linéaire d'un point A à un autre point B du quadrillage. Il est symbolisé par un couple (3;1) de termes dont:

- le premier terme, l'origine du couple, représente le déplacement horizontal, positif de gauche à droite par convention.
  C'est l'**abscisse** (voir en 0.2.8, tome 1);
- le second terme, l'extrémité du couple, représente le déplacement vertical, positif de bas en haut par convention.
  C'est l'**ordonnée** (voir en 0.2.8, tome 1).

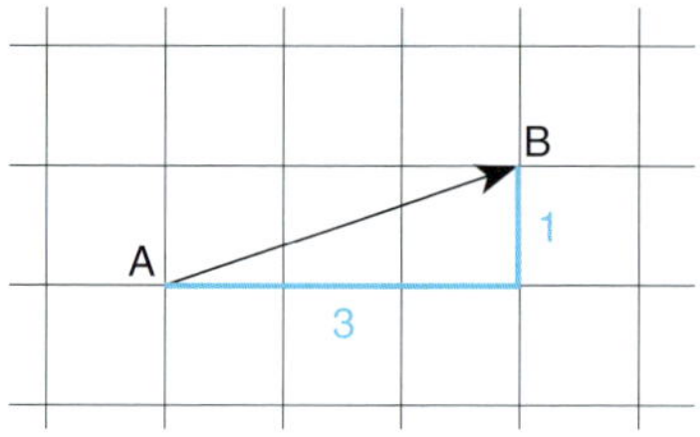

Un vecteur ayant pour origine A et pour extrémité B se note $\overrightarrow{AB}$

Par exemple, le vecteur $\overrightarrow{AB} = (3;1)$ représente un déplacement de 3 cases en abscisse et 1 case en ordonnée.

Les vecteurs $\overrightarrow{BC}$ et $\overrightarrow{AC}$ comprennent, eux, une ordonnée négative (déplacement du haut vers le bas). Ils s'écrivent donc:

$\overrightarrow{BC} = (1;-2)$

$\overrightarrow{AC} = (4;-1)$

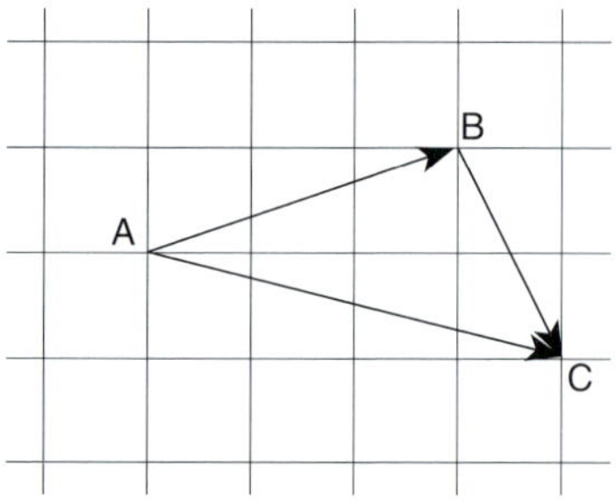

Ou encore, en convenant de représenter par la couleur rouge un nombre négatif :

$\overrightarrow{BC} = (1,2)$

$\overrightarrow{AC} = (4,1)$

REMARQUE

À l'école primaire, il peut être intéressant d'exploiter l'idée de vecteur, mais il ne faut certainement pas en introduire le formalisme (ni le terme «vecteur», ni l'écriture).

Suggestion didactique

Comparaison de déplacements – Déplacement minimal

La situation de déplacement du point A vers le point B est la même que celle de la suggestion didactique précédente, mais cette fois, trois parcours sont envisagés:

Le parcours ②: 2S, 4E

Le parcours ③: 3E, 2S, 1E

Le parcours ① est plus long: on a fait des détours inutiles: on s'est par exemple déplacé d'un pas vers l'est puis d'un pas vers l'ouest. Ces deux déplacements peuvent s'annuler.

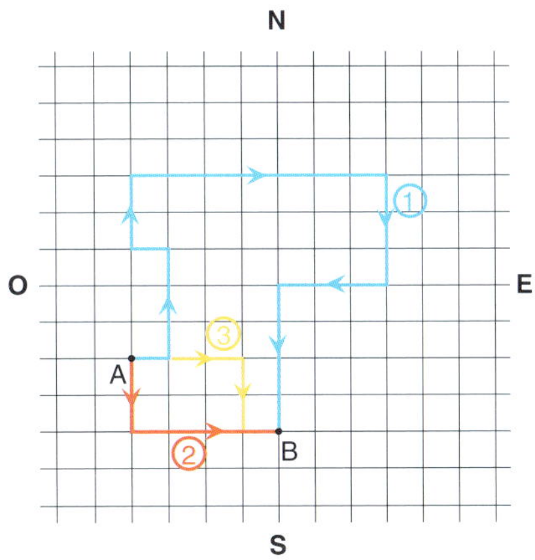

On peut ainsi transformer le parcours avec les enfants de façon à le raccourcir:

~~1E~~, 3N, ~~1O~~, 2N, 7E, 3S, 3O, 4S

↓

~~3N~~, 2N, 7E, ~~3S~~, 3O, 4S

↓

~~2N~~, 7E, 3O, ~~4S~~ 2

↓

~~7E~~ 4, ~~3O~~, 2S

↓

①→4E, 2S

Les raccourcis ne sont plus possibles; le parcours a été rendu **minimal**: il devient équivalent aux parcours ② (2**S**, 4**E**) et ③ (3**E**, 2**S**, 1**E**); que l'on choisisse l'un ou l'autre de ces parcours, il faut toujours se déplacer de 6 unités pour se rendre de A à B.

Cette recherche peut amener les enfants à découvrir une notation unique sous forme d'un couple de deux termes orientés (4**E**; 2**S**), ou encore (4→;2↓), et finalement (4; –2). Dans ce dernier couple, l'origine représente le déplacement horizontal pris positivement de gauche à droite; l'extrémité du couple représente le déplacement vertical pris négativement (car le sens positif va de bas en haut). Les enfants découvrent ainsi la notion de vecteur.

On peut encore rechercher avec les enfants l'ensemble de tous les points situés au même nombre d'unités (de pas) du point A:

AC: (4; 2)
AD: (–1; 5)
AE: (–3; –3)

La somme des valeurs absolues des déplacements horizontaux et verticaux est toujours 6.

On découvre un carré centré en A.

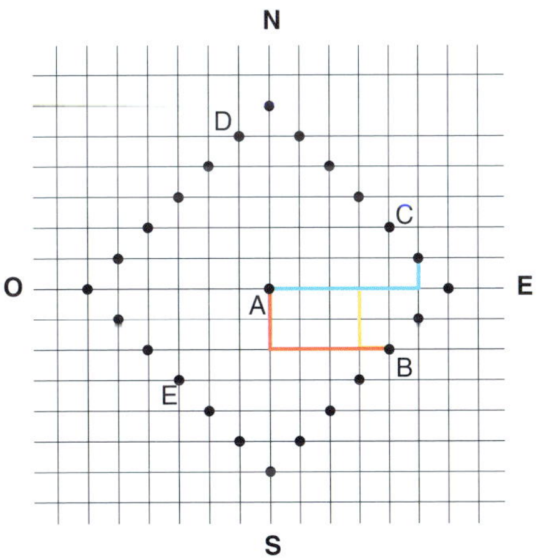

Dans un quadrillage, on appelle ***taxidistance*** entre deux points A et B la somme des valeurs absolues de l'abscisse et de l'ordonnée du vecteur $\overrightarrow{AB}$.

EXEMPLE: Sur la figure ci-contre, la taxidistance entre A et B est de 6 (4+2), et la taxidistance entre A et C est 4 (3+1)

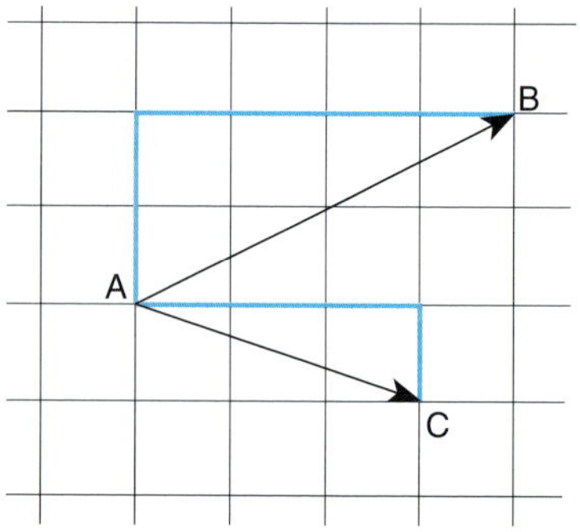

Ainsi qu'il a été mis en évidence dans la suggestion didactique, l'ensemble des points dont la taxidistance à un point O donné est constante, est le contour d'un **carré**. Ce carré est appelé ***taxicercle*** centré en O.

Cette notion de taxicercle est à mettre en rapport avec l'ensemble des points situés à égale distance (euclidienne) d'un point donné, qui est un cercle.

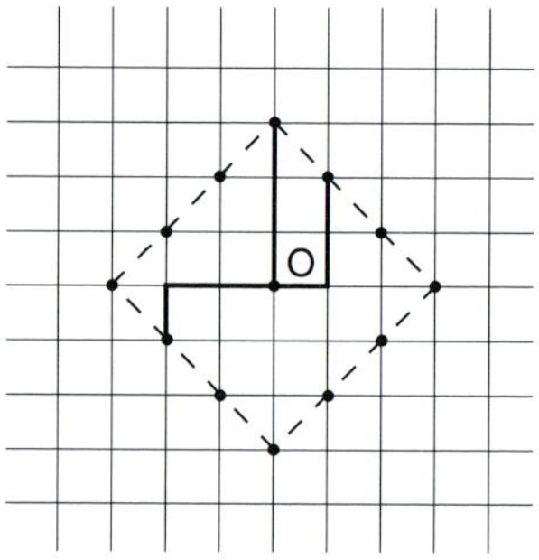

La notion de taxidistance peut faire l'objet d'une recherche intéressante au 3e degré.

3.1.7. Les notions d'origine et de système d'axes orientés

Si on veut **localiser** avec précision un point sur le plan, l'utilisation du quadrillage devient encore plus spécifique. L'approche dynamique abordée jusqu'ici par les déplacements fait place à un usage plus statique du quadrillage. C'est ici qu'intervient la notion de point repère, ou **origine**, en l'absence duquel aucun point ne pourra être localisé, ainsi que les **axes de coordonnées**, gradués par l'ensemble des nombres entiers: origine et axes de coordonnées sont les éléments constitutifs du **diagramme cartésien** (défini en 0.2.8, tome 1).

Dans un repère de coordonnées cartésiennes, un point A est localisé par deux coordonnées: abscisse et ordonnée. Ce point est donc représenté par un couple, (5; 3) pour le point A.

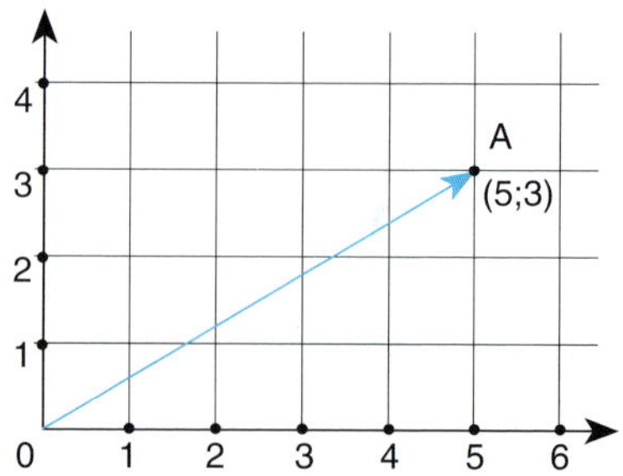

Ce couple représentant le point A n'est en fait rien d'autre que vecteur $\overrightarrow{OA}$, O étant l'origine du repère de coordonnées. Un couple peut donc représenter à la fois un point et le vecteur associé au déplacement de l'origine à ce point (on parle de ***vecteur lié*** à l'origine) :

le point A (5; 3)

le vecteur $\overrightarrow{OA}$ (5; 3)

10-12 ans

Suggestion didactique

Localisation de points sur quadrillage

On retrouve cette idée de localisation dans le jeu de combat naval, ou dans le plan d'une ville, dans lequel une case est symbolisée par un couple (lettre; nombre).

Par exemple, le couple (**C**; **4**) signifie «la case à l'intersection de la colonne **C**, ou troisième colonne à partir de la gauche, et de la rangée **4**, ou quatrième rangée comptée de haut en bas».

C'est la représentation par tableau à double entrée.

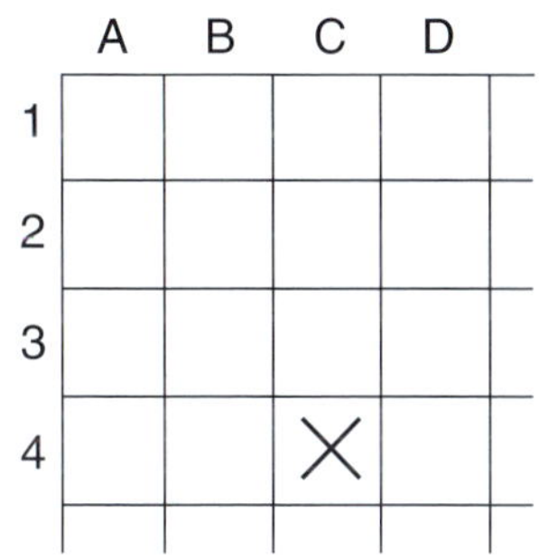

La principale difficulté pour les enfants sera de passer de la localisation d'une **région**, ou d'une **case**, à celle d'un **point**. Cette difficulté est liée à la distinction entre intervalle et point, déjà abordée lors de la distinction cardinal-ordinal (voir en 1.1.5, tome 1).

Case : intersection de deux bandes.

Jeu de l'oie, marelle, ...

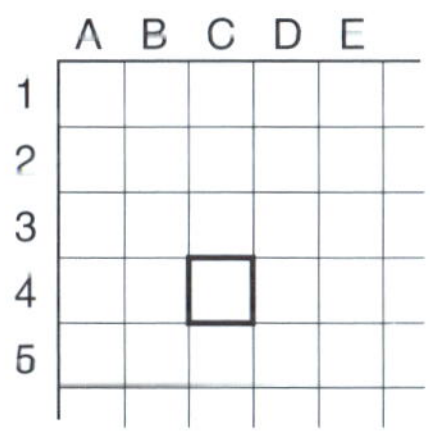

Combat naval, plan de ville, ...

Tableau

Point : intersection de deux lignes.

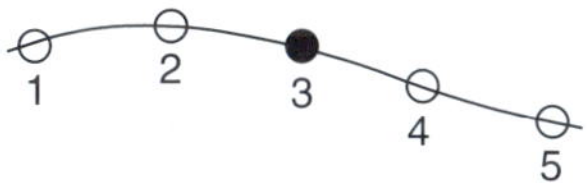

Ligne de métro

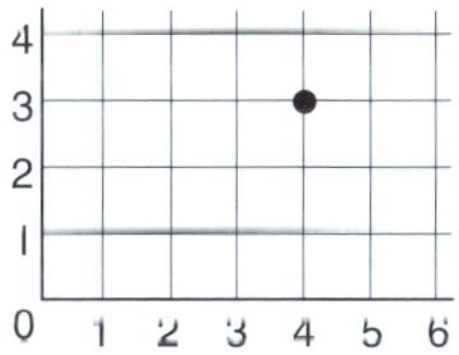

Quadrillage avec origine 0

Réseau

Cette difficulté surmontée, l'idée de localisation d'un point par un couple d'éléments, abscisse et ordonnée, donnant sa position par rapport à l'origine, ne posera pratiquement plus de difficulté à l'enfant.

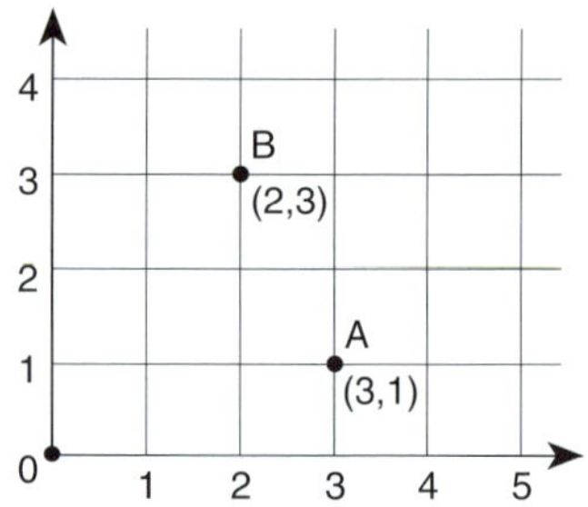

3.2 SOLIDE, SURFACE, LIGNE ET POINT

3.2.1. Du solide au point

Chacun des objets matériels de notre réalité physique est un **solide**.
Ce que nous pouvons voir, toucher, frotter, caresser n'est qu'une partie de ce solide: **sa frontière**. Cette frontière, qui peut être matérialisée par une trace (dans le sable par exemple) s'appelle **surface**.
Le bord de ces traces, de ces surfaces, est **une ligne**, en supposant que les surfaces sont ouvertes et limitées.

Les extrémités de la ligne sont des ***points***, en supposant que la ligne est ouverte et limitée.

Des définitions plus précises de ces notions seront données dans les pages qui suivent.

Suggestion didactique

Partir des solides

Le solide est la première figure de l'espace à laquelle est confronté l'enfant. Il est donc naturel qu'il serve de **point de départ** à l'approche de l'espace et à la découverte de figures plus abstraites telles surface, ligne, droite, ..., qui, par leur nature, prêtent moins à la manipulation.

Par exemple, la surface sera considérée comme la trace dans du sable et la ligne comme le bord de la surface. Une boîte à conserve se prête bien à cette découverte car elle laisse une trace dont le contour est marqué plus nettement (à cause du rebord de la boîte), ce qui permet de passer du solide à la surface, et de la surface à la ligne.

Avant de passer à la surface et à la ligne, il est même possible d'envisager un premier classement des solides. Le classement des solides qui apparaît à la fin de ce chapitre (3.8.1) sera établi de façon à pouvoir être ébauché dès la 2e année. Les enfants partent de critères généraux (troué/non troué, pouvant contenir/ne pouvant pas contenir) pour en arriver à des critères particuliers (existence de faces planes, nombre de faces, forme des faces, ...)

3.2.2. La ligne, objet à une dimension de l'espace

Le **point** est l'objet sans dimension de notre espace: il n'a pas de grandeur.

Cependant, lorsqu'il se déplace, il occupe successivement une infinité de positions dans l'espace: la figure engendrée par le déplacement d'un point dans l'espace s'appelle une **ligne**.

La ***ligne*** est la figure **à une dimension** de l'espace. Cela signifie qu'un point P_1 de cette ligne peut être repéré par une seule mesure, ou coordonnée: la distance D_1 par rapport à un point pris pour origine, O par exemple (on parle d'***abscisse curviligne***):

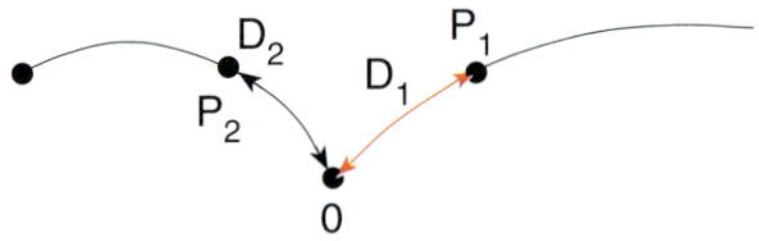

Le point P_2, situé à la même distance de O, mais dans l'autre sens, pourrait être repéré par la même mesure prise négativement.

Une ligne est donc formée d'une infinité de points.

Conventionnellement, une **figure de l'espace** sera symbolisée par une **lettre minuscule**, les **majuscules** étant réservées à la symbolisation des **points** de l'espace.

3.2.3. La surface, objet à deux dimensions de l'espace

En se déplaçant à son tour, la ligne occupe successivement une infinité de positions dans l'espace et engendre **une surface**.

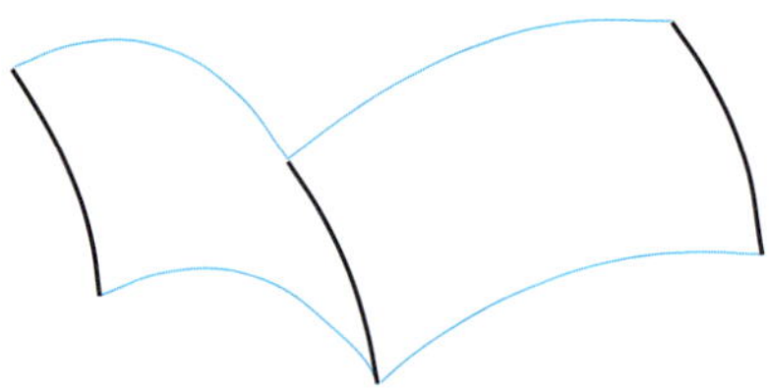

Si on voulait **définir** la surface comme le déplacement d'une ligne dans l'espace, il faudrait pouvoir admettre que la ligne se déforme dans son mouvement, par rétrécissement et/ou par incurvation.

La ***surface*** est la figure à **deux dimensions** de l'espace: tout point de la surface peut être repéré par deux mesures, ou coordonnées.

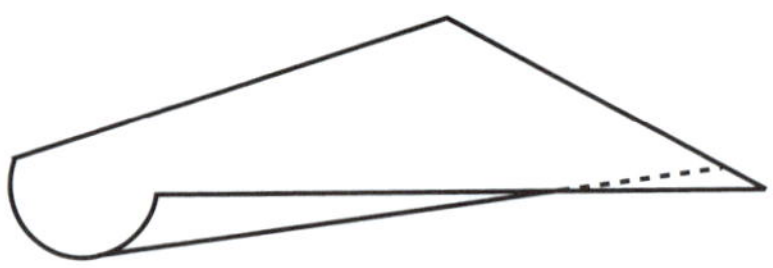

En gardant la même origine O le point P peut être repéré par une distance D_1 prise sur la ligne bleue passant par O et par une autre distance D_2 prise sur la ligne noire passant par O.

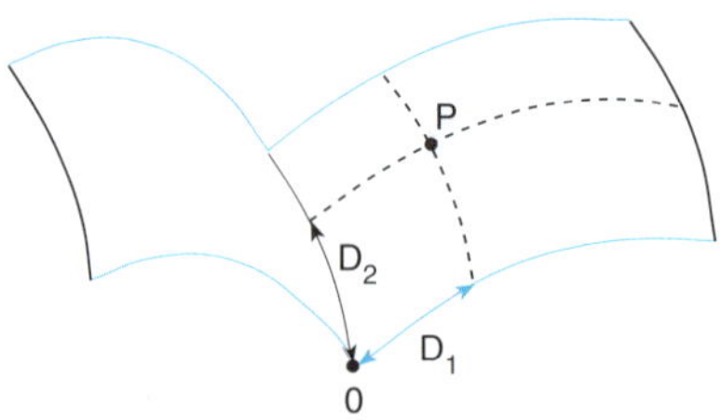

Comme la ligne, la surface est également formée d'une infinité de points.

3.2.4. Le solide, objet à trois dimensions de l'espace

En suivant la même démarche, on est amené à construire un **solide**, qui peut être engendré par le déplacement d'une surface dans l'espace.

Le ***solide*** est l'objet à **trois dimensions** de l'espace. En effet, tout point P du solide peut être repéré par trois coordonnées, dans ce cas-ci par exemple les distances D_1, D_2 et D_3 du point origine O prises sur trois lignes de directions différentes.

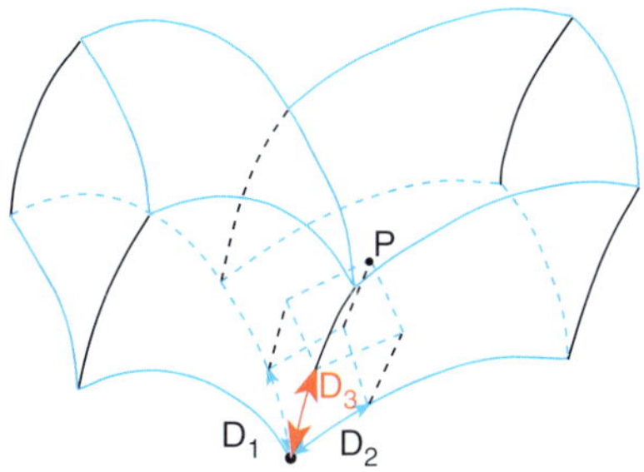

Suggestion didactique

L'approche par le concret des figures de l'espace

Revenons à ce «parcours méthodologique» dont il a été question dans l'introduction de ce chapitre. Les différentes étapes sont représentées par des cases, un peu comme un jeu de l'oie, avec un sens de parcours. Ce sens de parcours, qui sera développé plus loin, n'est cependant qu'un sens global qui n'exclut pas, bien au contraire, des retours fréquents à d'autres cases («reculez de trois cases»).

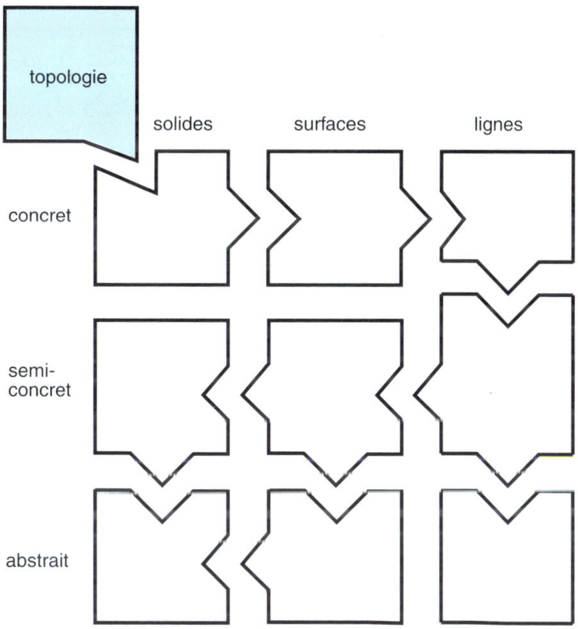

Les neuf cases de base sont structurées selon un tableau à double entrée portant en abscisse les dimensions des figures (solide, surface, ligne) et en ordonnée les stades d'approche (concret, semi concret et abstrait).

Le **concret** recouvre tout ce qui est **manipulations, observations, touchers, superpositions, pliages, découpages**, etc.

Par **semi concret**, on entend principalement ce qui est **dessins**, **tracés** en utilisant des instruments, **constructions** sur papier. Cette phase débouche sur l'approche des propriétés.

Par **mental**, ou **abstrait**, on entend tout ce qui est **définitions** d'un concept, **généralisations**, **représentations abstraites**, c'est-à-dire autrement que par un dessin réel (un carré comme un ensemble de points par exemple) et **établissements de synthèses** en arbre, etc. A ce stade-ci, l'enfant est invité **à transférer ses connaissances.**

La première approche des figures, la plus naturelle et la plus cohérente, est une approche concrète de celles-ci, en commençant par les solides, objets manipulés quotidiennement par les enfants.

Cette approche doit toujours être préparée par la **topologie**. La maîtrise des notions élémentaires de topologie telles les notions d'intérieur, extérieur, dans, hors de, gauche, droite, fermé, non fermé, etc., est indispensable pour aborder la description de formes géométriques.

On prolonge la manipulation de solides ① par celle de surfaces ②, et même de lignes, par exemple selon l'idée évoquée en 3.2.1.

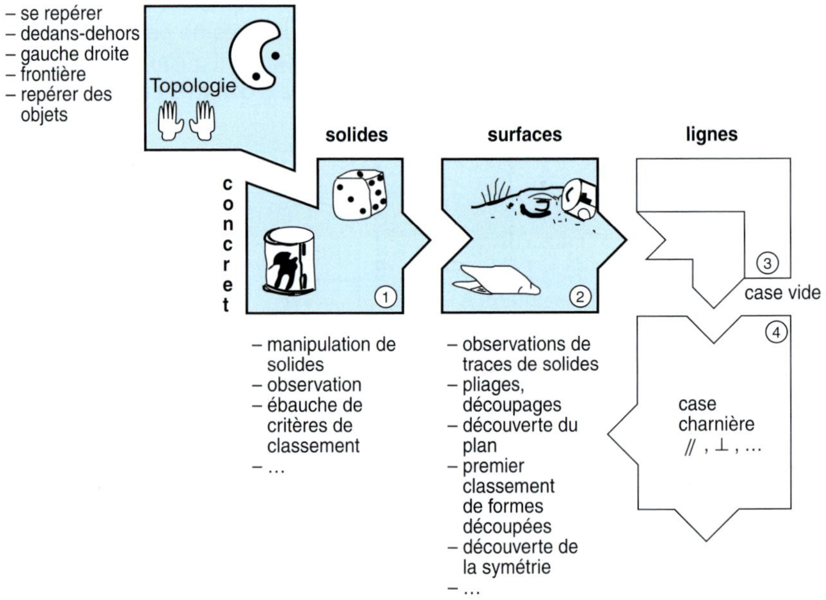

La case ③ «lignes – concret» est une case pratiquement inexistante; les lignes sont difficilement manipulables et leur matérialisation complexe: morceaux de laine, aiguilles à tricoter en sont des images fort imparfaites et peu utiles. En effet, l'enfant est rapidement tenté de leur donner une existence sur papier et de passer ainsi à la case ④ «lignes – semi concret» qui, à l'opposé de la précédente, est une case charnière: une étude plus approfondie des surfaces et des solides ne peut pas être envisagée si certaines notions de base telles le parallélisme et la perpendicularité n'ont pas été abordées.

Nous y reviendrons un peu plus tard, pour compléter petit à petit ce parcours (suite en 3.4.7).

3.2.5. Ce qu'est une figure convexe

Il existe, entre deux points A et B de l'espace, plusieurs chemins les reliant. Le plus court de ces chemins, le chemin (2), s'appelle ***segment de droite*** et est noté [AB].

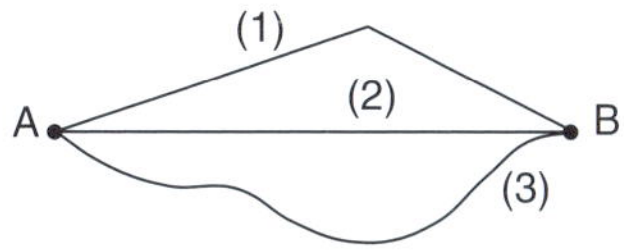

Certaines figures de l'espace, à une, deux ou trois dimensions, ont une forme «rentrante». Intuitivement, si on tendait un élastique autour de la surface, ou une enveloppe élastique autour du solide, ceux-ci ne colleraient pas en tous point de la frontière:

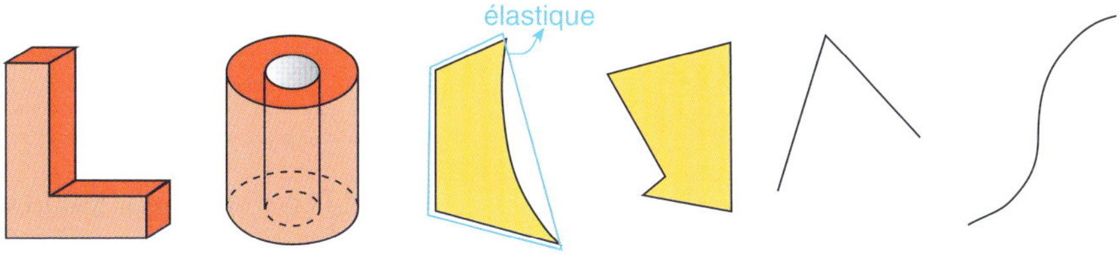

Pour chacune de ces figures, il existe au moins un couple de points (M; N) tels que le segment [MN] reliant ces points n'est pas tout entier contenu dans la figure:

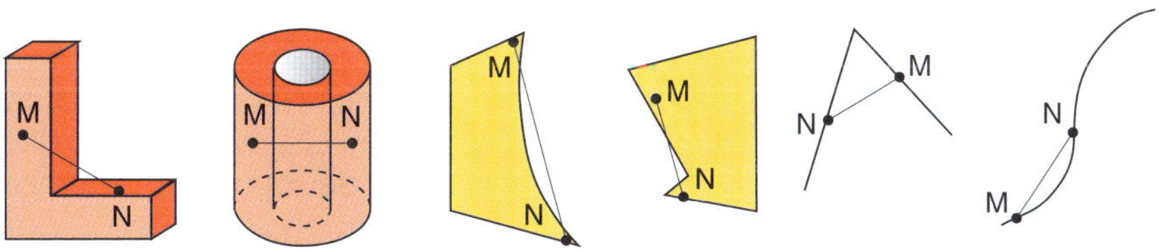

Ces figures sont dites **non convexes** (parfois aussi ***concaves***).

Par contre, certaines figures sont telles que le segment reliant n'importe quel couple de points de la figure est tout entier contenu dans celle-ci. Ces figures sont dites ***convexes***.

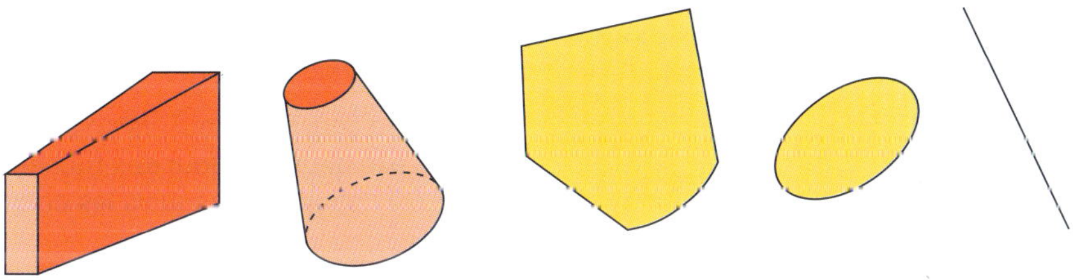

Par définition, le segment est le seul trajet convexe entre deux points.

3.3 LES LIGNES – LE PLAN – LES DROITES PARALLÈLES ET SÉCANTES

3.3.1. Ce qu'est une droite

Certaines lignes sont illimitées: on ne peut pas leur trouver de limite, si loin qu'on les prolonge. C'est par exemple le cas de la spirale.

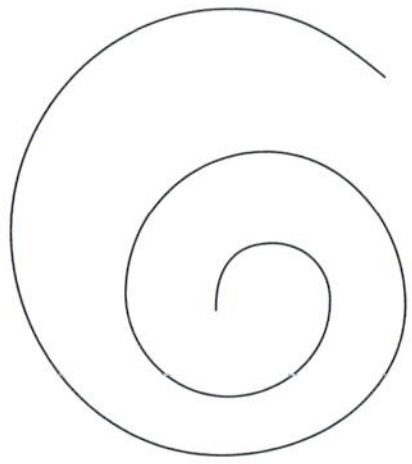

Parmi les lignes illimitées, une seule est convexe (3.2.5) : elle seule porte tout segment [MN] reliant deux de ses points. Cette ligne est la ***droite***.

L'image physique d'une droite est celle d'un fil parfaitement tendu et illimité.

Les supports de tracés de droites sont tous limités (feuille, tableau, sol,...). Ils ne permettent de dessiner qu'une partie de la droite. Cette partie de droite représentera la droite tout entière: on parle de **limitation de la droite illimitée**.

Pour distinguer une droite d'un segment, il faut:

1. la nommer par une lettre minuscule;
2. éventuellement la prolonger par des petits points interrompus aux extrémités;
3. surtout ne pas la limiter en renforçant deux points aux extrémités;
4. éventuellement la noter AB, A et B étant deux points de la droite:

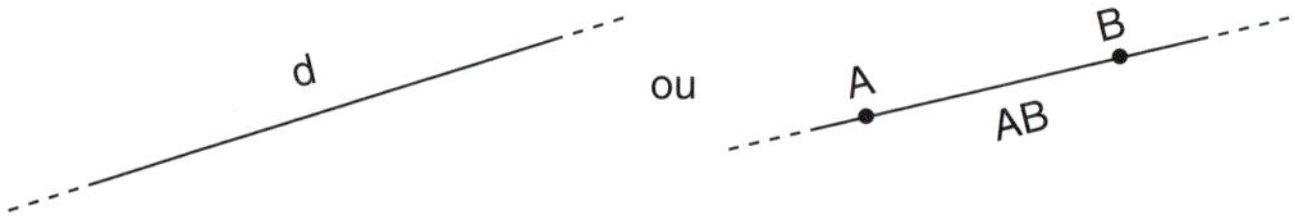

Suggestion didactique

La représentation de la droite illimitée

La représentation de la droite illimitée constitue pour les enfants une des premières approches de la notion d'infini: elle peut être pour eux l'occasion d'une approche de tous les mystères liés à cette notion, sur lesquels les enfants s'interrogent à cet âge-là (l'univers, la mort,...).

La tendance naturelle des enfants est de vouloir contrôler toute cette notion en voyant par exemple dans la droite représentée sur la feuille, non une partie de la droite, mais bien l'entièreté de la droite photographiée en réduction, d'où la difficulté plus tard d'admettre que les droites d_1 et d_2 sont des droites qui se coupent:

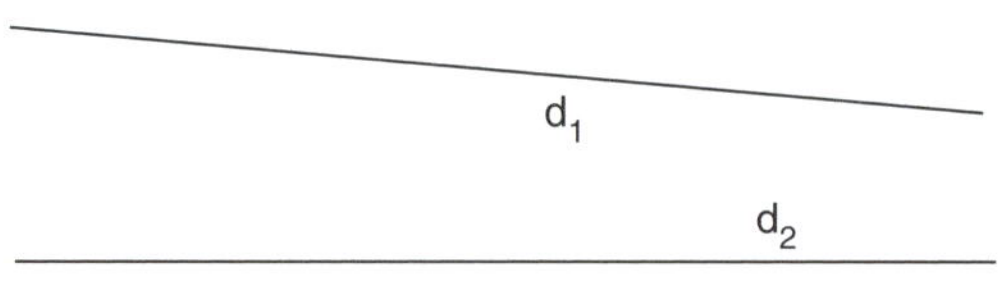

Des exercices de représentations de droites sur différents supports s'avèrent donc indispensables pour faire disparaître l'idée de réduction au profit de l'idée de **limitation** dans la représentation.

On représentera par exemple la même droite sur des supports de plus en plus grands que l'on superpose. On peut ainsi à chaque étape agrandir la représentation de la **même** droite:

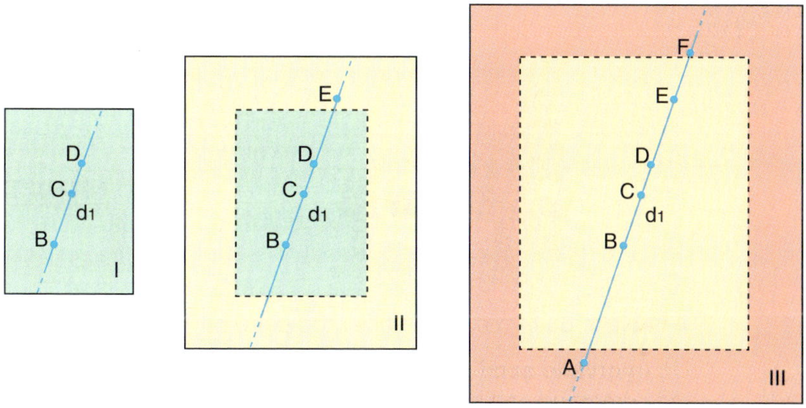

Un autre procédé est celui des serrures: l'enfant voit la même droite dans des serrures de plus en plus grandes (l'œil étant toujours à la même distance de la serrure).

3.3.2. La différence entre un segment et un intervalle

Ainsi qu'il résulte de la définition donnée en 3.2.5, le **segment** de droite [AB] est la portion de droite comprise entre les points A et B. Ces deux points, A et B, sont les extrémités du segment. Ils sont des points du segment.

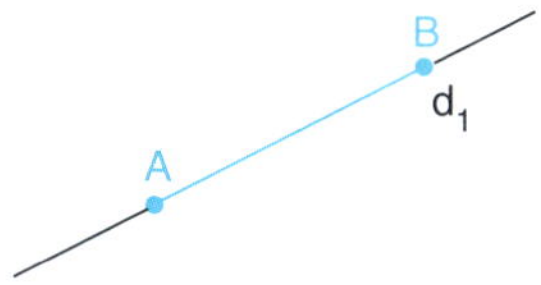

Un segment est aussi formé d'une infinité de points. Il contient même, assez paradoxalement, «autant» de points que la droite qui le supporte. Pour s'en convaincre, courbons le segment [AB] en un demi-cercle limité par un diamètre parallèle à **d**. Appelons O le centre de ce cercle.

En joignant le point O à un point quelconque de la droite **d**, je lui mets en correspondance un point du segment curviligne, et inversement. Chaque point du segment curviligne aura une image différente sur la droite **d** et chaque point de la droite **d** aura une et une seule image sur le segment curviligne.

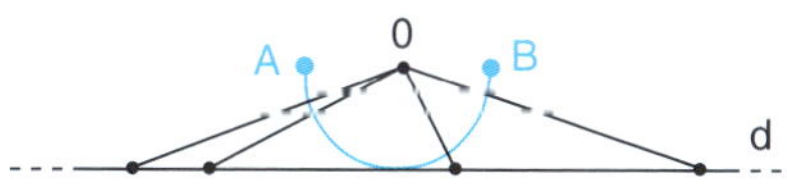

Ces deux lignes ont donc curieusement le «même nombre» d'éléments. C'est une propriété importante de certains ensembles infinis.

Un ***intervalle*** (ouvert) est aussi une portion de droite constituée des points situés entre deux points C et D donnés, mais cette fois **à l'exclusion** des extrémités C et D, ceci contrairement au segment.

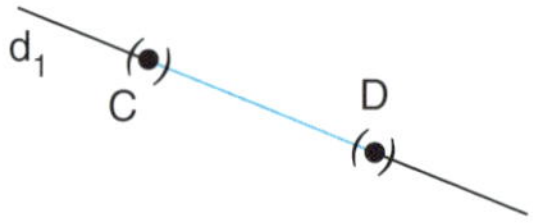

L'intervalle se note]CD[

A la place du terme «intervalle», on parle parfois de ***segment ouvert***.

Un **intervalle semi-ouvert** (ou segment semi-ouvert), noté [ED[, est un intervalle qui comprend une de ses extrémités, E dans le cas présent.

Un **intervalle fermé** n'est rien d'autre qu'un segment.

Combien de segments différents 3 points situés sur une droite définissent-ils?

Et 4 points? 5 points? **n** points?

3.3.3. Les lignes brisées

Une ***ligne brisée*** est une ligne constituée uniquement de segments de droite disposés bout à bout.

Une recherche est liée à cette notion: c'est la recherche de la relation existant entre le nombre d'intervalles et un nombre donné de points d'une ligne brisée.

Deux cas peuvent se présenter ($\mathbf{n_i}$ est le nombre d'intervalles, $\mathbf{n_p}$ le nombre de points) :

les points sont situés sur une ligne fermée

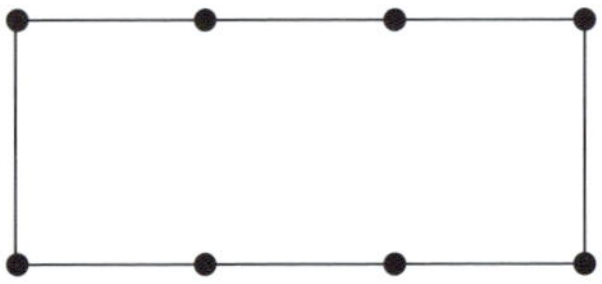

$\mathbf{n_p} = \mathbf{n_i}$ (1)
ici $\mathbf{n_p} = 8$
$\mathbf{n_i} = 7$

les points sont situés sur une ligne ouverte, limitée par deux points

$\mathbf{n_p} = \mathbf{n_i} + 1$ (2)
ici $\mathbf{n_p} = 8$
$\mathbf{n_i} = 7$

Dans le cas où tous les intervalles de la ligne sont de même longueur, il suffit, pour déterminer le nombre d'intervalles, d'exprimer le rapport entre la longueur totale et la longueur d'un intervalle:

$$n_i = \frac{\text{longeur totale}}{\text{longeur d'un intervalle}} \qquad (3)$$

Pour calculer le nombre de points délimitant des intervalles égaux, on recherche $\mathbf{n_i}$ par la formule (3) puis $\mathbf{n_p}$ par une des relations (1) ou (2) selon les cas.

Un croquis préalable est pratiquement indispensable lors d'une telle recherche.

3.3.4. La droite orientée

Lorsqu'on peut dire de deux points d'une droite que l'un est rencontré avant l'autre, on parle de ***droite orientée***. On indique l'orientation à l'aide d'une flèche.

Conventionnellement, on dit que le point A, rencontré avant le point B, est **plus petit** que ce point B, selon un ordre croissant de la gauche vers la droite.

A est rencontré avant B ⇔ A est plus petit que B (A < B)

B est rencontré avant A ⇔ B est plus grand que A (B > A)

Cette notion de droite orientée est importante: elle est notamment à la base des notions d'axes de coordonnées et de diagramme cartésien (voir en 0.2.8, tome 1).

Suggestion didactique

«Avant», «devant» et «plus petit que» sur la droite orientée

La terminologie proposée de «est rencontré avant» peut paraître curieuse. L'emploi de cette expression si lourde trouve sa justification dans l'ambiguïté des termes temporels «avant-après» et des termes spatiaux «devant-derrière», relatifs au point de vue envisagé. Soit une droite orientée et deux de ses points, A et B.

1. L'observateur est fixe et les points en mouvement

Un grand nombre d'enfants (et d'adultes) perçoivent le schéma ci-dessus comme un mouvement des points A et B dans un sens donné, comme une course par exemple. Si A et B font la course, B **est devant** A (en termes spatiaux) et B est en avance sur A, B **arrive avant** A (en termes temporels).

2. Les points sont fixes et le regard de l'observateur en mouvement

Si au contraire, et c'est là la vision exacte de la droite, les points A et B sont perçus comme statiques et que le sens de la flèche représente le sens du parcours du regard d'un observateur, le point A **est avant** B, c'est-à-dire qu'il est **rencontré avant** le point B.

Les termes spatiaux «**devant**» et «**derrière**» sont impropres ici puisqu'ils ne s'appliquent qu'à des objets ou à des personnes qui sont

- soit en mouvement (feuilles dans un ruisseau)
- soit eux-même orientés (file au bureau de poste, en voiture,...)

(Pour se convaincre du rôle de chacun de ces deux éléments, il suffit de poser la question suivante: dans une course à reculons, où l'orientation diffère-t-elle du sens du mouvement, qui est devant qui...?)

Or ici, les points A et B ne sont ni eux-mêmes orientés ni en mouvement, et de là provient la difficulté: **on ne peut pas utiliser les termes spatiaux** «devant» et «derrière» pour une situation principalement spatiale. On est obligé de se rabattre sur des termes temporels qui eux-mêmes peuvent prêter à confusion, comme nous l'avons vu plus haut.

En résumé, les deux seules expressions qui ne prêtent pas à confusion sont :

«A **est rencontré avant** B» et «A **est plus petit que** B».

3.3.5. La notion de plan

Arrivés à ce stade-ci, nous devons quitter un moment les lignes pour définir une surface illimitée particulière qui est le plan.

Intuitivement, un plan est une surface qui n'est limitée par aucune frontière et qui est convexe, c'est-à-dire sans aucune courbure ni cassure ni trou.

Selon une définition mathématique plus précise, le ***plan*** est une surface illimitée qui contient entièrement toute droite joignant deux de ses points.

On le désigne généralement par π.

Sa représentation consiste en une forme rectangulaire aux contours imprécis: cette partie du plan symbolise la totalité du plan, selon les mêmes principes que la représentation limitée de la droite illimitée.

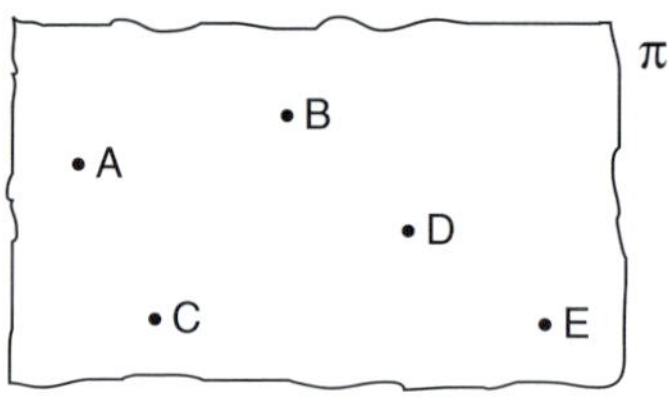

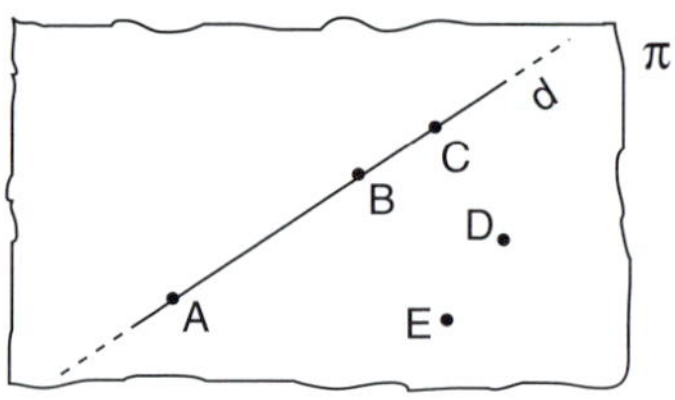

Comme toute surface, un plan est aussi constitué d'une infinité de points.

3.3.6. La demi-droite

Une ***demi-droite*** est une portion de droite limitée à une extrémité par un point A.

Elle se note [AB, ou encore [AC, le second point étant un point quelconque de la demi-droite.

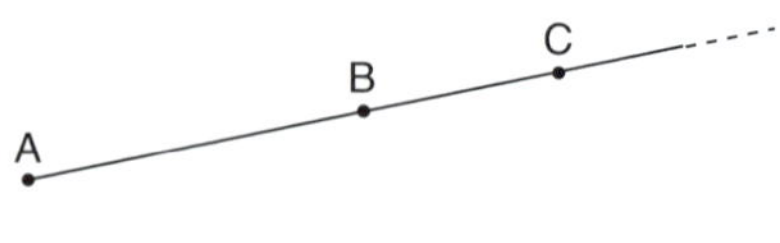

3.3.7. Ce que sont des droites sécantes

Deux droites d_1 et d_2 du plan π sont dites ***sécantes*** lorsqu'elles ont un et un seul point commun. Ce point est à l'intersection des deux droites.

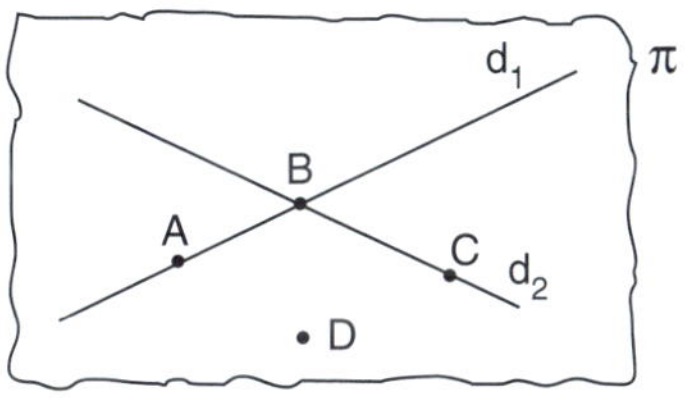

Ce cas-ci est un autre cas de droites sécantes:

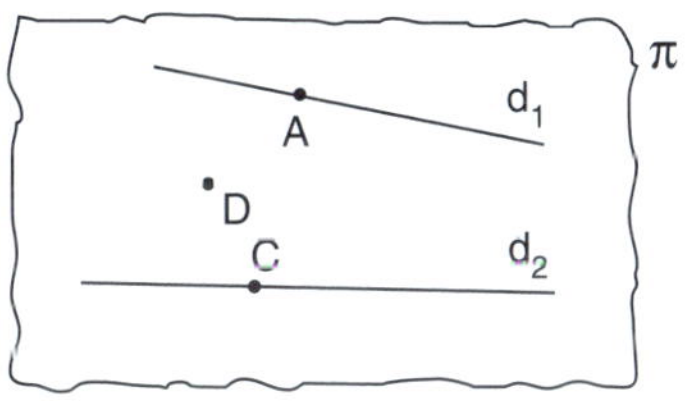

La seule différence avec le cas précédent réside dans le fait que le point d'intersection n'est pas visible. Il n'est pas possible de le nommer, alors que, dans le cas précédent, on le connaissait et on avait pu le nommer: B.

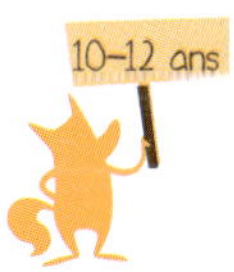

Suggestion didactique

Une piste de recherche

Une recherche intéressante peut être celle du nombre de points d'intersections et de régions du plan que déterminent des droites qui sont toutes sécantes deux à deux en des points distincts:

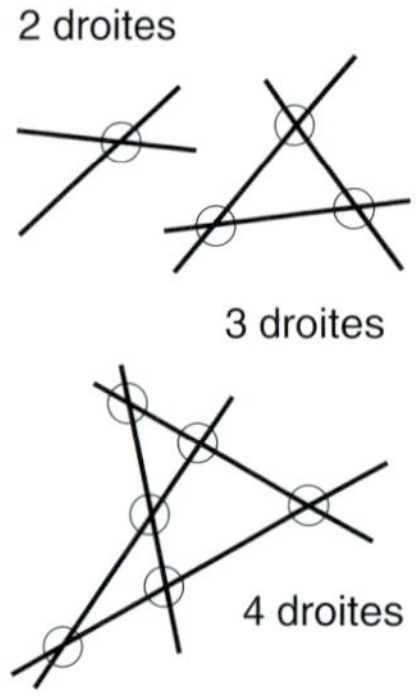

nombre de droites	nombre de points d'intersection	nombre de régions
1	0	2
2	1	4
3	3	7
4	6	11
5	10	16
.	.	.
.	.	.
.	.	.
n	1 + 2 + ... + (n-1)	1 + (1 + 2 + ... + n)

On découvre qu'en ajoutant la **n**ième droite, on détermine (**n**−1) points d'intersection et **n** régions supplémentaires.

3.3.8. Ce que sont des droites parallèles

Lorsque deux droites d'un même plan ne sont pas sécantes, c'est-à-dire lorsqu'elles ne se coupent pas en un point, c'est que:

- soit elles ne se rencontrent jamais, aussi loin qu'on les examine: elles n'ont pas de point d'intersection;
- soit elles sont confondues, c'est-à-dire que tous leurs points sont communs.

De telles droites qui ne sont pas sécantes sont des droites ***parallèles***.

On note des droites parallèles: $d_1 // d_2$

Deux ***segments parallèles*** ne se définissent pas de la même façon. En effet, deux segments peuvent très bien ne pas se rencontrer et appartenir à deux directions tout à fait différentes.

Deux segments seront dits parallèles s'ils sont des parties de droites parallèles.

Exprimons dans un tableau l'ensemble des situations possibles pour des droites:

	PARALLELES		SECANTES	
	disjointes	confondues		
Représentation physique	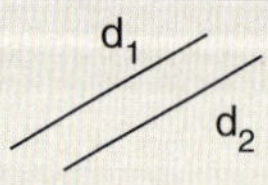	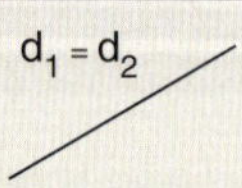	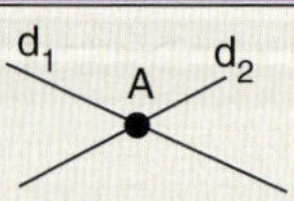	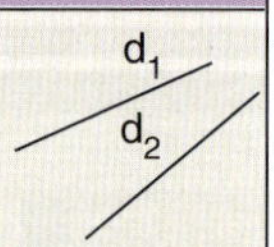
Condition mathématique	pas de point d'intersection	infinité de points d'intersection	un seul point d'intersection : **A** (connu)	**X** (inconnu)
Relation entre d_1 et d_2	$d_1 // d_2$	$d_1 = d_2$	$d_1 \not\!\!\times d_2$	$d_1 \not\!\!\times d_2$

Quelques procédés de tracé de droites parallèles:

- déplacement d'une figure polygonale quelconque le long d'une règle:
- utilisation du **translateur**, ou de l'équerre à parallèles.
- trusquin (outil du menuisier), etc.

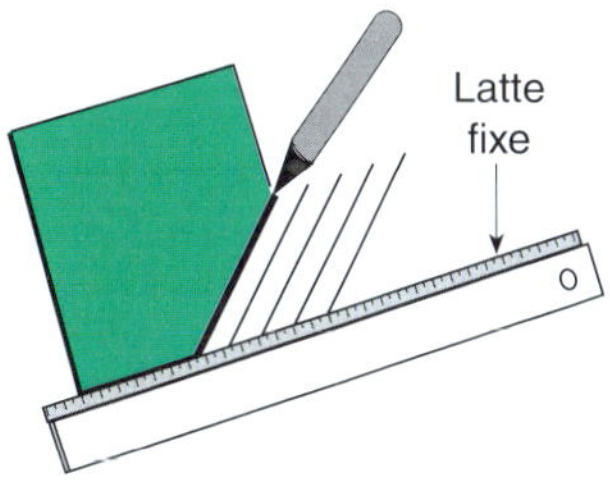

3.3.9. La notion de direction d'une droite

On appelle direction d'une droite **a** dans le plan l'ensemble de toutes les droites du plan parallèles à **a**.

Cet ensemble est noté **dir a**.

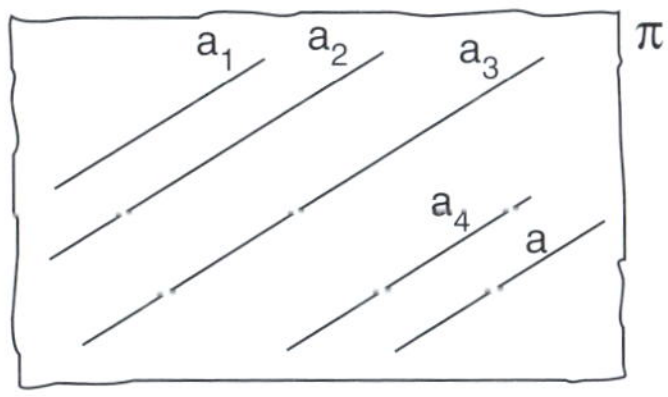

La représentation ci-dessous fait apparaître trois directions: **dir a**, **dir b** et **dir c**.

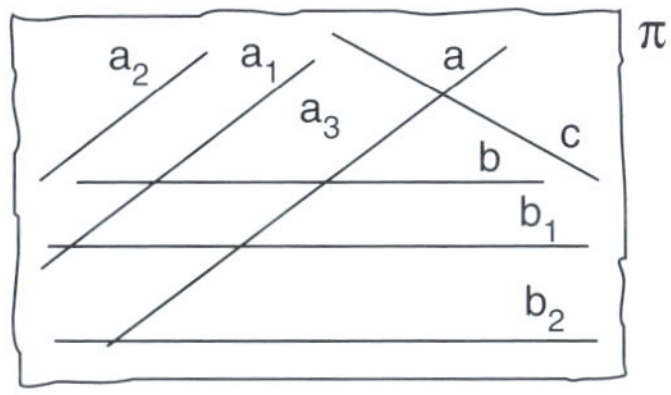

Il ne faut pas confondre la **direction** d'une droite et son **sens** (voir en 3.1.4).

Suggestion didactique

Une progression dans l'approche de la droite

Dans une optique de dynamisme et de jeux de transformations, on peut partir d'une droite unique et, par le jeu et les «manipulations», découvrir les notions de direction, de limitation dans la représentation, de trace laissée lors des déplacements,...

Ensuite, avec deux droites, on peut envisager toutes les dispositions possibles et découvrir les notions de parallélisme et de droites sécantes, la notion d'angle même (3.4.4).

Enfin, 3 droites, 4 droites,... déterminent des formes dans un plan, délimitent des espaces. Ceci pourrait être un prolongement intéressant et être la charnière entre les droites et les surfaces planes limitées, polygones, quadrilatères, triangles (3.6.1).

3.4 LES SURFACES PLANES ILLIMITÉES – BANDE – ANGLE – PERPENDICULARITÉ

3.4.1. Ce qu'est une surface plane

Une ***surface plane*** est une partie à deux dimensions du plan π.

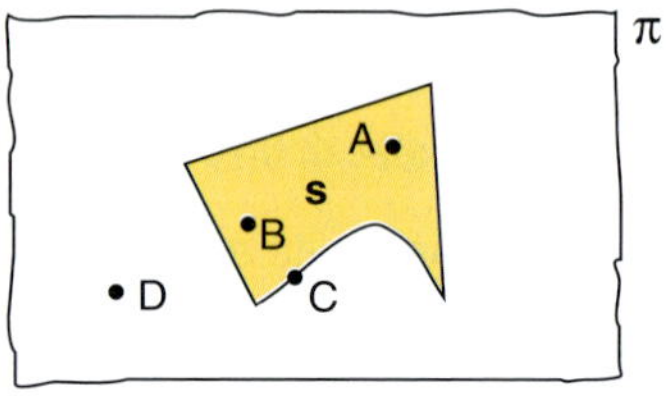

Les points A, B et C sont des points de la surface **s**.

3.4.2. Le contour d'une surface plane

Une surface plane peut, selon les cas:

1. ne posséder aucune limite; c'est le cas du plan lui-même. On parle de surface illimitée ou non bornée;

2. être limitée partiellement par une ou plusieurs lignes:

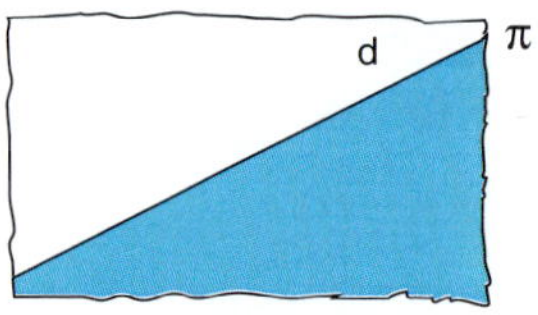

a) par une droite: **demi-plan**

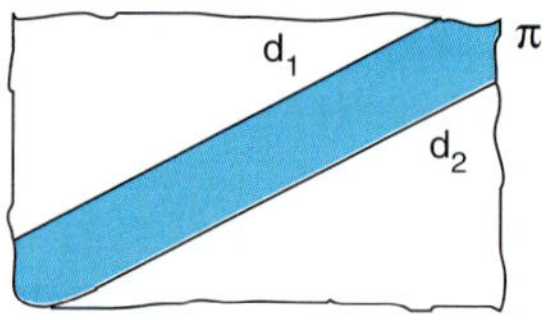

b) par deux droites parallèles: **bande**

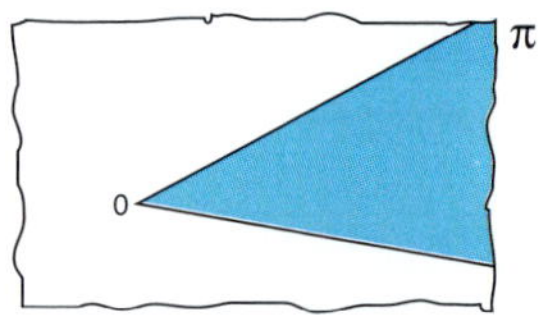

c) par deux demi-droites de même origine: **angle**

Ces surfaces sont également des surfaces illimitées. C'est à ces deux dernières surfaces planes, bande et angle, que nous nous intéresserons dans les pages qui vont suivre.

3. être limitée **entièrement** par une ligne fermée: cette ligne s'appelle **contour** ou **bord** de la surface (à ne pas confondre avec le périmètre qui est la longueur du bord/du contour). Les points du contour sont des points de la surface.

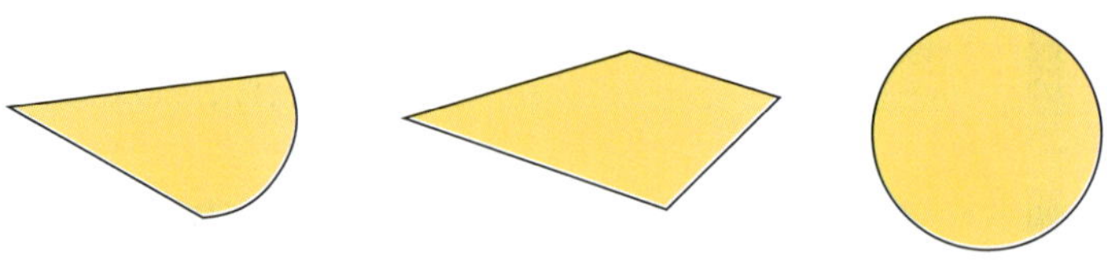

Nous étudierons ces surfaces en détail après avoir développé les surfaces illimitées.

3.4.3. Ce qu'est une bande

L'ensemble des points situés sur et entre deux droites parallèles d_1 et d_2 est une ***bande***.

Une bande est une surface plane illimitée, puisqu'on ne peut pas définir entièrement son contenu.

Cette notion de bande sera fort utile plus tard au niveau de la genèse des quadrilatères.

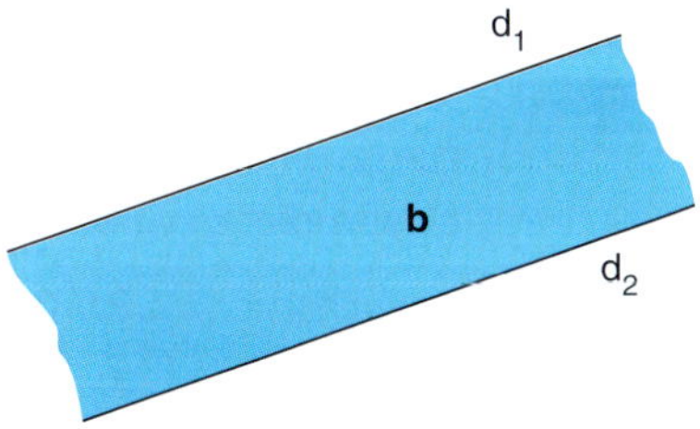

3.4.4. Ce qu'est un angle

Deux demi-droites [OA et [OB de même origine O déterminent dans le plan deux régions, ou surfaces illimitées, appelées ***secteurs angulaires***, ou ***angles***.

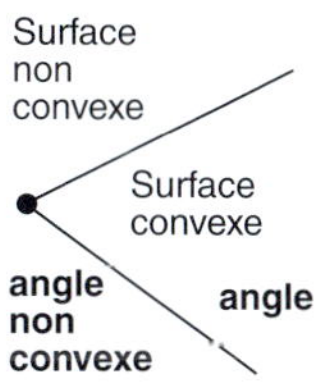

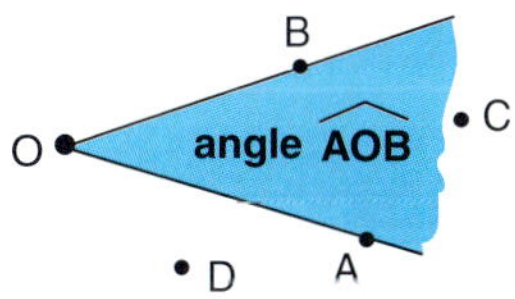

Dans le secondaire, on appelle «angle» la classe d'équivalence des secteurs angulaires de même amplitude. Par exemple, l'angle de 60° représente la propriété commune à tous les secteurs angulaires de 60°.
À l'école primaire, on confond ces deux concepts.

Un de ces deux angles est non convexe: on lui donne le nom d'«angle non convexe», le terme «angle» étant plutôt réservé à la région convexe, ou surface convexe. C'est à celle-là que nous ferons référence dans les pages suivantes.

Plutôt que d'angle convexe ou non convexe, on parle parfois d'angle **saillant** et d'angle **rentrant**.

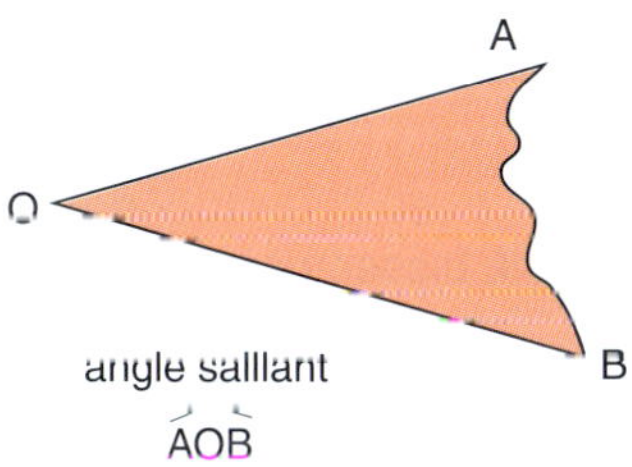

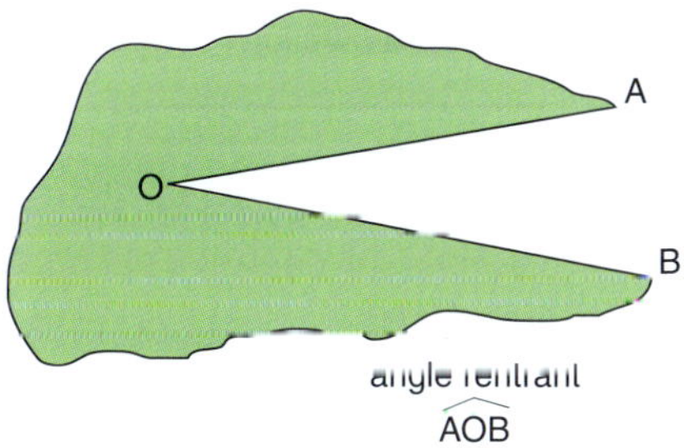

Une autre définition de l'angle est équivalente à la première: l'**angle** est l'intersection (le croisement) de deux demi-plans sécants. Il se note $\widehat{AOB}$.

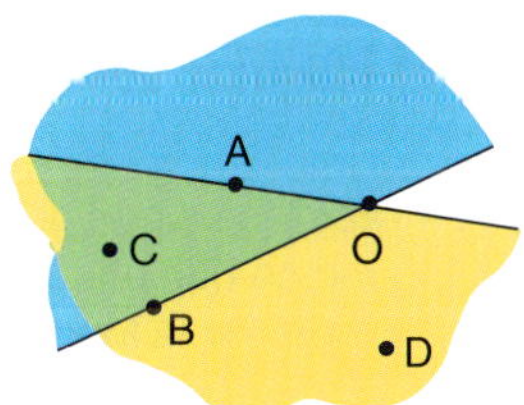

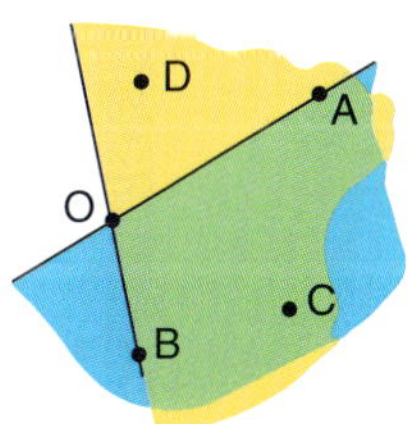

Dans chacun de ces cas, les points O, A, B et C sont des points de l'angle, le point D est situé à l'extérieur de l'angle $\widehat{AOB}$.

Le point O est appelé ***sommet*** de l'angle $\widehat{AOB}$, les deux demi-droites [OA et [OB en sont les ***côtés***.

Deux droites sécantes déterminent quatre angles, c'est-à-dire quatre régions du plan, soit les angles

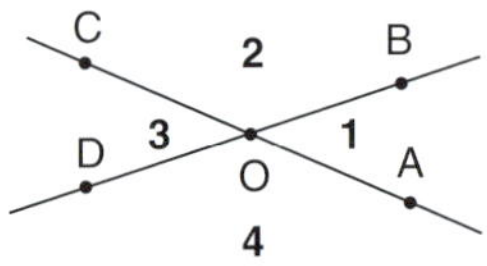

1: $\widehat{AOB}$ **2**: $\widehat{COD}$

3: $\widehat{BOC}$ **4**: $\widehat{DOA}$

Les angles **1** et **3** sont limités par des demi-droites ayant même ouverture. Ils ont même grandeur ou même ***amplitude***.

On dit qu'ils sont ***isométriques***, c'est-à-dire qu'ils ont même mesure.

Les angles **2** et **4** sont également isométriques.

Deux angles $\widehat{AOB}$ et $\widehat{BOC}$ sont dits ***adjacents*** lorsqu'ils ont même sommet et un côté commun [OB.

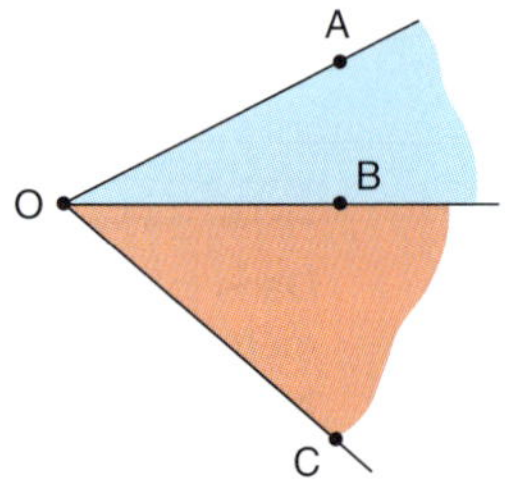

Leur ***somme*** est l'angle limité par les deux autres côtés [OA et [OC.

La somme de deux angles peut aussi se définir comme l'angle de la composée de deux rotations de même centre (3.5.5). Il s'agit alors d'un angle orienté (3.4.5).

La ***bissectrice*** d'un angle est la demi-droite issue du sommet de l'angle et qui partage celui-ci en deux angles de même amplitude.

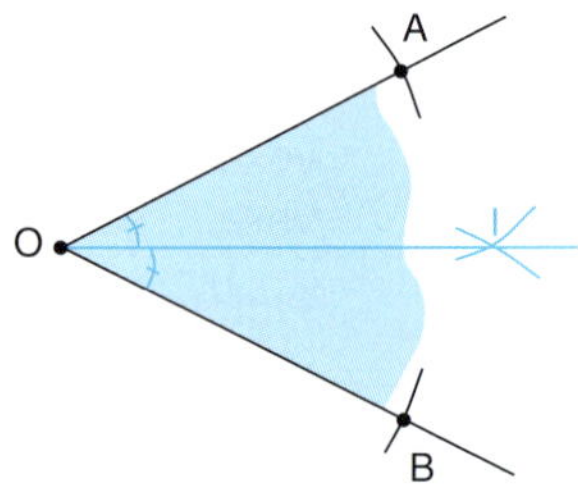

Pour son tracé, on prend sur chacun des côtés de l'angle deux points A et B à égale distance du sommet O. De chacun de ces points, on trace un arc de cercle de même rayon. La bissectrice s'obtient en reliant au point O le point d'intersection I de ces deux arcs de cercle.

Avant de formaliser le concept de bissectrice, et d'effectuer des tracés à l'aide du compas (3e degré), il est bon d'approcher la bissectrice par pliages dans les petites classes.

Suggestion didactique

Amplitude et longueur des côtés d'un angle

Au début de l'apprentissage, les enfants ont souvent bien du mal à accéder au stade de l'invariance des amplitudes. Ils sont trompés dans leur perception de la grandeur de l'angle par la longueur apparente des côtés limitant celui-ci. Ce n'est que par une série d'exercices progressifs, de découpages et de manipulations qu'ils percevront cette notion de «grandeur d'angle».

On peut par exemple leur présenter successivement chacune de ces paires d'angles différant par l'ouverture et la position, en leur posant la question: «lequel est le plus grand?» pour chacun de ces cas de plus en plus complexes (avec recours au découpage et à la superposition dans chaque cas).

L'utilisation d'un «patron» (gabarit) permet aussi de comparer et de reproduire facilement des angles.

	Longueur apparente des côtés	*Direction et sens du côté de «référence»*
1. 	invariable	invariable
2. 	invariable	variable
3. 	variable	invariable
4. 	variable	variable

3.4.5. La notion d'angle orienté

On préfère parfois définir les angles comme des rotations de vecteurs autour d'un point O (3.5.5).

L'angle est **orienté** car on a défini un sens de rotation, le sens inverse de celui des aiguilles d'une montre.

29 $(\vec{u}, \vec{v})$

Si $\vec{\mathbf{u}}$ et $\vec{\mathbf{v}}$ sont deux vecteurs de même longueur, la rotation de centre O qui transforme le vecteur $\vec{\mathbf{u}}$ en vecteur $\vec{\mathbf{v}}$ est appelé ***angle orienté*** des deux vecteurs $\vec{\mathbf{u}}$ et $\vec{\mathbf{v}}$. On le note $(\vec{\mathbf{u}},\vec{\mathbf{v}})$.

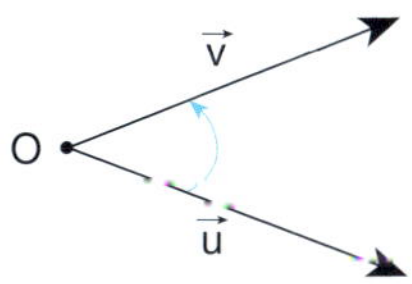

10–12 ans

Suggestion didactique

L'idée d'angle orienté

Cette notion, intéressante car plus dynamique, mais aussi un peu plus abstraite – on ne peut pas toucher un angle orienté comme on peut le faire avec un angle «surface» – est plus délicate à manier à l'école, bien qu'on puisse en trouver des images dans la vie courante: déplacement des aiguilles d'une horloge (mais attention au sens négatif!), la porte qu'on ouvre, le livre qu'on ouvre sans «croquer» le dos, etc.

3.4.6. Quelques angles particuliers – l'angle droit

1. L'angle ***plat***: un des deux angles définis par deux demi-droites opposées [OA et [OB, c'est-à-dire deux demi-droites de la même droite **d** ayant un seul point commun O.

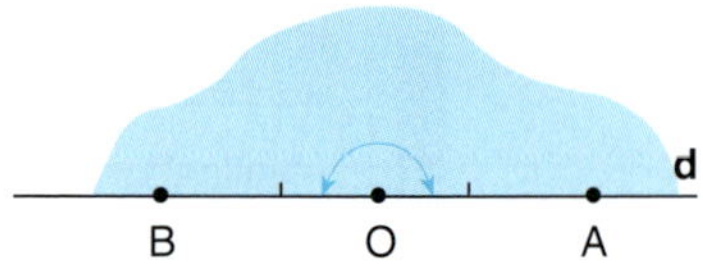

2. L'angle ***nul***: l'angle défini par deux demi-droites confondues.

3. L'angle ***plein***: la limite de l'angle non convexe limité par deux demi-droites lorsque celles-ci tendent à être confondues. C'est le plan tout entier.

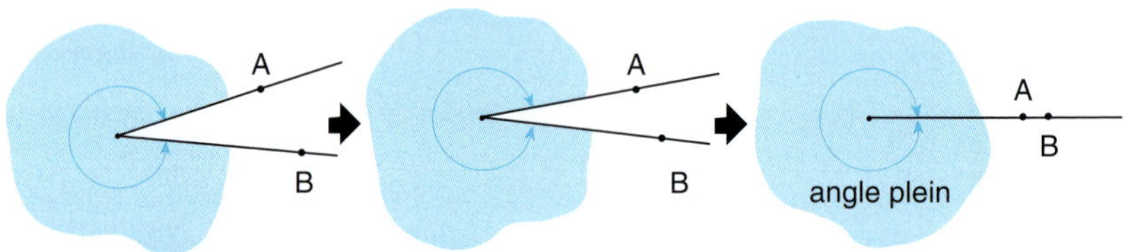

4. Mais le plus remarquable et le plus utile de tous les angles est certainement l'***angle droit***, dont on peut donner deux définitions:

– une définition physique: un des angles formés par la verticale (fil à plomb) et une droite du plan horizontal (surface de l'eau, niveau d'eau).

– une définition mathématique: le quart de l'angle plein, ou encore l'angle formé par deux droites qui se coupent en formant des angles de même amplitude (isométriques).

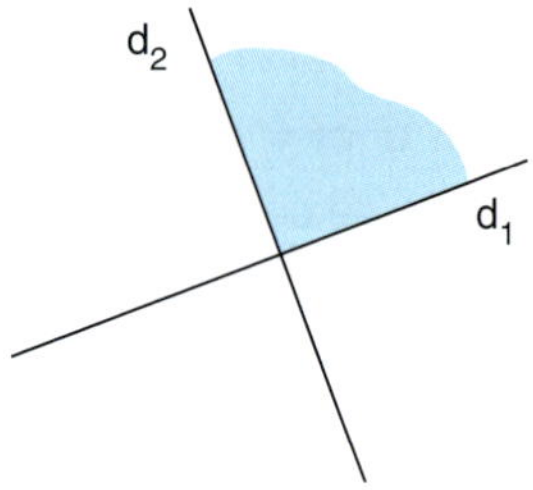

Ce sont les angles obtenus par un double pliage d'une feuille de papier (le premier pli est quelconque et le second pli vient mettre en superposition les deux parties du premier).

Cette définition est plus générale puisqu'elle n'associe pas nécessairement la notion d'angle droit à une position particulière (horizontal-vertical) dans le plan.

Par définition, l'angle droit a une amplitude de 90 degrés (90°). En conséquence, l'angle plein, qui vaut quatre droits, a une amplitude de 360 degrés (360°); l'angle plat, qui vaut deux droits, a une amplitude de 180 degrés (180°).

Il n'est pas permis de souligner le symbole «degré»: 90° et non 90º

Les deux caractéristiques principales de l'angle droit.

1. Tous les angles droits ont une amplitude **unique**

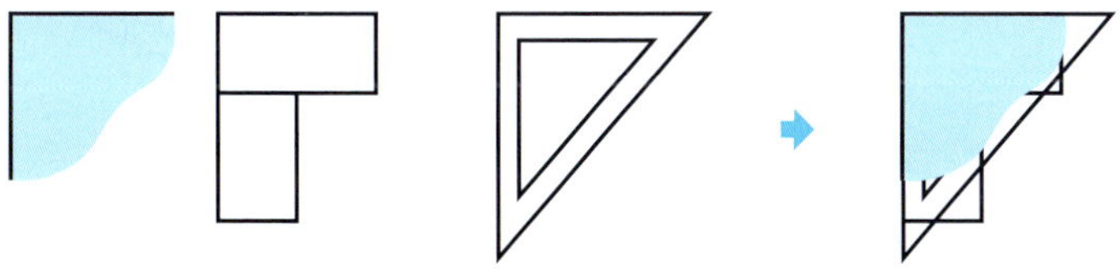

2. L'angle droit sert de **référence** pour classer les autres angles en deux familles:

Les angles ***aigus***, plus petits que l'angle droit

les angles ***obtus***, plus grands que l'angle droit

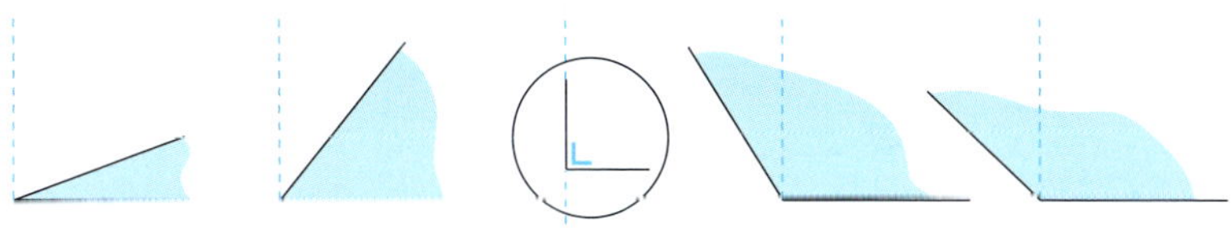

Deux angles sont dits ***complémentaires*** lorsque leur somme est un angle droit (90°).

Deux angles sont dits ***supplémentaires*** lorsque leur somme a pour mesure deux angles droits ou 180°.

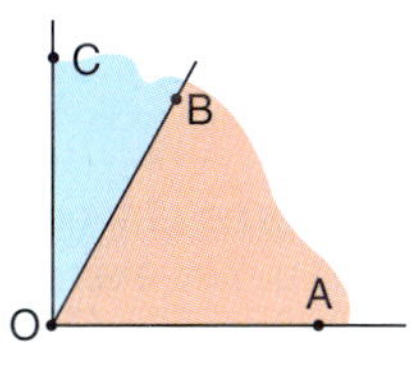

Complémentaires

$\widehat{AOB} + \widehat{BOC} = 1$ droit

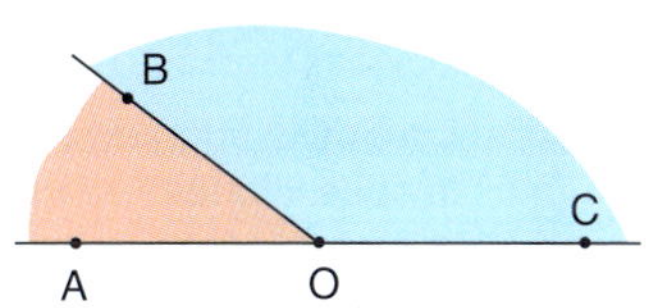

Supplémentaires

$\widehat{AOB} + \widehat{BOC} = 2$ droits

3.4.7. Ce que sont des droites perpendiculaires

Des droites ***perpendiculaires*** sont des droites sécantes qui délimitent quatre angles de même amplitude, c'est-à-dire quatre angles droits

On écrit $\mathbf{d_1 \perp d_2}$

$\mathbf{d_1 \perp d_3}$

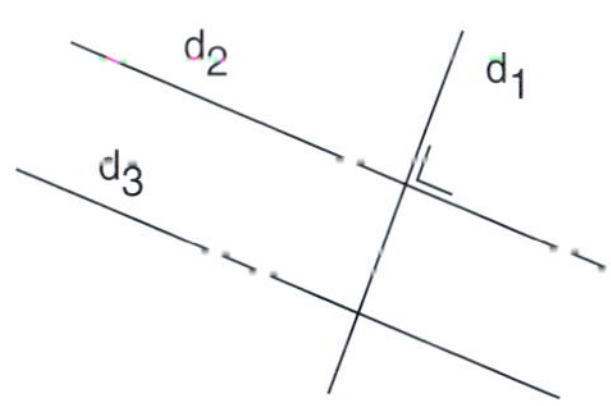

Deux **demi-droites** [OA et [OB sont perpendiculaires si elles forment les côtés d'un angle droit. De même, deux **segments de droite** [AB] et [CD] sont perpendiculaires si les droites qui les contiennent sont perpendiculaires entre elles.

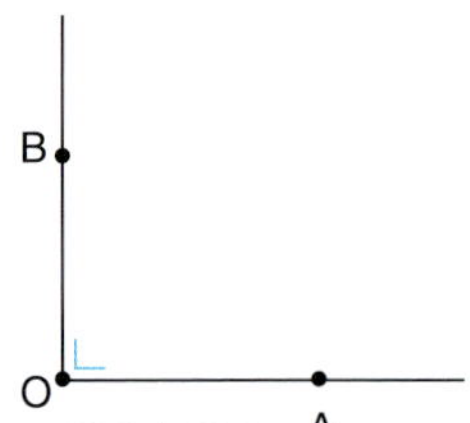

[OA ⊥ [OB

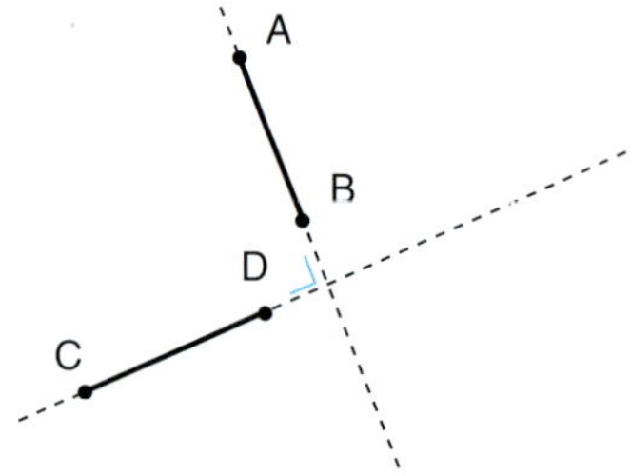

[AB] ⊥ [CD]

On peut représenter par un tableau à double entrée la relation «est perpendiculaire à» et «est parallèle à» entre différentes **droites** du plan.

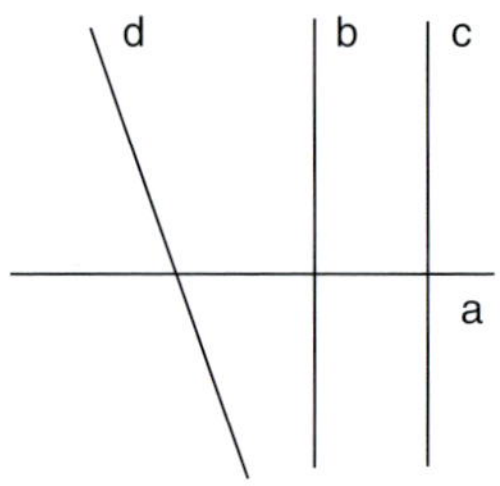

	a	b	c	d
a	//	⊥	⊥	–
b	⊥	//	//	–
c	⊥	//	//	–
d	–	–	–	//

Suggestion didactique

Parallélisme et angle droit : les notions charnière

Lors de la suggestion didactique en 3.2.4, nous nous étions arrêtés au passage de la case «lignes – concret», dont il avait été dit qu'elle était pratiquement inexistante, à la case «lignes – semi concret» qui est une case de toute première importance.

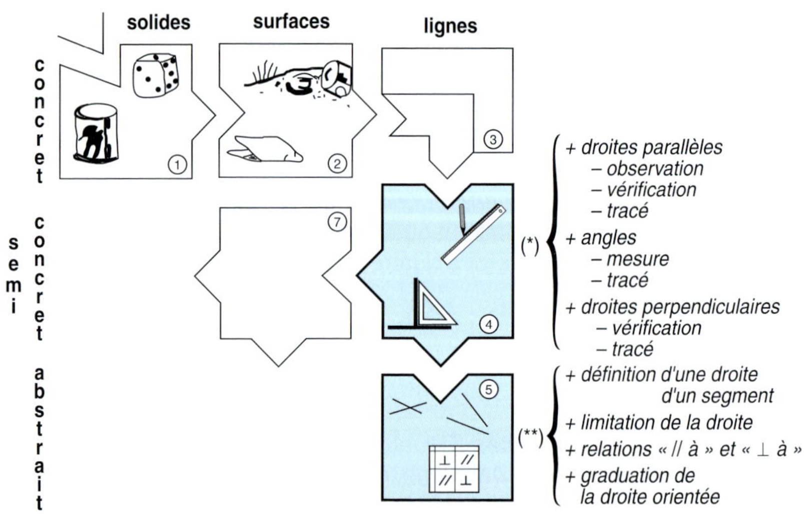

Les notions abordées dans la cas ④, droites parallèles, angles et droites perpendiculaires (*) sont **les notions charnière** indispensables pour la poursuite de l'étude, que ce soit

- vers la case ⑤ «lignes – abstrait» (**) case intéressante sur le plan de la conceptualisation, mais qui n'offrira pratiquement de prolongements que dans le secondaire. Ces prolongements serviront peu à l'étude des surfaces en tant que telles;
- surtout vers la case ⑦, «surfaces – semi concret», car pour tracer des surfaces planes et étudier leurs propriétés, du point de vue des côtés, des médianes, des diagonales, ..., on ne se sert pratiquement que des notions d'angle, de parallélisme et de perpendicularité (suite en 3.5.8).

Dans chaque cas, dessiner le quadrilatère dont on donne la relation entre les côtés, symbolisés par les chiffres 1, 2, 3 et 4.
(1 et 3 sont deux côtés opposés).

a)

	1	2	3	4
1	//		//	
2		//		//
3	//		//	
4		//		//

b)

	1	2	3	4
1	//	⊥		
2	⊥	//		
3			//	⊥
4			⊥	//

c)

	1	2	3	4
1	//	⊥	//	
2	⊥	//	⊥	
3	//	⊥	//	
4				//

d)

	1	2	3	4
1	//		//	
2		//		
3	//		//	
4				//

3.4.8. La notion de distance

On appelle ***distance* entre un point P et une droite d**, ou entre un point P et un segment [AB], la longueur du segment abaissé du point P perpendiculairement à la droite **d**, ou à la droite **a** contenant le segment [AB].

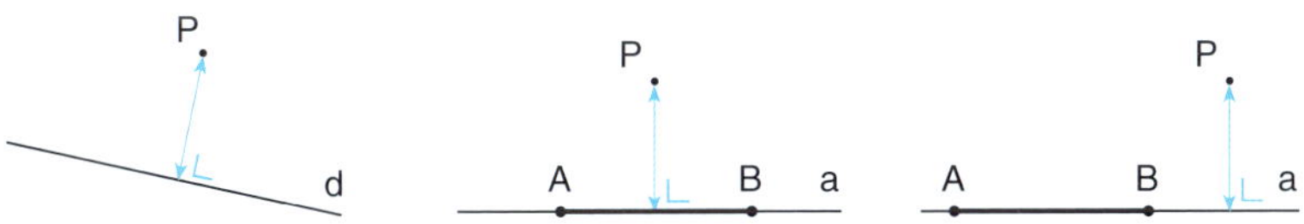

La distance **entre deux droites parallèles $\mathbf{d_1}$** et **$\mathbf{d_2}$**, ou **entre deux segments parallèles** [AB] et [CD] est la longueur d'un segment [PQ] perpendiculaire à ces droites **$\mathbf{d_1}$** et **$\mathbf{d_2}$**, ou aux droites **a** et **c** contenant les segments [AB] et [CD]. Les points P et Q appartiennent chacun à une de ces droites.

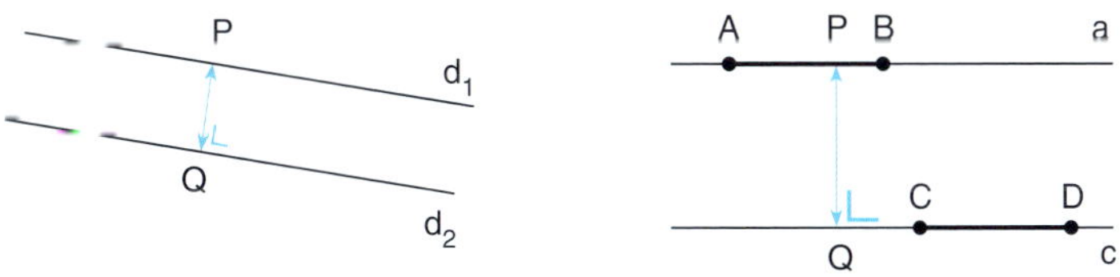

3.4.9. La différence entre un segment et une distance

Parmi les termes qui seront utilisés plus loin, il faudra veiller à bien faire la distinction entre ce qui est élément constitutif d'une forme géométrique (objet matériel, **ensemble de points**: une droite, un segment, une face, une surface,...) **et** ce qui est **grandeur (ou dimension)** de la figure (longueur d'un segment, distance,...) et dont la **mesure** servira à la recherche du périmètre, de l'aire ou du volume, lors de l'emploi des formules par exemple.

On distinguera par exemple:

ensemble de points		dimension, distance
1. **un** rayon du disque, par exemple le rayon [OA] c-à-d un segment	et	**le** rayon du disque noté **R**, qui est la longueur commune à tous les rayons, ou encore la distance du centre au contour (cercle)
2. **un** côté du carré, «le carré a quatre côtés»	et	**le** côté du carré, noté **C** et qui est la longueur commune à tous les côtés
3. les **grands côtés** du rectangle (non carré) [AB] et [CD]	et	la **longueur** du rectangle (non carré), notée **L** qui est la distance entre les petits côtés
4. une **arête** «verticale» du parallélépipède rectangle	et	la **hauteur** du parallélépipède, notée **H**, qui peut être prise n'importe où et qui est la distance entre deux faces parallèles appelées «bases»
5. le **bord**, ou le **contour** d'une surface	et	le **périmètre** de la surface, c'est-à-dire la longueur de son contour

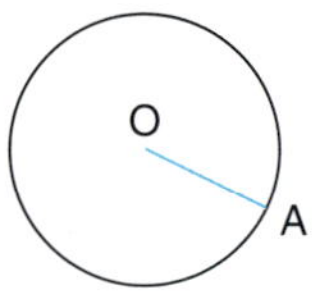

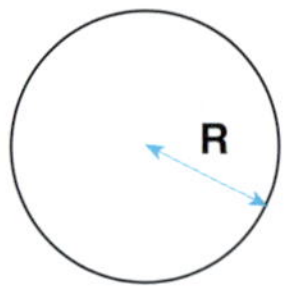

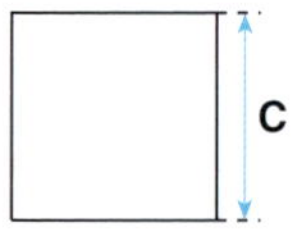

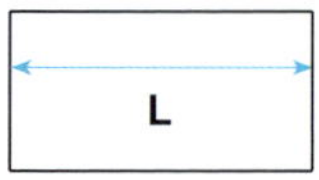

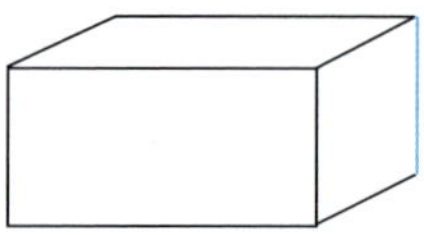

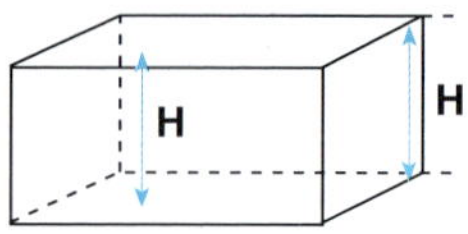

Voir aussi la distinction entre objet, grandeur, mesure en 4.1.1.

3.5 LES TRANSFORMATIONS DU PLAN

3.5.1. Le rôle des transformations du plan dans l'étude des figures de l'espace

La géométrie a un double aspect:

- **statique:** l'étude des objets particuliers: on se contente de décrire, sans généraliser;
- **dynamique:** l'étude des relations entre les objets géométriques, qui débouche sur l'élaboration de concepts et sur les transformations géométriques.

C'est cette seconde approche que nous privilégierons. C'est ainsi que nous ne parlerons pas de l'objet «carré», mais bien de concept de carré (voir en 0.2.2, tome 1) qui peut prendre une existence à travers une infinité de représentations, de grandeurs différentes et de positions différentes dans l'espace. De cette approche émergent des similitudes, des relations et un dynamisme jusqu'alors inapparents.

Les formes géométriques, de figées qu'elles étaient, s'animent et entrent ainsi en relation les unes avec les autres.

Plutôt que rangé dans un tiroir à part, le carré apparaît comme un moment de la transformation du rectangle lorsqu'on allonge les deux petits côtés de ce dernier, c'est-à-dire lorsqu'on l'étire (ou le comprime) dans un sens. Il se révèle alors un cas particulier de rectangle: il quitte son tiroir pour venir prendre place dans la collection des rectangles, elle-même partie d'autres collections de quadrilatères, de polygones...

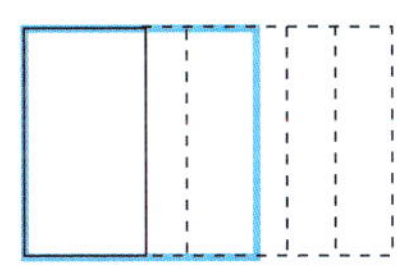

La rotation complète d'un triangle rectangle autour d'un des côtés de l'angle droit donne le jour à un cône dynamique qui n'a plus grand chose à voir avec le cône poussiéreux que l'instituteur d'autrefois sortait une fois par an de son armoire. De plus, en étant «généré», ou formé, plutôt que simplement montré, il révèle déjà plusieurs de ses propriétés:

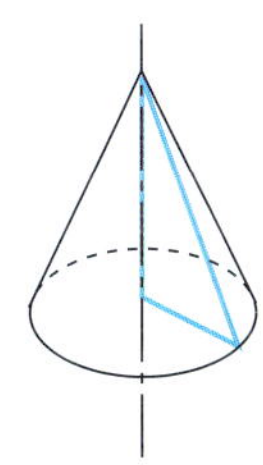

- l'axe de rotation perpendiculaire à la base;
- la juxtaposition d'une infinité de segments de droite constituant sa surface latérale;
- une relation probable entre sa formule de volume et celle de l'aire du triangle.

L'étude des figures de l'espace, surfaces planes et solides, a été menée constamment dans cet esprit de dynamisme. L'étude des transformations du plan s'inscrit dans cette optique. Elle fournit les outils qui permettront de répondre aux questions suivantes: «Comment transformer une figure en une autre?», «Un carré peut-il se transformer en un rectangle?», «Et en un triangle ?», «Quelles sont les transformations qui conservent les proportions d'une figure? Les distances?».

Il est néanmoins impossible, dans le cadre de cet ouvrage, d'envisager l'ensemble des transformations de l'espace qui permettent de passer d'un solide à un autre. C'est la raison pour laquelle cette étude sera limitée au plan: on parle de **transformation du plan**, ou de **transformation plane**.

3.5.2. Ce qu'est une transformation du plan

Une ***transformation du plan*** est une loi bien précise qui transforme chaque point du plan en un autre point. Par exemple, tous les points sont déplacés de 2 cm, horizontalement et vers la droite, ou encore tous les points tournent de 90° autour d'un centre; certaines transformations peuvent entraîner des modifications dans le dessin de figures qui, elles aussi, suivent le mouvement.

Selon la transformation dont il s'agit, une figure transformée gardera ou non les mêmes angles, les mêmes proportions, etc.

La géométrie des transformations ne s'intéresse pas au mouvement lui-même, mais aux propriétés relatives d'une figure et de sa transformée (obtenue en transformant tous les points), figures toutes deux parfaitement figées, ainsi que le montre d'ailleurs le dessin ci-contre.

On peut envisager les choses de deux points de vue différents:

a) trouver l'image d'une figure donnée par une transformation donnée;

b) trouver si deux figures données sont l'image l'une de l'autre par une certaine transformation à découvrir.

Après avoir parcouru différents cas de transformations que l'on peut rencontrer, nous analyserons les transformations principales et nous dégagerons les procédés de construction de l'image d'une figure.

3.5.3. Les différentes sortes de transformations du plan – la notion d'isométrie

Voici neuf images différentes de la même figure ci-dessus. Ces images résultent toutes de transformations du plan bien distinctes:

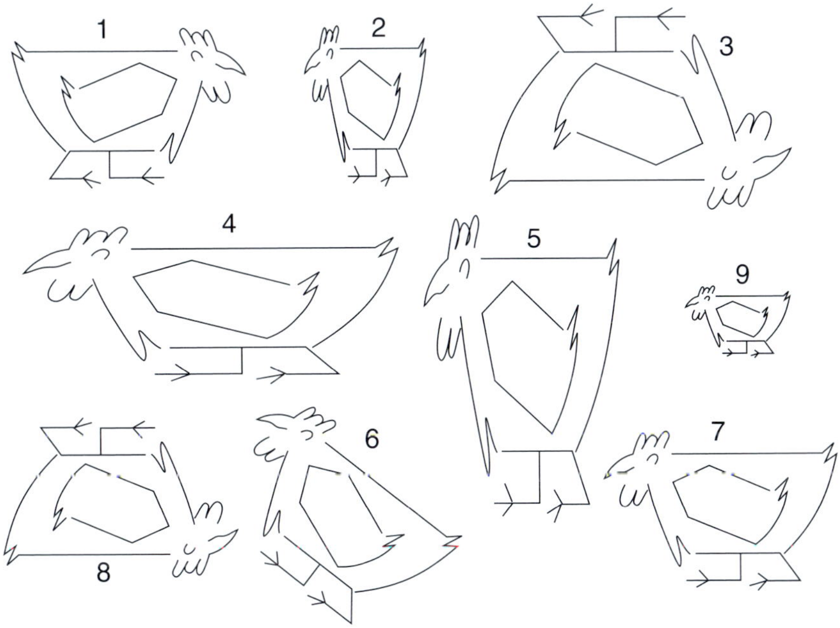

Parmi ces transformations, certaines conservent les droites et le parallélisme: c'est le cas des transformations ① ② ③ ④ ⑥ ⑦ ⑧ ⑨.

Parmi ces dernières, certaines conservent les proportions et les angles, notamment tous les angles droits: c'est le cas des transformations ① ③ ⑥ ⑦ ⑧ ⑨.

On y trouve notamment celles qui agrandissent ou réduisent une figure dans les mêmes proportions. (③ et ⑨, voir en 3.5.7).

Parmi celles-ci, certaines conservent les longueurs et, par voie de conséquence, les aires. Elles portent le nom d'***isométries***. Parmi celles-ci on distingue:

1. les **translations**, ou déplacements dans une direction donnée (⑦). Elles seront abordées en 3.5.4
2. les **rotations** d'un angle donné, autour d'un centre (⑥ et ⑧), abordées en 3.5.5.
3. les **symétries**, qui seront étudiées en 3.5.6: d'une part, les **symétries orthogonales** dans lesquelles une droite joue le rôle de «miroir» reflétant chacun des points du plan (①); d'autre part, les **symétries centrales**, qui ne sont rien d'autre qu'une rotation de 180° autour d'un point (⑧).
4. les composées de deux ou plusieurs de ces isométries.

La notion d'isométrie est une notion importante en géométrie.

Deux figures sont dites ***isométriques*** si elles ont même(s) mesure(s), c'est-à-dire si elles sont superposables (après retournement éventuel, voir en 3.5.6).

On parle de «côtés isométriques», de «triangles isométriques», etc. Ce terme remplace le terme de «égaux» ou «égales», terme abusif puisque ne désignant pas un même signifié (0.1.4).

Une autre définition est donnée par les transformations elles-mêmes: deux figures sont dites **isométriques** si elles sont l'image l'une de l'autre par une isométrie.

Par exemple, les rectangles suivants sont des rectangles tous isométriques:

3.5.4. La translation

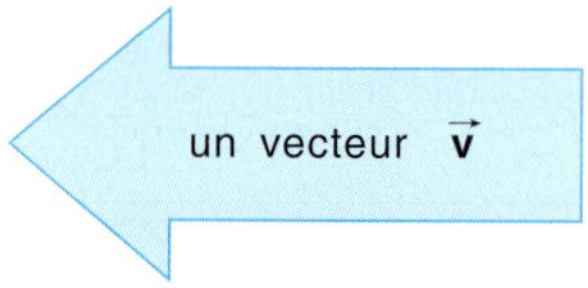

Pour trouver l'image d'un point A du plan par la translation de vecteur $\vec{v}$, on trace un vecteur $\vec{v}$ dont l'origine est le point A. L'extrémité de ce vecteur est le point A, image de A.

L'image d'une figure est une figure de mêmes dimensions (isométrique) et de même orientation. C'est comme si la figure initiale s'était déplacée dans le plan.

La ***translation*** **t** de vecteur $\vec{v}$ est la transformation de plan qui, à tout point A du plan fait correspondre le point A' tel que le vecteur $\overrightarrow{AA'}$ soit équipollent au vecteur $\vec{v}$ («***équipollent à***» signifie: de même longueur que, de même direction que et parallèle à).

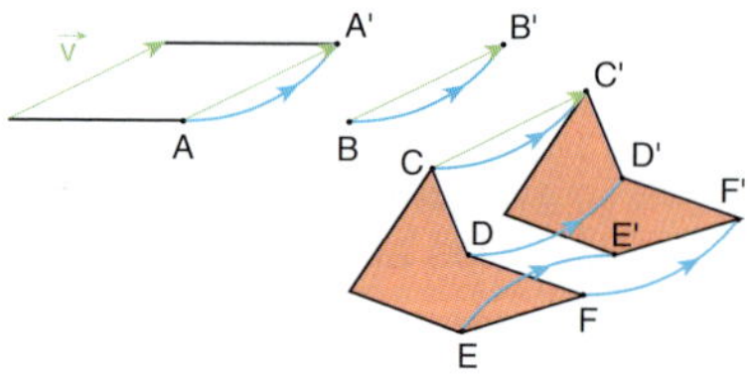

$\overrightarrow{AA'} = \vec{v}$: ce sont les deux côtés d'un parallélogramme.

Cette transformation conserve non seulement les directions des droites et les proportions, mais aussi les distances et les aires: c'est une **isométrie**.

Suggestion didactique

L'approche des translations

Il n'entre pas dans les objectifs de l'école primaire d'aborder les transformations du plan sur un plan théorique et systématique. Il existe plusieurs façons d'aborder par le jeu la translation avec les enfants.

1. La construction de **frises**. Ce n'est qu'un cas particulier de translation dans laquelle le vecteur de translation est (en général) horizontal et lié à la dimension du motif à reproduire:

2. L'utilisation d'un **calque** pour reproduire une figure à un autre endroit du plan.

3. Les **pavages**, par déplacement du motif dans les deux directions, horizontale et verticale (papier peint):

Certains pavages présentent un caractère particulier: ce sont ceux dans lesquels le plan entier est recouvert par des dessins, sans qu'il n'y ait de superposition, comme pour une mosaïque. Un pavage du plan n'est possible qu'avec des dessins bien déterminés:

Au-delà de la reproduction d'un dessin donné pour construire ce type de pavage du plan, il est encore plus intéressant de faire rechercher par les enfants des figures qui permettent de recouvrir le plan entier.

4. Le recours à un diagramme cartésien pour construire l'image d'une figure constitue un autre procédé utile:

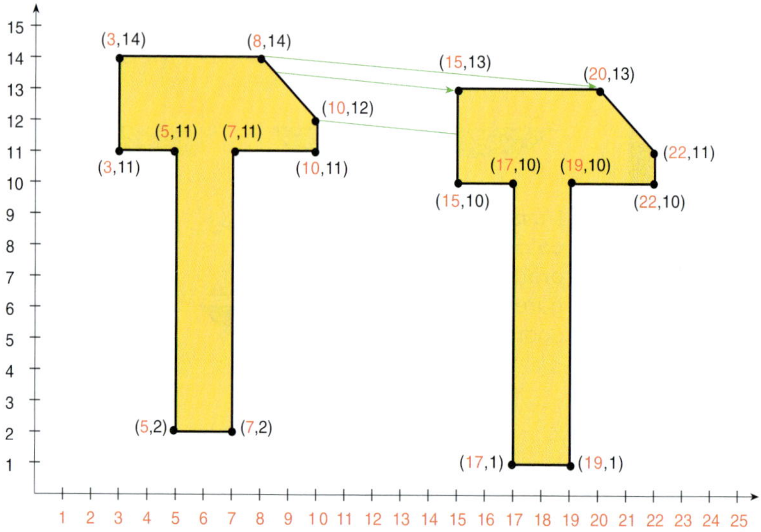

On passe d'un couple au couple correspondant en ajoutant ou en retranchant une quantité déterminée à l'abscisse (ici, + 12) et à l'ordonnée (ici, – 1). Graphiquement, cette idée est évoquée par des parallélogrammes.

3.5.5. La rotation

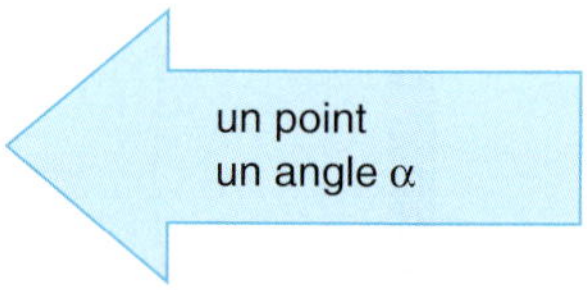

Pour trouver l'image d'un point A du plan par la rotation de centre O et de l'angle α, on commence par tracer le segment [OA]. Ensuite, on construit une demi-droite qui fait avec [OA] un angle α (le sens positif est le sens inverse des aiguilles d'une montre), et on prend sur cette demi-droite le point A situé à même distance de O que le point A.

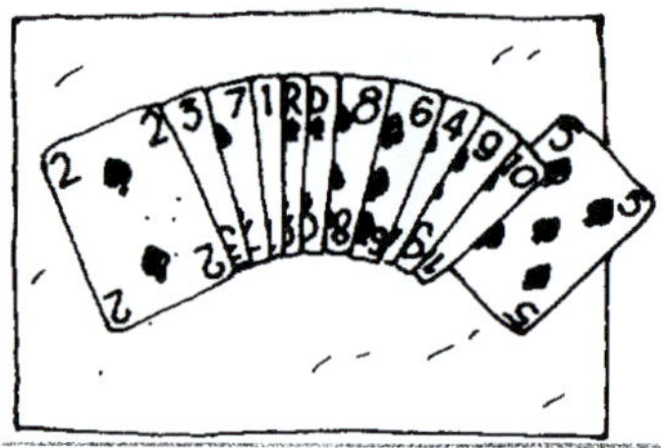

L'image d'une figure, ici du triangle BCD, est celle d'une figure superposable mais qui a changé de direction par rapport à la figure de départ.

La ***rotation*** **r** de centre O et d'angle α est la transformation du plan qui, à chaque point A fait correspondre le point A' tel que la longueur de [OA] soit égale à la longueur de [OA]' et que l'angle du couple de demi-droites ([OA]; [OA']) soit de même amplitude que l'angle α.

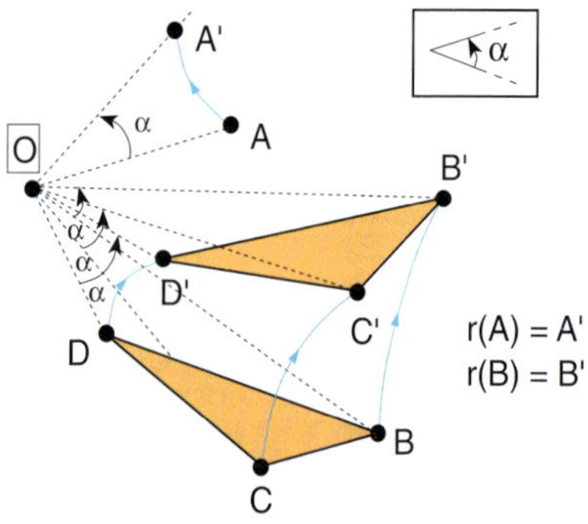

Cette transformation est une **isométrie**, tout comme la translation: elle conserve les distances et les aires.

8-12 ans

Suggestion didactique

L'approche des rotations

La construction de **rosaces** constitue une application ludique de la notion de rotation. Une rosace est le résultat d'une rotation particulière dans laquelle l'angle de rotation est une fraction de 360° : par exemple, 72° ou 18°,...

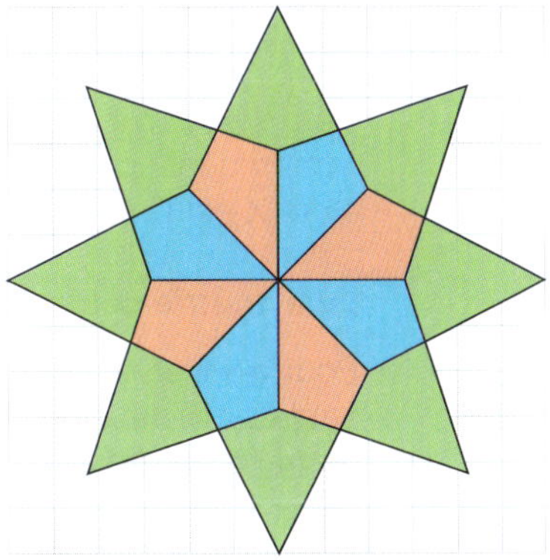

Les deux procédés les plus accessibles pour construire une rosace consistent en l'utilisation d'un **calque** ou d'un **quadrillage**. Le recours à ce dernier présente toutefois un danger dans la mesure où un angle ne peut pas toujours se traduire de façon simple par une prise de mesure sur un quadrillage (à n'utiliser que pour des angles de rotation de 90° ou 45°).

On peut ausssi recourir à des réseaux à mailles triangulaires : ils permettent d'utiliser facilement des angles de 30° ou 60°.

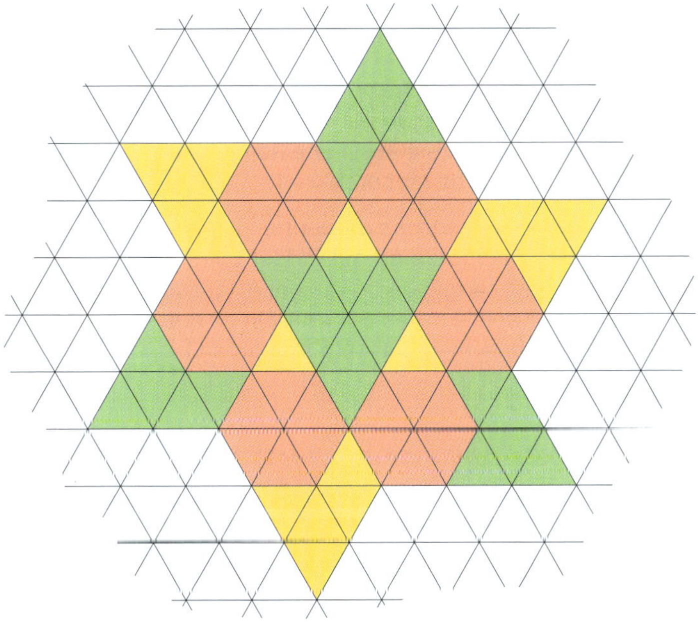

La construction d'une rosace peut être également envisagée comme application à l'utilisation correcte d'un **rapporteur**.

Terminons par une remarque importante : de même que dans la construction de pavages du plan, il est intéressant de **faire rechercher par les enfants des figures susceptibles d'être à la base d'une rosace** avant de passer à leur réalisation sur papier.

Il ne faut pas oublier le contexte global de l'éducation mathématique dans lequel la recherche et la construction de notions par l'enfant doit prendre le pas sur des activités de reproduction et d'application, bien que celles-ci soient également importantes: apprendre à l'enfant la précision, graphique notamment, est très éducatif.

3.5.6. Les transformations symétriques: symétrie centrale et symétrie orthogonale

Les deux transformations suivantes ont ceci de commun qu'elles sont symétriques: pour tout point X du plan, si X' est l'image de X par la transformation, alors X est l'image de X' par la même transformation.

La symétrie centrale

Pour trouver l'image d'un point A du plan par la symétrie centrale de centre O, il suffit de tracer la droite OA et de prendre, dans le sens opposé à OA une distance égale à la longueur de [OA] ce qui détermine le point A'. Le point O se trouve au milieu du segment [AA'].

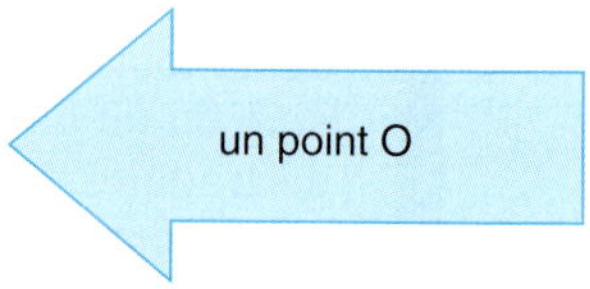

L'image d'une figure par cette transformation est une figure identique mais qui a subi une rotation de 180° par rapport au centre O.

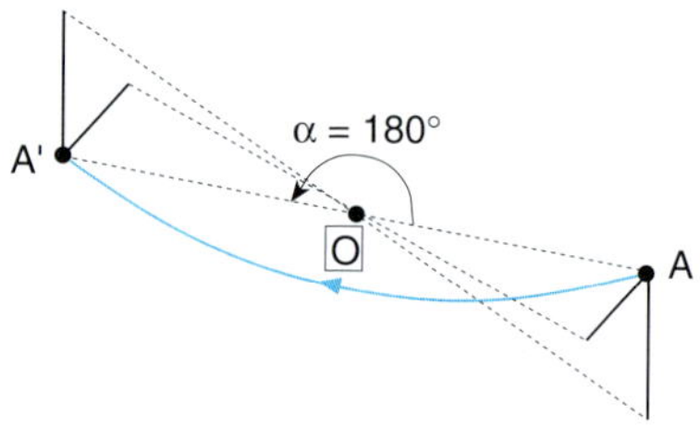

Une symétrie centrale n'est donc rien d'autre qu'une rotation particulière, une rotation de 180°. C'est aussi une homothétie de centre O et de rapport **k** = –1.

La ***symétrie centrale*** de centre O est la transformation du plan qui, à tout point A du plan, fait correspondre le point A' tel que le point O soit le milieu de [AA']. On dit que A et A' sont symétriques par rapport à O.

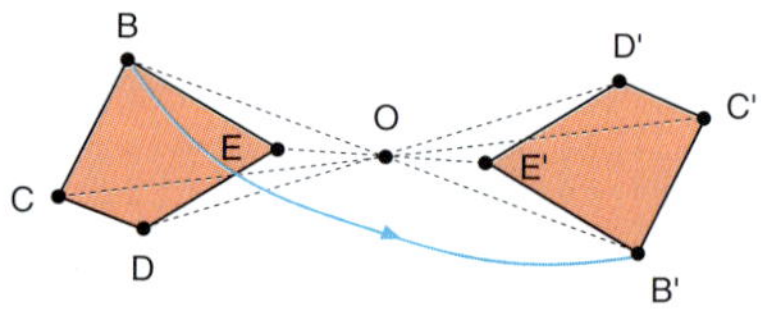

La symétrie centrale est souvent appelée **symétrie par rapport à un point**.

On appelle ***centre de symétrie*** O d'une surface un point tel que l'image de cette figure par la symétrie centrale de centre O soit la surface elle-même, c'est-à-dire que l'image de tout point de la surface est un point de la surface.

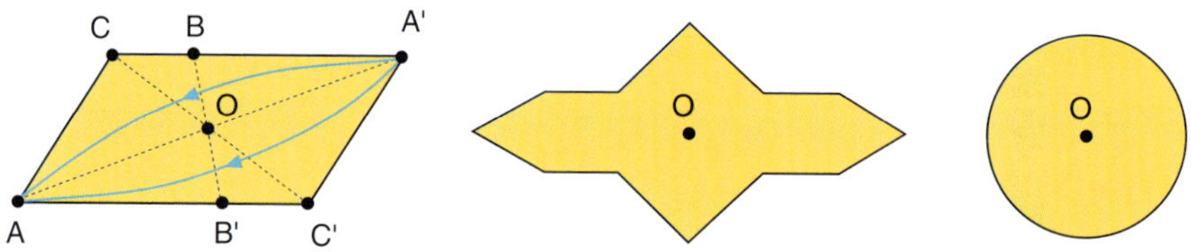

Toutes les surfaces n'ont pas un centre de symétrie: par exemple, aucun triangle n'a de centre de symétrie (même pas le triangle équilatéral!).

La composée de deux symétries centrales de centre O et O' est une translation:

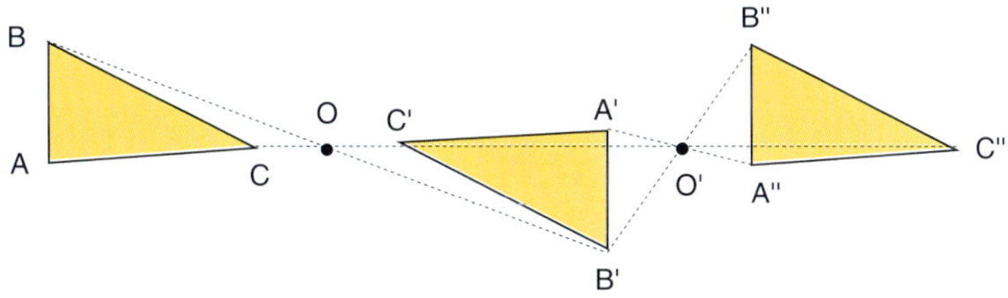

La symétrie orthogonale

Pour construire l'image d'un point A du plan par la symétrie orthogonale d'axe **d**, on trace par A la perpendiculaire à **d** qui coupe **d** en H. On prend sur cette perpendiculaire une distance égale à celle de [HA], ce qui détermine le point A'.

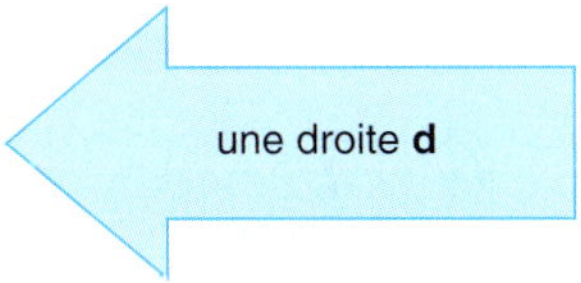

Le milieu de [AA'] se trouve donc sur l'axe et [AA'] est perpendiculaire à l'axe **d**.

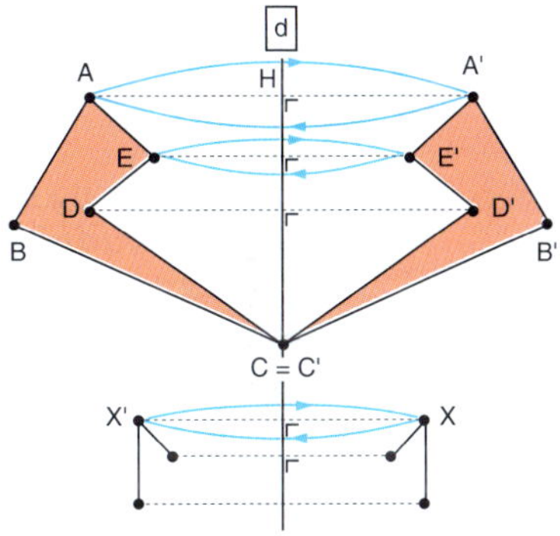

L'image d'une figure est une figure de mêmes dimensions mais **retournée** par rapport à la figure de départ, comme si l'axe **d** faisait office de miroir.

La ***symétrie orthogonale*** d'axe **d** est la transformation du plan qui, à tout point A du plan associe le point A' tel que le point H, point d'intersection de **d** et de la perpendiculaire à **d** passant par A soit le milieu du segment [AA'].

La symétrie orthogonale est souvent appelée **symétrie par rapport à une droite**. C'est également une isométrie. Cependant, contrairement aux isométries précédentes, elle ne permet pas, sauf pour des figures particulières, de superposer la figure image avec la figure de départ tout en restant dans le plan.

Un ***axe de symétrie*** d'une figure plane est une droite **d** telle que l'image (par une symétrie orthogonale d'axe d) de la figure soit la figure elle-même. Une figure peut avoir plusieurs axes de symétrie:

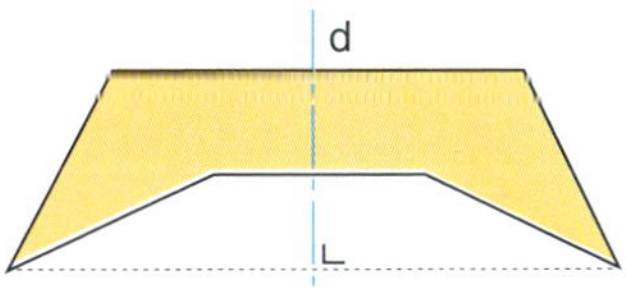

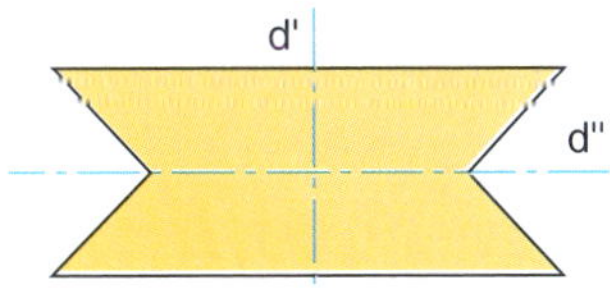

La composée de deux symétries orthogonales s_1 et s_2 d'axes parallèles **a** et **b** est une translation:

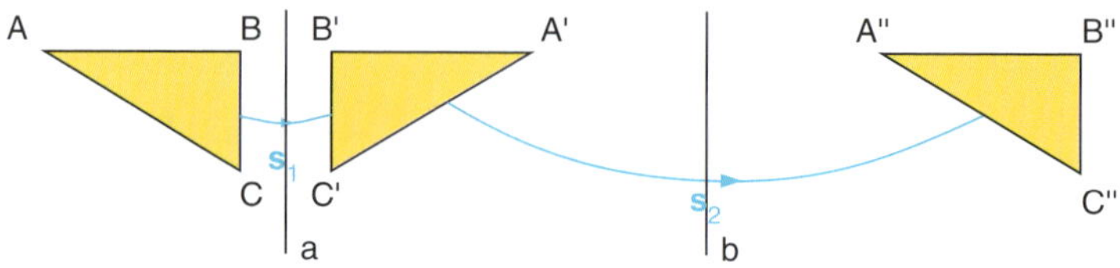

La composée de deux symétries orthogonales s_1 et s_2 d'axes perpendiculaires **a** et **b** est la symétrie centrale dont le centre est situé à l'intersection des deux axes.

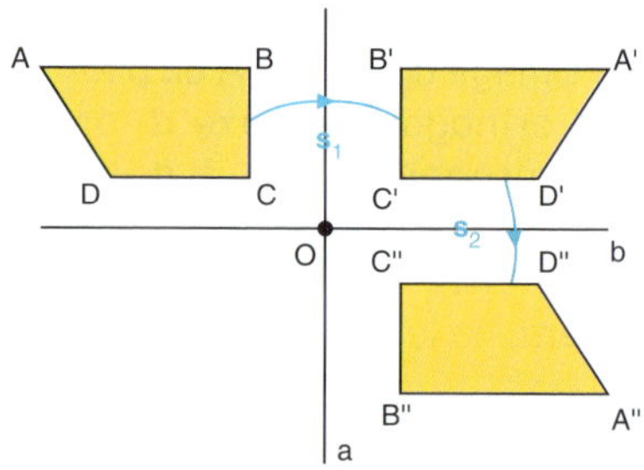

On dit que deux figures qui sont l'image l'une de l'autre par une symétrie orthogonale sont ***retournées:*** on ne peut pas les superposer sans quitter le plan. Cette notion s'oppose à celle de ***déplacement*** dans le plan, qui donne une figure qui est superposable à la figure de départ sans quitter le plan. C'est le cas du triangle **4** par rapport au triangle **1** mais non du **3** par rapport au **1** (ni au **4**).

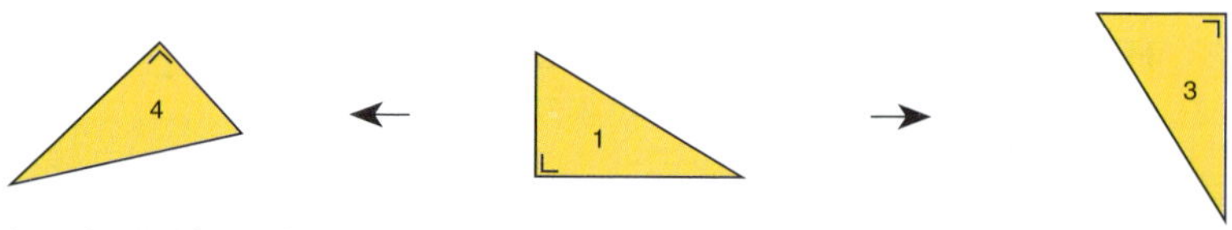

4: triangle **1** déplacé (en le faisant pivoter **dans** le plan, il est possible de venir le superposer au **1**)

1: triangle d'origine

3: triangle **1** retourné (en restant **dans le plan** on ne pourra jamais le superposer au **1**)

Un déplacement n'est constitué que de translations et de rotations, tandis qu'un retournement comprend un nombre impair de symétries orthogonales.

Quelles sont les lettres majuscules de notre alphabet qui possèdent
- un centre de symétrie?
- un ou plusieurs axes de symétrie?

8–12 ans

Suggestion didactique

L'approche des symétries

Il existe plusieurs procédés permettant aux enfants de prendre conscience par le jeu de la symétrie :

1. Les techniques de **pliages**.
2. La construction d'un dessin symétrique à un autre sur quadrillage.

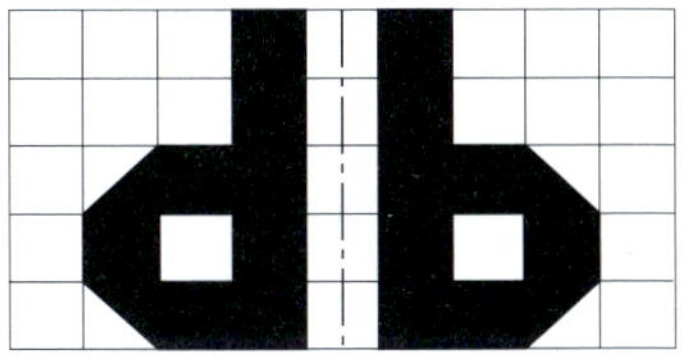

3. Le recours au diagramme cartésien, dans lequel on transforme chaque ordonnée positive en ordonnée négative :

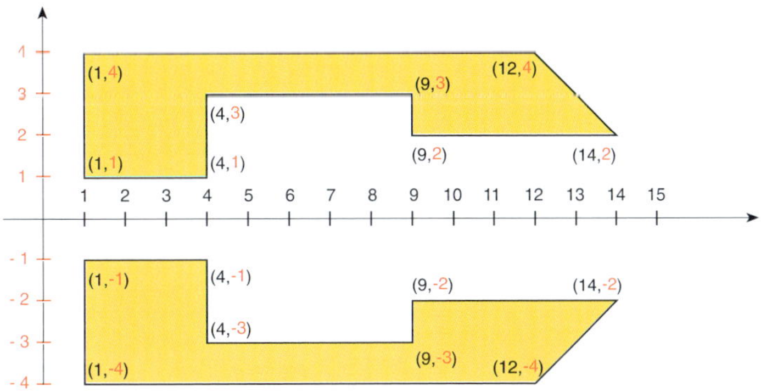

4. La construction de mosaïques, qui se différencient d'une frise par la double symétrie orthogonale qu'elles présentent (selon un axe vertical et un axe horizontal) :

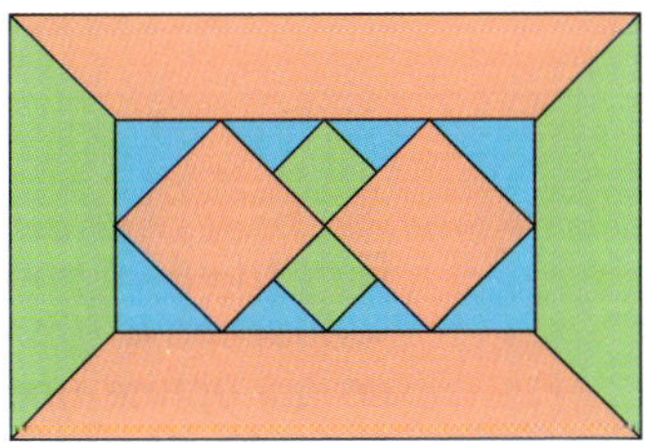

5. L'utilisation de papier qui n'a pas la même couleur de chaque côté : il permet de bien identifier les retournements.

3.5.7. Les agrandissements et réductions

Nous ne développerons pas ces notions sur un plan théorique (elles s'appuient essentiellement sur le concept d'homothétie). Nous nous contenterons d'énoncer quelques propriétés importantes de ces transformations et de proposer une piste de travail en classe.

Les agrandissements et réductions sont associés à la notion d'échelle (voir en 4.9.2). Comme les échelles, on donne le rapport **k** de l'agrandissement ou de la réduction.

Exemple 1: Un agrandissement de rapport **k = 2** est une représentation à l'échelle 2/1. **Chaque distance devient 2 fois plus grande**:

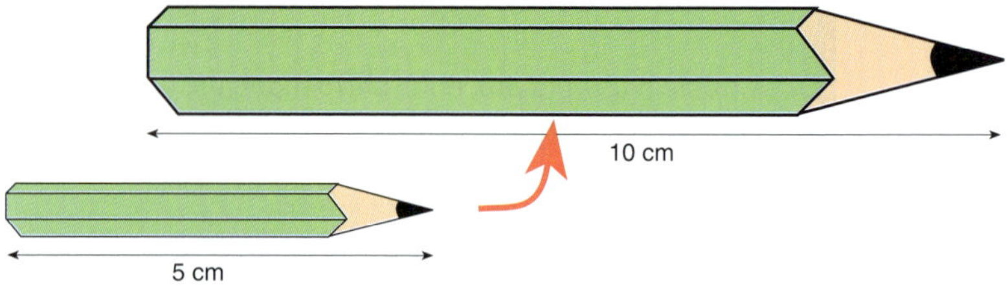

Parfois, on dit aussi «agrandissement» à 200%, comme quand on parle d'un agrandissement à la photocopieuse.

Exemple 2: Une réduction de rapport k = 0,75 est une représentation à l'échelle 3/4. **Chaque distance est réduite aux 3/4 de ce qu'elle était:**

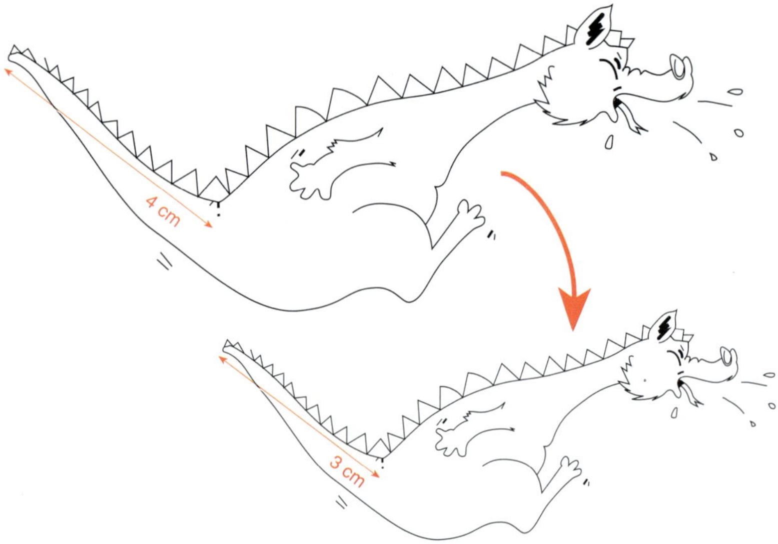

En parlant de photocopieuses, on dira «réduction à 75%». Il est plus clair de dire «réduction à 75%», ce qui donne un facteur multiplicatif, que «réduction de 25%», ce qui donne une différence (voir à ce sujet la suggestion didactique en 2.5.3, tome 1).

En général, on parle plutôt d'agrandissement et de réduction pour des rapports situés autour de 1, environ de 1/4 à 4 (photocopieuse, photos,...) tandis qu'on parle de représentations à l'échelle pour des rapports beaucoup plus grands ou beaucoup plus petits (échelle d'une prise de vue au microscope, échelle d'une carte routière,...).

Les agrandissements et les réductions ne conservent ni les distances ni les aires (sauf dans les cas où le rapport est 1). Ils conservent par contre:

- l'alignement;
- le parallélisme;
- les angles, notamment les angles droits;
- les proportions, notamment les milieux.

Le respect des proportions est ce qui différencie notamment un agrandissement ou une réduction d'une compression ou d'un étirement qui, eux, ne conservent pas les proportions.

EXEMPLE :

Agrandissement dans les mêmes proportions

Agrandissement avec étirement en longueur

10-12 ans

Suggestion didactique

Agrandir et réduire un dessin

Le procédé le plus accessible aux enfants pour agrandir ou réduire un dessin (à part l'utilisation d'une photocopieuse) est de recourir à deux quadrillages dont la dimension des carrés est fonction du rapport de réduction.

EXEMPLE : Agrandissement de rapport 2 d'un dessin.

On peut construire des agrandissements/réductions sur des quadrillages à mailles différentes (comme ci-dessus) ou sur des quadrillages de mêmes mailles, avec une convention de dessin (par exemple, 1 ancien côté devient 3 nouveaux côtés, etc.).

3.5.8. La transformation identique – Synthèse des transformations

Une transformation tout à fait particulière transforme chaque point en lui-même: c'est la ***transformation identique***, ou ***identité***.

Elle est à la fois:

- rotation d'un angle α multiple de 360° (0°, 360°, 720°,...)
- translation de vecteur nul.

On peut à ce stade établir une synthèse des transformations du plan rencontrées jusqu'ici (uniquement à titre d'information pour les enseignants).

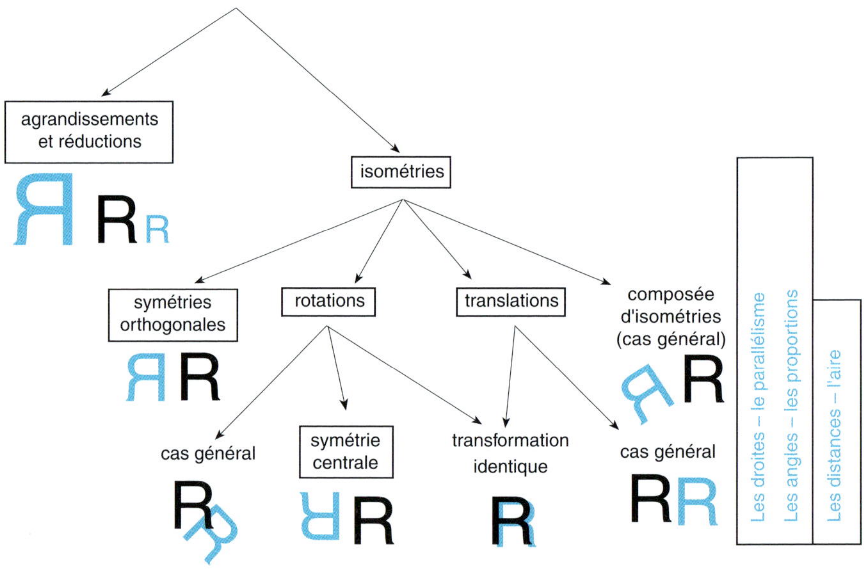

10-12 ans

Suggestion didactique

Les transformations du plan dans le parcours des apprentissages

Dans le parcours des apprentissages, on peut situer les transformations du plan à l'intersection de plusieurs cases.

En effet, préparées dès les premières années par des manipulations de surfaces en ②, (par exemple par des pliages pour faire apparaître des symétries), et en ④ par les notions de perpendicularité, de parallélisme, d'angle et de vecteur, les transformations en ⑥ servent principalement à l'étude dynamique des surfaces planes, sur le plan de leur construction principalement, c'est-à-dire à la case «surfaces – semi concret», en ⑦.

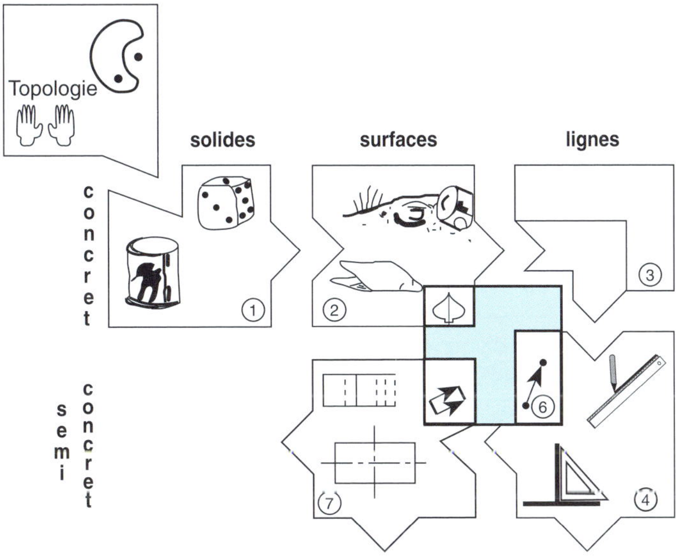

Les transformations du plan prennent donc leurs racines en ② et en ④, et débouchent principalement en ⑦.

A l'école primaire, elles sont approchées concrètement et visuellement; on ne va pas jusqu'au stade du concept.

(Suite en 3.7.8).

3.6 LES SURFACES PLANES LIMITÉES – POLYGONE – DISQUE

3.6.1. Ce qu'est un polygone

Un ***polygone*** (de «poly», plusieurs et «gônos», angle) est une surface plane dont le contour est une ligne brisée fermée, ou encore une surface délimitée exclusivement par des segments de droite en nombre fini. Ces segments s'appellent ***côtés*** du polygone.

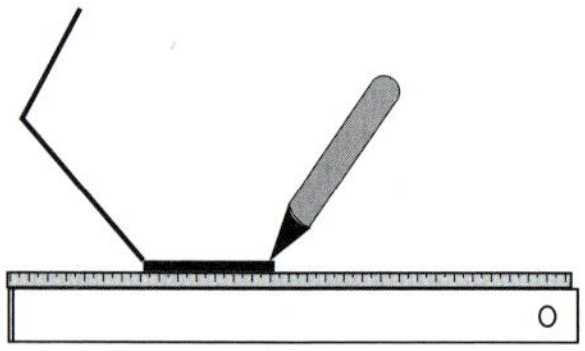

Physiquement, le polygone serait la surface plane fermée qui pourrait être tracée entièrement à la règle.

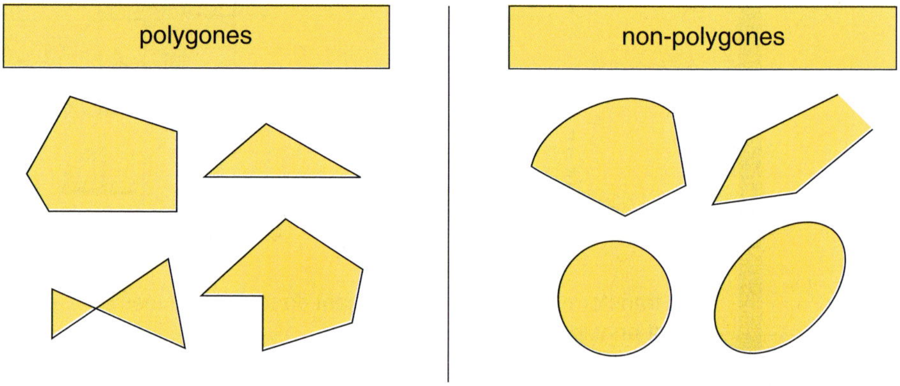

Sans encore tenir compte des positions des côtés les uns par rapport aux autres (parallélisme, perpendicularité), ni de leur longueur, on peut, comme on le proposerait à des enfants, classer les polygones selon le nombre de côtés mais aussi selon le critère de convexité défini en 3.2.5. Faisons également figurer le nombre d'axes de symétrie (3.5.6), qui pourrait constituer un troisième critère de classement. Le nombre d'axes de symétrie figure en couleur dans le tableau.

	convexes	non convexes
3 côtés triangles	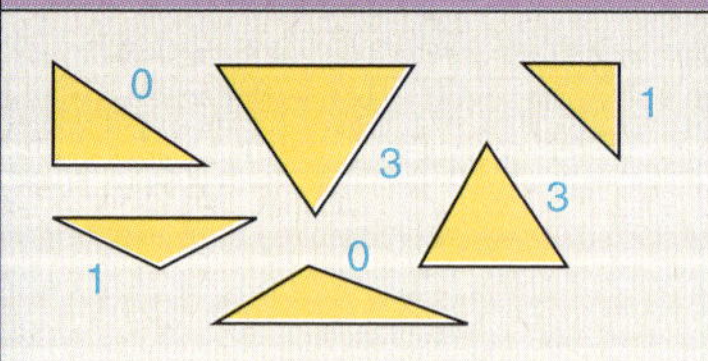	
4 côtés quadrilatères	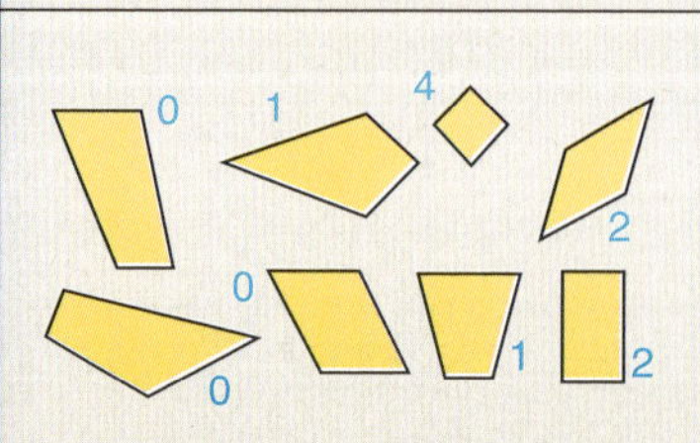	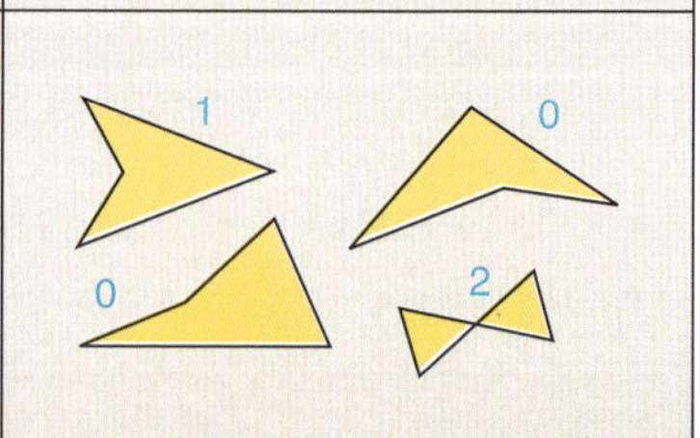

	convexes	non convexes
5 côtés pentagones	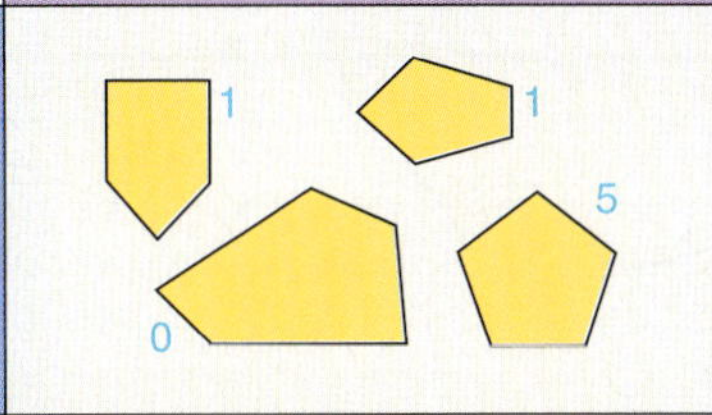	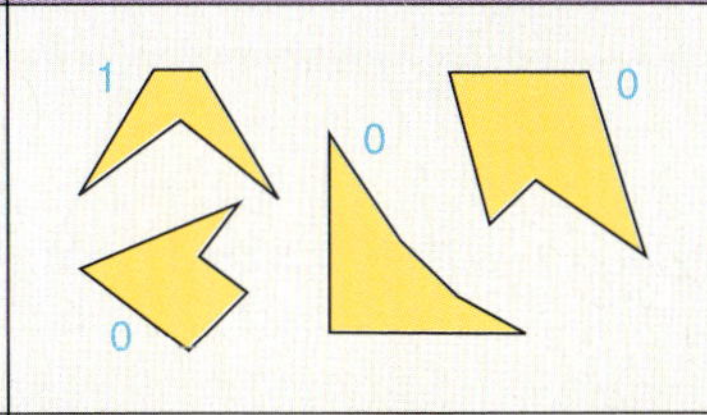
6 côtés hexagones	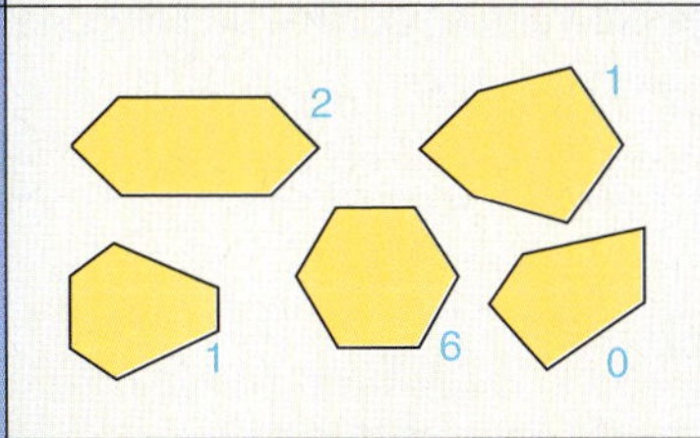	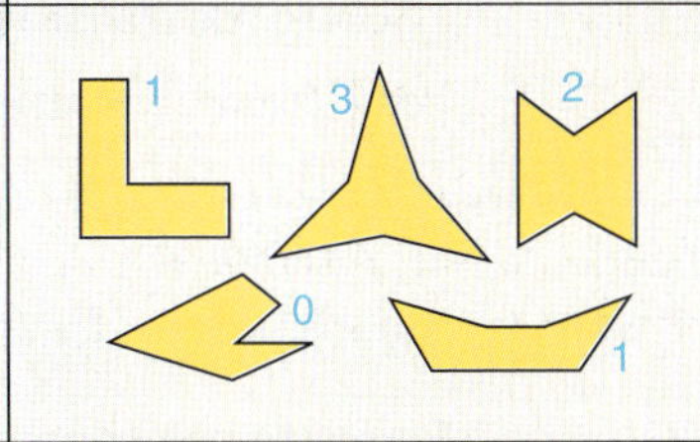
8 côtés octogones	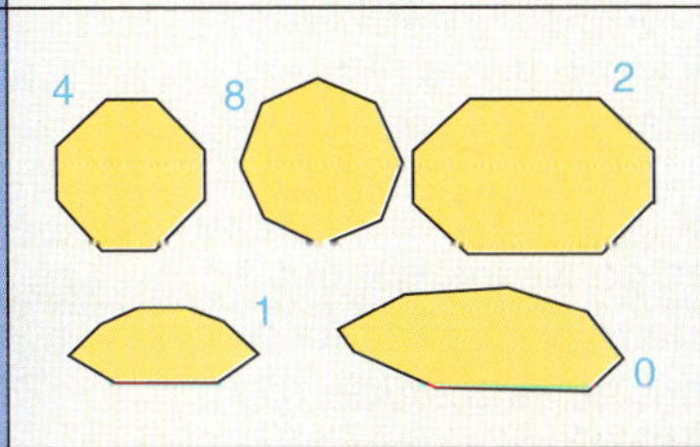	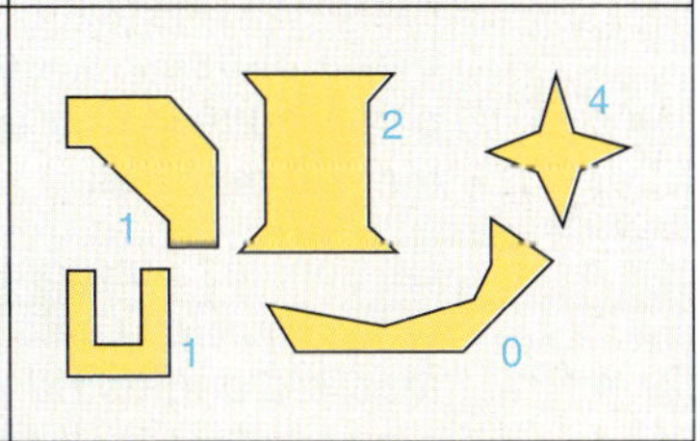
10 côtés décagones	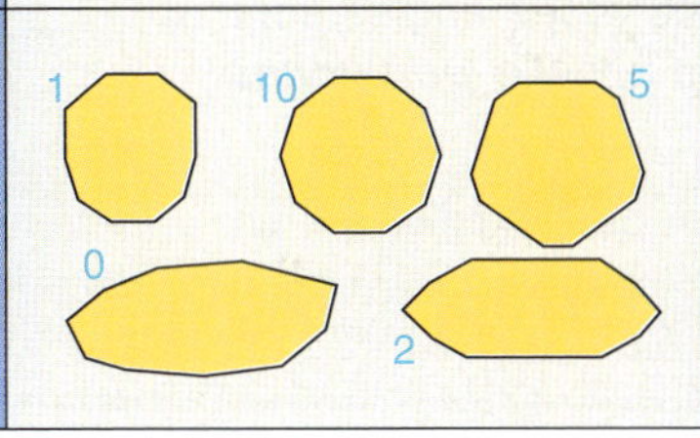	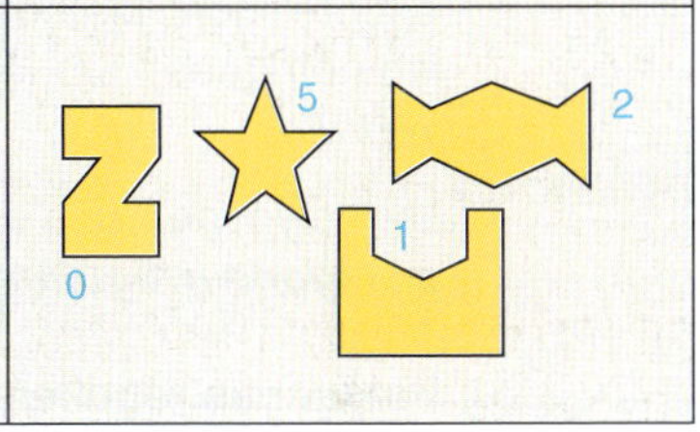

La liste n'est pas exhaustive: 7 côtés: heptagones; 9 côtés: ennéagones; 11 côtés: hendécagones; 12 côtés: dodécagones; 15 côtés: pentadécagones; …

Ce tableau fait apparaître notamment qu'un polygone aura toujours soit zéro axe de symétrie, soit un nombre d'axes de symétrie égal à un diviseur du nombre de côtés:

- un quadrilatère (4 côtés) aura 0, 1, 2 ou 4 axes de symétrie
- un hexagone (6 côtés) aura 0, 1, 2, 3, 6 axes de symétrie.

Ce polygone un peu spécial est un ***quadrilatère croisé***, et non un hexagone. Ses sommets sont dans l'ordre A, B, C et D et ses côtés les segments [AB], [BC], [CD] et [DA].

Une ***diagonale*** d'un polygone est un segment de droite qui joint deux sommets non consécutifs du polygone.

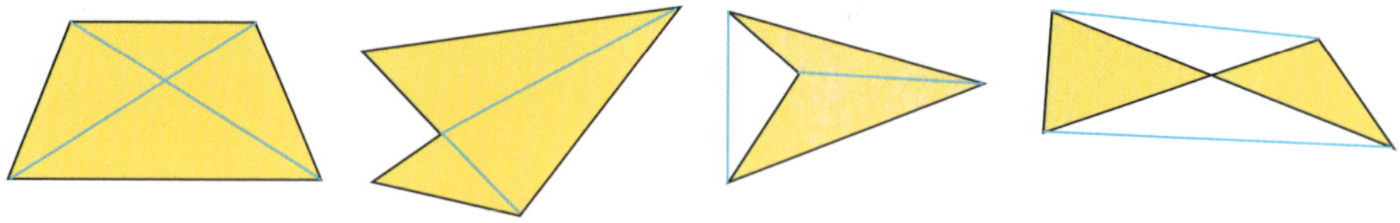

Combien de diagonales différentes possède un polygone

de 4 côtés ? 5 côtés ? 6 côtés ? n côtés ?

3.6.2. Les polygones réguliers

Parmi les polygones représentés sur le tableau ci-dessus, certains présentent la particularité d'avoir autant d'axes de symétrie que de côtés.

Ce sont les polygones convexes qui ont à la fois tous les côtés de même longueur **et** tous les angles de même amplitude (ou encore : dont les côtés et les angles sont isométriques). On les appelle ***polygones réguliers***.

Un polygone qui n'est pas régulier est un ***polygone irrégulier***.

Polygones réguliers

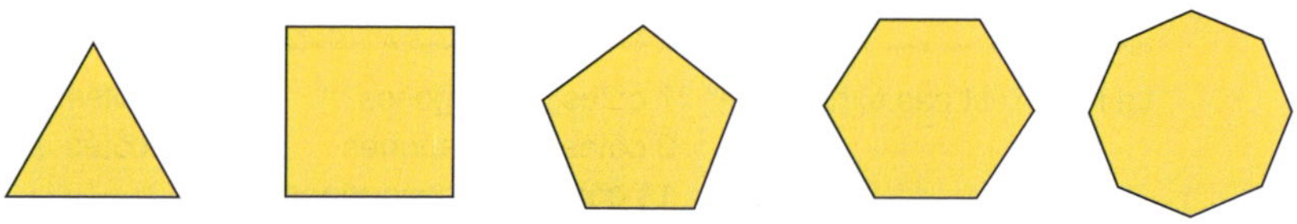

triangle équilatéral | carré | pentagone régulier | hexagone régulier | octogone régulier

Polygones irréguliers

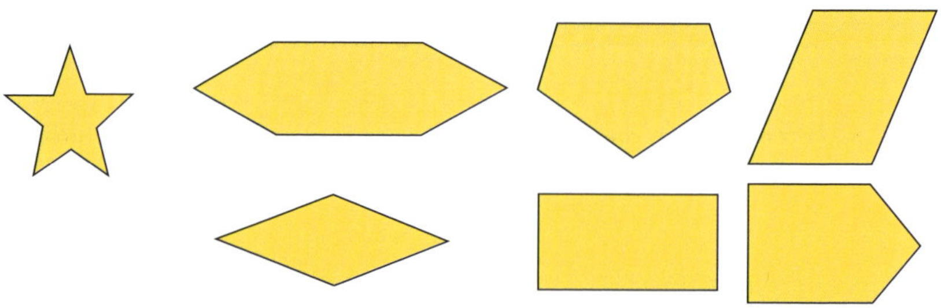

(non convexe parfois aussi appelé | (angles non tous isométriques) | (côtés non tous isométriques) | (angles et côtés non tous

Un polygone dont tous les côtés ont la même longueur s'appelle parfois ***semi-régulier***.

Tout polygone régulier (comme certains polygones irréguliers d'ailleurs) peut être inscrit dans un cercle (3.6.3), c'est-à-dire qu'il existe un cercle contenant chacun des sommets du polygone régulier. Le ***centre*** de ce cercle est le centre du polygone régulier.

L'***apothème*** **a** d'un polygone régulier est la longueur du segment abaissé du centre sur un des côtés, perpendiculairement à ce dernier.

Celui-ci (on dit *un* apothème) est encore la distance du centre du polygone régulier à un de ses côtés.

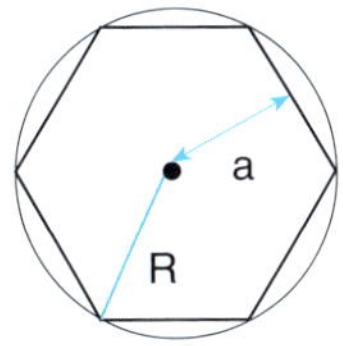

Le rayon **R** du polygone régulier est le rayon du cercle circonscrit au polygone, ou encore la distance entre le centre et un des sommets du polygone régulier.

Le rayon d'un **hexagone régulier** est de même longueur que le côté de celui-ci. En effet, le triangle AOB est isocèle (3.7.2) et son angle au centre $\widehat{AOB}$ vaut 60° (360° divisés par 6). Etant donné que la somme des angles d'un triangle est 180° (3.7.3), chacun des deux autres angles, $\widehat{OAB}$ et $\widehat{ABO}$, vaut aussi 60°. Le triangle est bien équilatéral, et le rayon [OA] est de même longueur que le côté [AB].

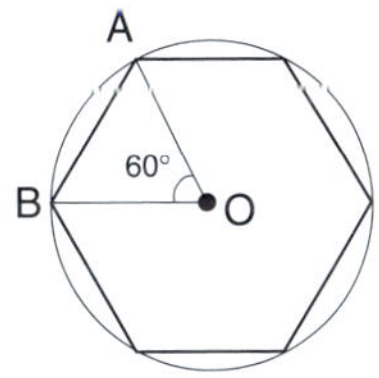

Tous les **procédés de construction des polygones réguliers** sont basés sur leur propriété importante d'être incriptibles dans un cercle. On peut construire un polygone régulier:

1. par calcul de l'angle au centre ou de la longueur du côté. C'est le procédé général de construction. Le tableau suivant donne, en fonction du nombre de côtés, d'une part l'angle au centre, d'autre part le rapport **C/R** de la longueur du côté au rayon du cercle. Il suffit de multiplier le rapport par le rayon pour obtenir la longueur du côté du polygone régulier qu'on veut construire.

nombres de côtés	3	4	5	6	7	8	9	10	11	12
angle au centre	120°	90°	72°	60°	51°	45°	40°	36°	33°	30°
C/R (côté/rayon)	1,73	1,41	1,17	1	0,87	0,77	0,68	0,62	0,56	0,52

Par exemple, pour construire un pentagone régulier dans un cercle de 8 cm de rayon, on peut soit reporter cinq fois un angle de 72°, soit calculer la longueur du côté 8 cm x 1,17 = 9,36 cm et reporter sur le cercle 5 fois cette distance au compas, à partir d'un point pris au hasard.

Quand le nombre de côtés du polygone est pair, la précision augmente en reportant les distances sur un demi-cercle et en traçant les diamètres.

2. par voie graphique, surtout pour certains polygones particuliers:

   – le **carré**: on trace deux diamètres perpendiculaires. On joint consécutivement les 4 points d'intersection avec le cercle.

   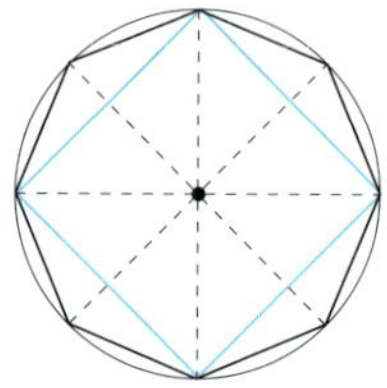

   – l'**octogone régulier**: on trace deux diamètres perpendiculaires. Au moyen des bissectrices, on divise en deux parties égales chaque part de cercle. On joint consécutivement les 8 points marqués sur le cercle.

   – l'**hexagone régulier**: on porte sur le cercle 6 arcs avec une ouverture de compas égale au rayon. On joint consécutivement les 6 points marqués sur le cercle. Ce procédé est basé sur la propriété de l'hexagone régulier d'avoir le côté de même longueur que le rayon.

   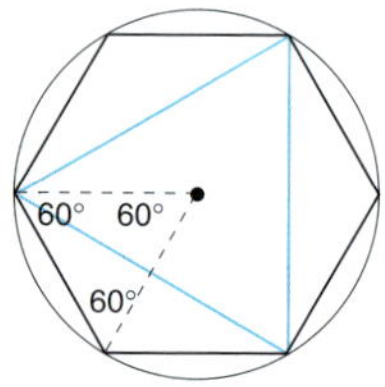

   – le **triangle équilatéral:** on part du procédé de construction de l'hexagone régulier mais on joint les points de deux en deux.

   – le **décagone régulier**: on trace deux diamètres perpendiculaires [AB] et [CD]. On détermine le point M, milieu du rayon [OD] et on trace le cercle de centre M passant par O et D. La longueur du côté du décagone régulier est donnée par celle du segment [AE], E étant le point d'intersection de [AM] avec le petit cercle. On reporte dix fois cette distance au compas sur le cercle.

   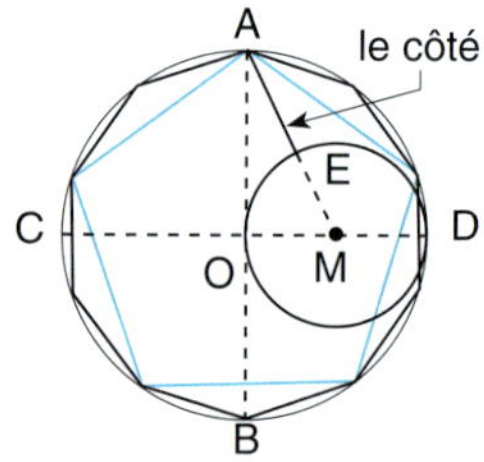

   – le **pentagone régulier** on part du procédé de constuction du décagone régulier mais on joint de deux en deux les points marqués sur le cercle.

Ces constructions ne sont, bien entendu, pas étudiées systématiquement à l'école primaire, mais peuvent faire l'objet d'exercices de mesure et de manipulation des instruments.

3.6.3. La différence entre disque et cercle

On appelle ***disque*** **D** de rayon **R** et de **centre O** la surface qui comprend tous les points du plan dont la distance à O est inférieure ou égale à **R**.

Le disque inclut donc sa frontière qui est la ligne formée des points situés exactement à la distance **R** du centre O. Cette frontière s'appelle ***cercle*** **(C)**.

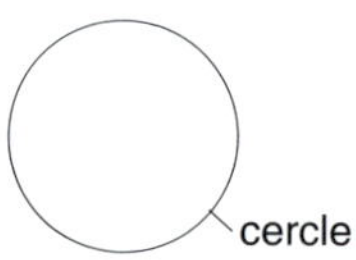

On peut donner du disque d'autres définitions équivalentes. Citons-en à titre d'exemple:

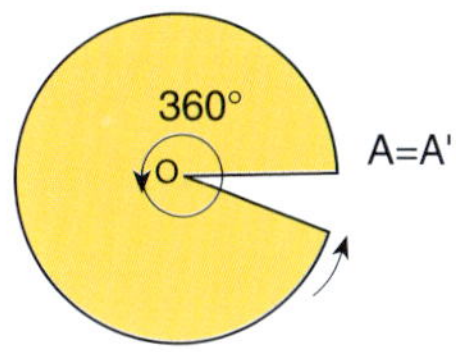

- la portion de plan balayée par la rotation de 360° d'un segment autour d'une de ses extrémités;
- la limite d'un polygone régulier lorsque, tout en restant inscrit dans un cercle fixe, le nombre de côtés de celui-ci tend vers l'infini.
  En effet, lorsque le nombre de côtés du polygone régulier augmente, la longueur de ces côtés devient tellement petite que la frontière du polygone tend de plus en plus à devenir la ligne formée des points situés à égale distance d'un point donné, c'est-à-dire un cercle.
  L'apothème du polygone devient alors le rayon du cercle ou du disque.

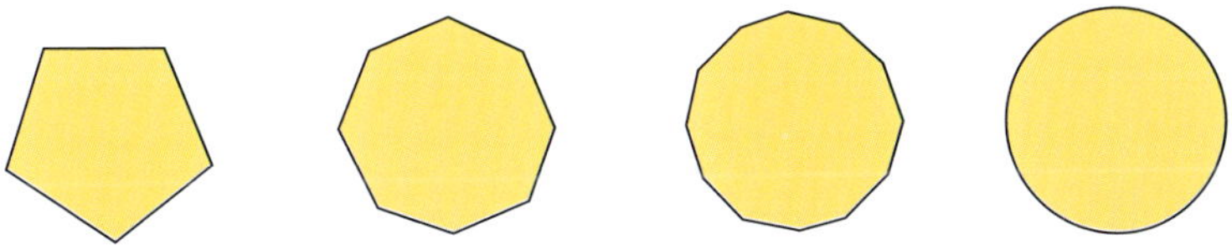

Dans cette transformation, on passe du domaine des polygones au domaine des non-polygones de façon continue: en mathématique, les choses se font en douceur. C'est bien là que réside l'idée de **limite**.

3.6.4. Les éléments constitutifs du disque

On appelle ***rayon*** du disque tout segment joignant le centre O à un point du cercle : [OA] est **un** rayon du disque.

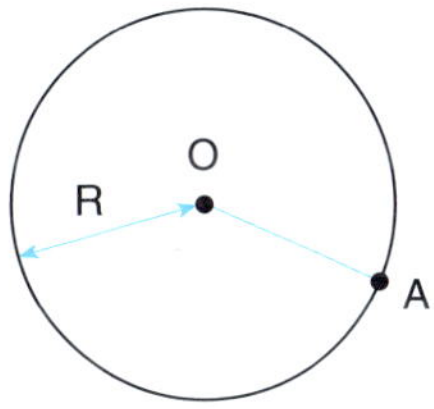

Le rayon R du disque (ou du cercle) est la longueur commune à tous les rayons. Il représente donc une distance et non un segment précis: la distance du centre au cercle, prise n'importe où.

Une ***corde*** est un segment de droite dont les extrémités sont des points du cercle. La ***flèche*** est l'écartement maximum entre la corde et le cercle; elle est prise perpendiculairement au milieu de la corde.

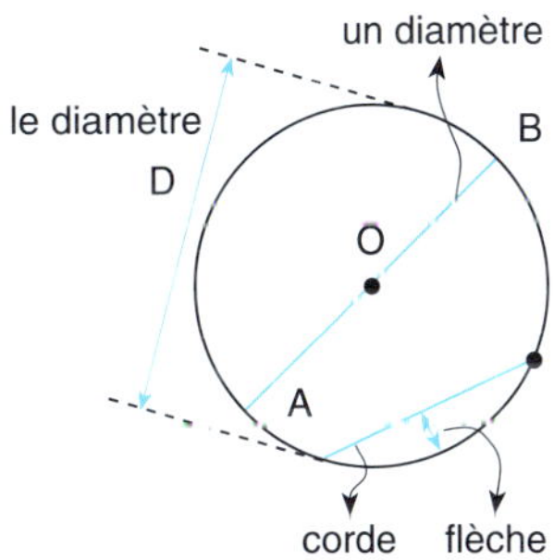

Un ***diamètre*** [**AB**] est une corde particulière qui passe par le centre. C'est la plus grande des cordes que l'on peut tracer à partir d'un point donné du cercle.

Le **diamètre D** du disque est la longueur commune à tous les diamètres. Il vaut le double du rayon.

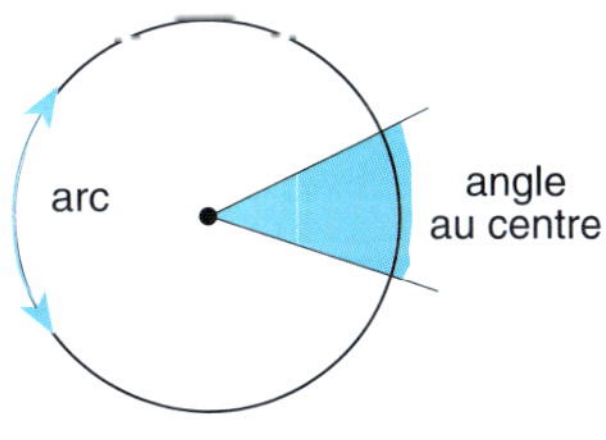

Un ***arc*** est une portion du cercle.

Un ***angle au centre*** est un angle qui a son sommet au centre du disque.

Un ***secteur circulaire*** est une portion du disque limitée par un arc et les rayons qui aboutissent à ses extrémités.

La ***couronne circulaire*** de centre O et de rayon $\mathbf{R_1}$ et $\mathbf{R_2}$ ($\mathbf{R_1} > \mathbf{R_2}$) est formée des points situés à une distance supérieure ou égale à $\mathbf{R_1}$ et à une distance inférieure ou égale à $\mathbf{R_2}$. C'est une surface.

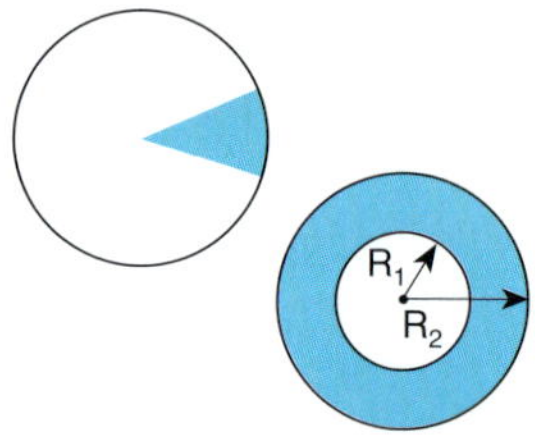

Suggestion didactique

L'étude du disque

L'étude du disque est souvent une activité qui manque de relief. Elle se limite souvent à des définitions formelles des notions de centre, de rayon et de diamètre qui paraissent évidentes. Bien sûr, il est possible de faire vivre et de faire manipuler ces notions par les enfants (rondes, pliages, superpositions, ...).

Mais pourquoi ne pas aller plus loin en opposant le disque au polygone ou à l'ovale sur le plan de la reconnaissance de ces formes? Et rechercher si les notions de centre, de rayon et de diamètre peuvent aussi s'appliquer à ces figures? Et si les enfants «mordent», aller jusqu'à la découverte intuitive des notions d'axes et de centre de symétrie?

La vision d'**une** notion mathématique dans une leçon n'est-elle parfois pas trop étriquée? Ne sous-estime-t-on pas la richesse des comparaisons et le potentiel de recherche et de découverte chez les enfants?

3.7 TRIANGLES ET QUADRILATÈRES

3.7.1. Ce qu'est un triangle – Approche théorique

Un ***triangle*** est un polygone à trois côtés. Il est toujours convexe.
En voici un bon nombre d'aspects différents:

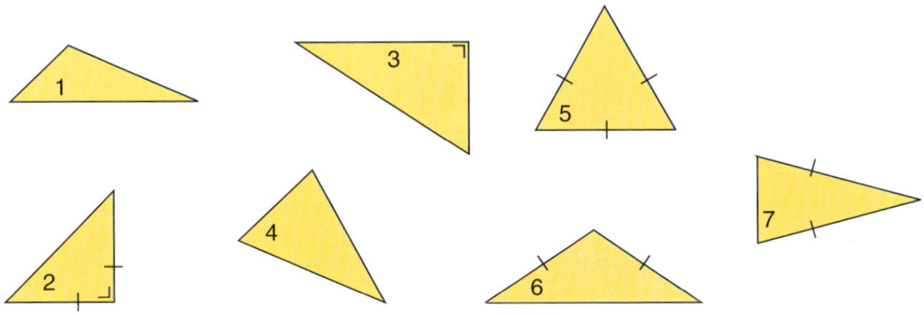

Une première approche de tous ces triangles pourrait être amorcée par la question suivante: supposons que l'on veuille faire construire par quelqu'un d'autre chacun de ces triangles, et ce de façon précise, quel est le nombre minimum de données à lui communiquer?

1. Pour définir le triangle ci-dessous, je peux choisir de communiquer

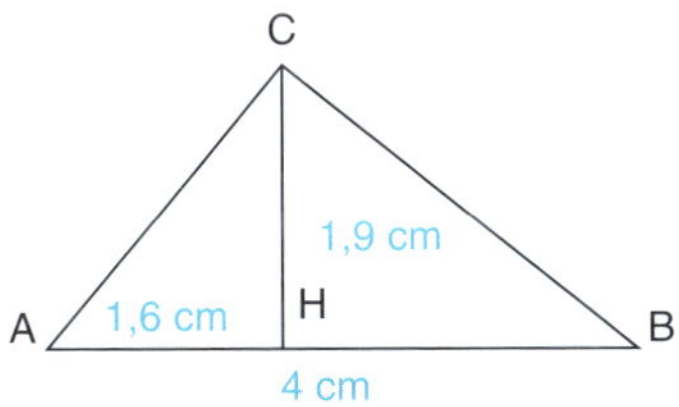

la longueur du côté [AB]
la longueur du segment [AH]
la longueur du segment [HC]

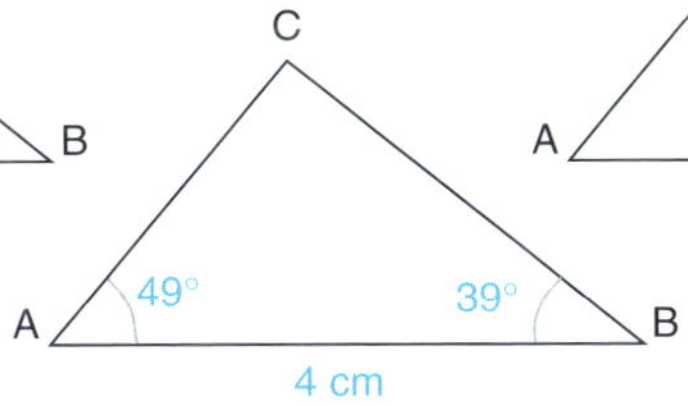

la longueur du côté [AB]
l'amplitude de l'angle $\widehat{CAB}$
l'amplitude de l'angle $\widehat{CBA}$

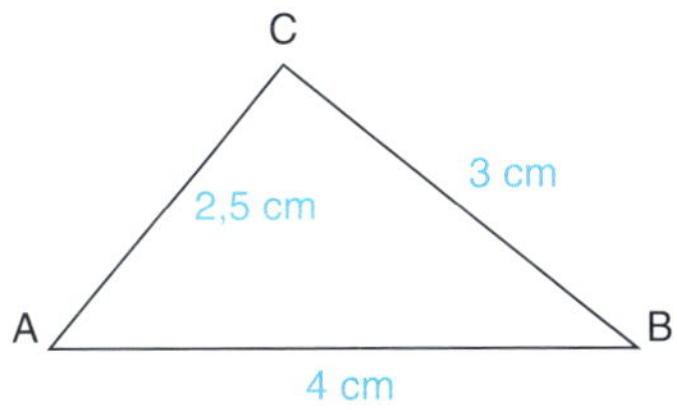

la longueur du côté [AB]
la longueur du côté [BC]
la longueur du côté [AC]

Dans chacun de ces cas, je ne peux construire qu'un et un seul triangle, indépendamment de sa position dans l'espace. On dit que le triangle est déterminé de façon univoque.

On pourrait encore communiquer d'autres données. Leur nombre minimum serait chaque fois de **trois**, si du moins le triangle ne présente pas de particularité, c'est-à-dire si le triangle est général. C'est le cas des triangles ① et ④ présentés ci-dessus.

On dit que ces triangles jouissent de trois degrés de liberté.

Le triangle est le seul polygone qui soit entièrement défini si on donne la longueur de tous ses côtés. Il n'en va pas de même avec des quadrilatères, des pentagones,... Un triangle «articulé» n'existe donc pas: tous les triangles sont en fait indéformables, d'où leur utilisation répandue dans la construction (charpentes,...).

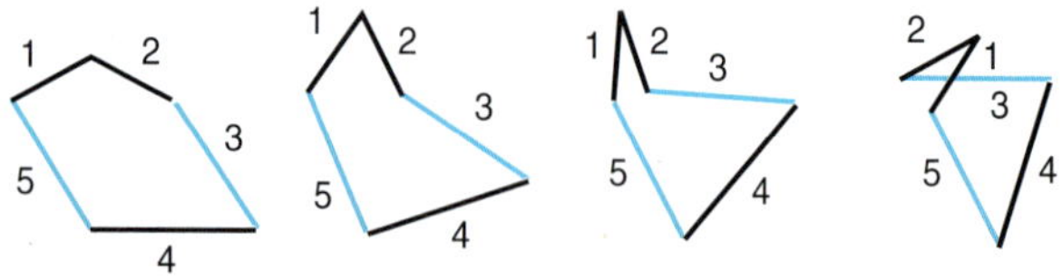

Déformations d'un pentagone dont la longueur de tous les côtés est donnée.

2. Par contre, d'autres triangles sont plus particuliers. Ils répondent déjà à une condition, un angle droit (triangle rectangle) ou deux côtés isométriques (triangle isocèle).

   Cette condition remplace une donnée. Si par exemple on dit à quelqu'un, en pensant à un triangle rectangle bien précis, «construis un triangle rectangle qui...», il suffit de lui communiquer **deux données**, soit par exemple la longueur de deux côtés ou bien la longueur d'un côté et un angle (non droit). Ils ne jouissent plus que de deux degrés de liberté.

   C'est le cas des triangles ③, ⑥ et ⑦.

   - le triangle ③ a déjà un angle droit. Il faut encore en préciser la longueur de deux côtés, ou alors celle d'un côté et l'amplitude d'un autre angle.
   - Les triangles ⑥ et ⑦ ont déjà deux côtés isométriques, c'est-à-dire un axe de symétrie. Il faut encore donner un des deux côtés de même longueur plus l'amplitude d'un angle ou la longueur du troisième côté.

3. Les deux triangles restants répondent déjà chacun à deux conditions:

   - **un angle droit** et **deux côtés isométriques**;
   - **deux paires de côtés adjacents isométriques**, c'est-à-dire les trois côtés isométriques.

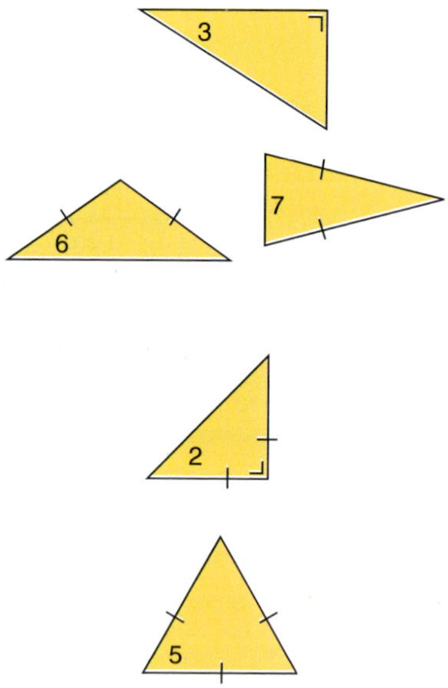

Il suffit, pour les déterminer de façon univoque, et ce, indépendamment de la position dans l'espace, d'**une seule donnée**, à savoir la longueur d'un des trois côtés.

Ce sont les triangles les plus particuliers de la série, à un seul degré de liberté.

Cette analyse suggère une représentation par étages en fonction du nombre de données nécessaires à la construction.

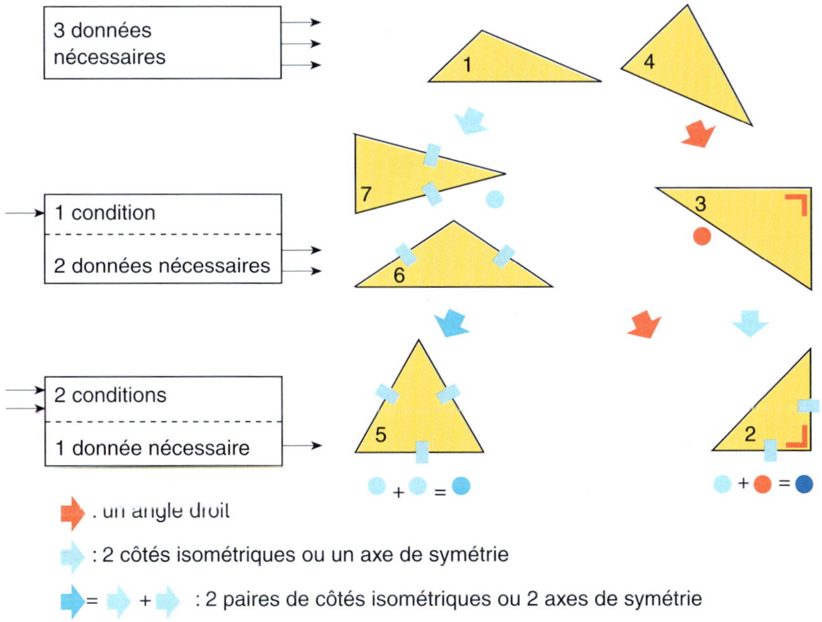

Cette approche n'est valable que si l'on envisage des conditions indépendantes:

- trois axes de symétrie ne constituent pas trois conditions puisque, dans un triangle, l'existence de deux axes de symétrie conditionne automatiquement celle d'un troisième;
- deux côtés isométriques et deux angles isométriques sont des conditions équivalentes, puisque s'impliquant mutuellement;
- la somme des angles est 180° n'est pas une condition puisque propriété de tous les triangles (3.7.3).

3.7.2. Classement des triangles

Une seconde approche possible des triangles est celle d'un classement de tous ces triangles selon deux critères bien précis:

1. la mesure des angles

2. les mesures relatives des côtés

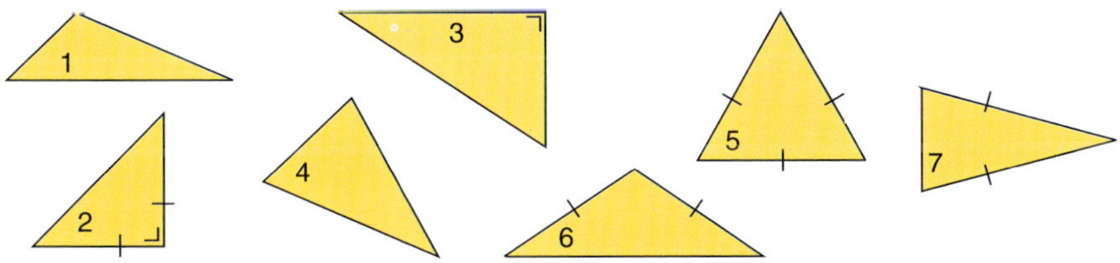

1. Selon la mesure des angles

Nous pouvons ranger ces triangles dans trois **tiroirs**. En effet, tout triangle a au moins deux angles aigus (3.4.6). **Le troisième angle** est:

- soit aigu: le triangle est ***acutangle*** (④, ⑤, ⑦)
- soit droit: le triangle est ***rectangle*** (②, ③)
- soit obtus: le triangle est ***obtusangle*** (①, ⑥)

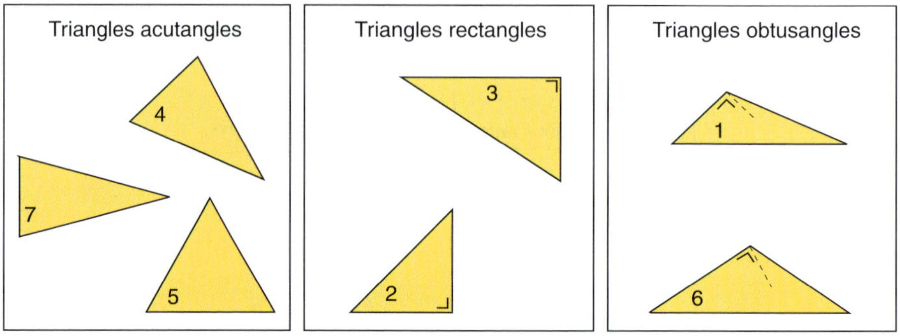

2. Selon les mesures relatives des cotés

Le classement suivant les mesures relatives des côtés se structure de façon tout à fait différente du précédent.

En effet, il apparaît trois catégories de triangles qui s'emboîtent les unes dans les autres, comme des poupées russes:

- les triangles: ① ② ③ ④ ⑤ ⑥ ⑦ ⑧ ⑨
- les triangles à deux côtés isométriques (triangles ***isocèles***): ②, ⑤, ⑥, ⑦
- les triangles à trois côtés isométriques (triangles ***équilatéraux***): ⑤

On ne peut plus parler de trois tiroirs. En effet, tout triangle à trois côtés isométriques (⑤) a aussi (**au moins**) deux côtés isométriques.

Le critère «**équilatéral**» est un sous-critère du critère «**isocèle**»:

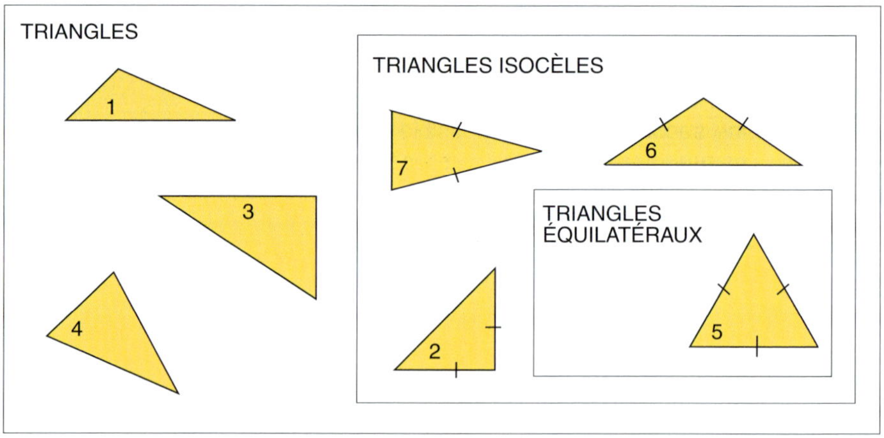

Cette dernière remarque suggère une définition plus précise du triangle isocèle: un triangle est **isocèle** s'il a **au moins** deux côtés isométriques.

Un diagramme en arbre peut synthétiser ces différentes catégories:

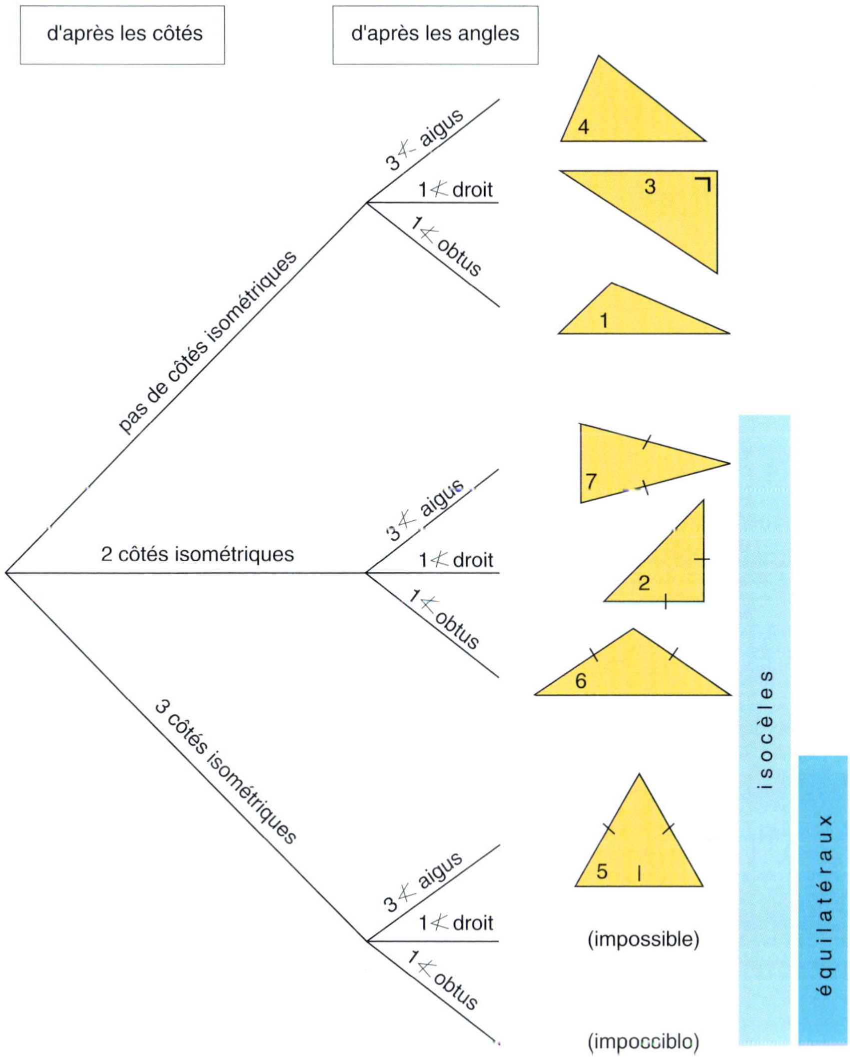

Suggestion didactique

Les consignes de classement et l'inclusion

Le procédé qui consiste à faire, à partir d'une collection générale, un classement des éléments de cette collection, est un procédé qui se révèle souvent intéressant, que ce soit un classement

- des surfaces;
- des nombres;
- des triangles;
- des quadrilatères,...

Cependant, il faut distinguer deux types de classements, mis en évidence par les classements des triangles que nous venons d'effectuer.

Ces deux types de classements nécessitent chacun une approche particulière.

On distingue:

1. ceux qui conduisent à un **classement en tiroirs**.

   Ce sont les véritables classements.

EXEMPLES:
- les nombres naturels en pairs et impairs;
- les polygones en triangles, quadrilatères et polygones à 5 côtés ou plus;
- les triangles en acutangles, rectangles et obtusangles:

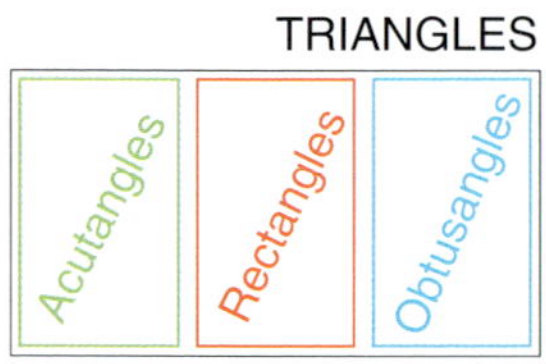

La **consigne** qui permet d'induire ce genre de classement est une des consignes suivantes:
- «mets ensemble ce qui va ensemble»
- «fais des groupements»
- «range dans des **tiroirs**»...

2. ceux qui conduisent à une hiérarchisation des éléments selon différents critères. Ce sont les classements les plus fréquents, mais aussi les plus délicats à mener.

EXEMPLES:
- les triangles, isocèles et équilatéraux
- les parallélogrammes, losanges, rectangles et carrés
- les nombres rationnels, entiers et naturels, ...

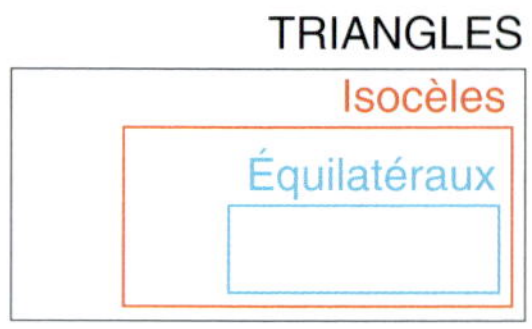

Les consignes proposées ci-dessus ne sont plus valables. Si par exemple, pour induire les termes «isocèle» et «équilatéral», on donne à l'enfant la consigne «mets ensemble les triangles qui vont ensemble», c'est ouvrir la porte à l'erreur de dire que sont isocèles les triangles qui n'ont que deux côtés de même longueur, alors que tout équilatéral est **aussi** isocèle.

Voici des consignes qui permettent d'induire le classement correct:
«observe la longueur des côtés. Mets ensemble, et dans un seul groupe, tous ceux qui ont quelque chose de spécial. **Qu'ont-ils tous en commun**, ceux-là ?»
«Observe la longueur des côtés. Mets de côté ceux qui n'ont rien de spécial, les moins beaux, les moins parfaits. Observe les autres. Qu'ont-ils en commun ?»

La réponse ne peut être que la bonne: «au moins deux côtés isométriques».

Ces classements excluent plus que jamais les propriétés négatives (s.d. 3.7.7) «qui n'a pas» ou «qui n'est pas».

Autre procédé suggéré: au début, appeler l'équilatéral «isocèle équilatéral».

À cette difficulté sur le plan didactique vient se superposer une difficulté conceptuelle liée à l'inclusion. Cette dernière pose des problèmes difficiles qui ne sont pas encore résolus pour tous les enfants à l'école primaire.

PIAGET a mis en évidence le lien entre cette difficulté et l'utilisation du «tous» et du «quelque».

Il suffit de demander aux enfants si «tous les ronds sont bleus», dans une collection mélangée où l'on trouve, en plus des ronds bleus, des carrés bleus et des carrés rouges, pour s'apercevoir que les petits admettent souvent en fait une fausse quantification du prédicat en étendant le «tous» au prédicat lui-même, ce qui confirme alors directement l'hypothèse selon laquelle les difficultés propres à l'inclusion sont liées à celles du réglage du «tous» et du «quelques» en fonction de la compréhension des termes à quantifier (PIAGET, 1967, p. 64).

Face à la collection suivante

la question «Tous les ronds sont-ils bleus?» provoque chez certains enfants une réponse telle que «non, il y a deux carrés bleus». Pour eux «tous les ronds sont bleus» signifie «tous les ronds sont tous les bleus» alors qu'en fait «tous les ronds sont bleus» signifie «tous les ronds sont quelques bleus» (inclusion de la classe des ronds dans la classe des bleus).

3.7.3. Les éléments constitutifs et les propriétés des triangles

On appelle ***base*** d'un triangle un des trois côtés choisi momentanément comme référence.

La ***hauteur*** correspondant à cette base désignera, selon le cas:

soit le segment abaissé du sommet opposé perpendiculairement à la base ou à son prolongement:

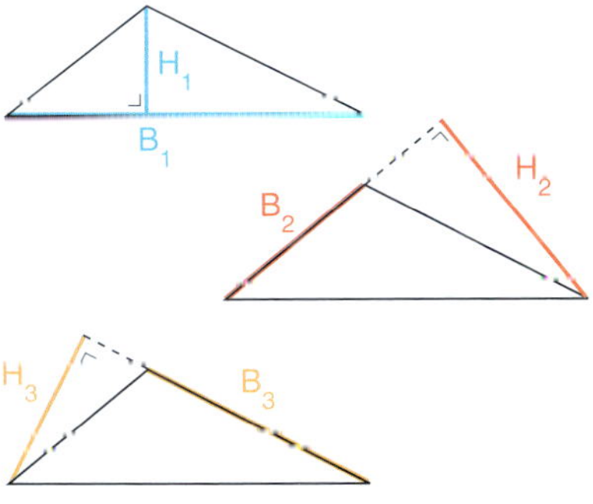

soit la longueur de ce segment ou distance entre le sommet opposé à la base, et la base:

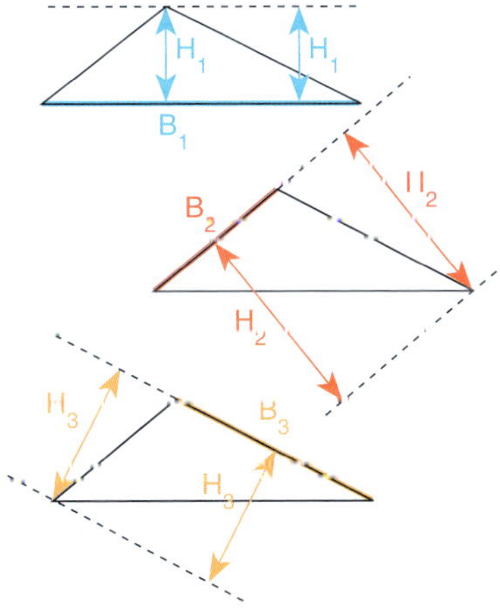

EXEMPLES :
- «trace la hauteur...»
- «dans un triangle équilatéral, les trois hauteurs sont axes de symétrie»
- «la hauteur est confondue avec un côté...»

EXEMPLE : «ces deux triangles ont même base et même hauteur»

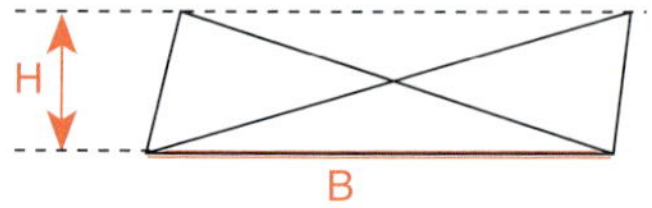

En tout état de cause, le triangle possède **trois couples (base; hauteur)**.

On appelle ***médiane*** d'un triangle chacune des trois droites passant par un sommet et le milieu du côté opposé.

Les trois medianes se coupent en un point **G**, appelé ***centre de gravité*** du triangle.

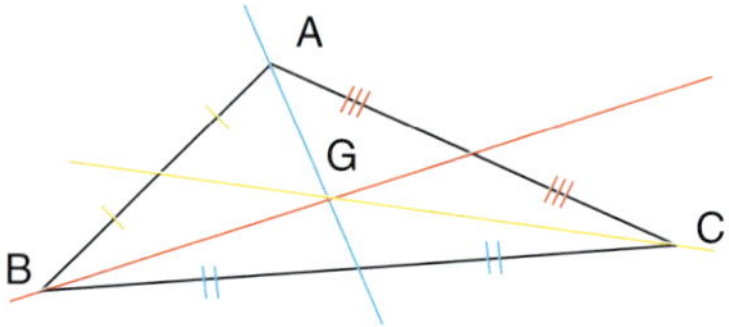

On appelle ***bissectrice*** du triangle chacune des trois demi-droites issues du sommet de cet angle et le partageant en deux angles de même amplitude.

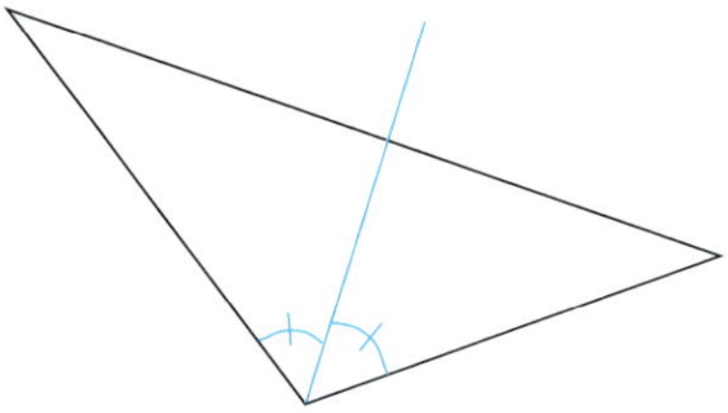

On appelle ***médiatrice*** d'un triangle chacune des trois droites coupant perpendiculairement un côté en son milieu.

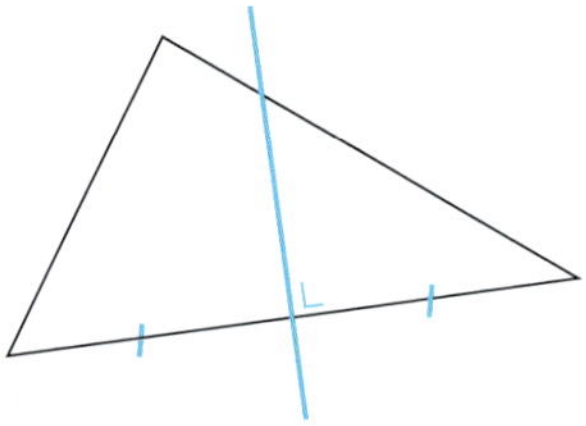

L'***hypoténuse*** d'un triangle rectangle est son plus grand côté. C'est le côté opposé à l'angle droit.

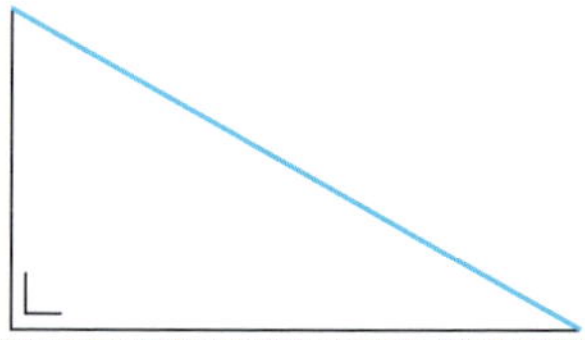

La somme des angles d'un triangle vaut 180° ou deux droits.

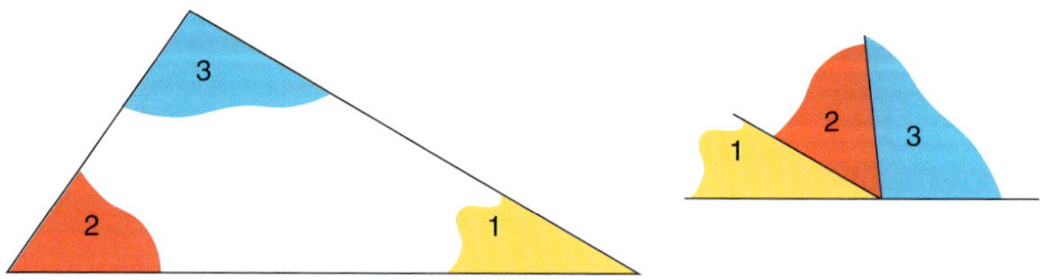

Ceci implique notamment que

- la somme des deux angles aigus d'un triangle rectangle vaut un droit;
- chacun des angles d'un triangle équilatéral vaut le tiers de 180°, soit 60°.

Que vaut chacun des angles
a) d'un pentagone régulier?
b) d'un polygone régulier de n côtés?

1. Il existe entre les côtés du triangle rectangle une relation appelée «relation de Pythagore»:

$\mathbf{a^2 + b^2 = c^2}$ (si **a** et **b** sont les longueurs des deux côtés de l'angle droit)

Elle exprime que l'aire du carré rouge est égale à la somme des aires du carré bleu et du carré jaune.

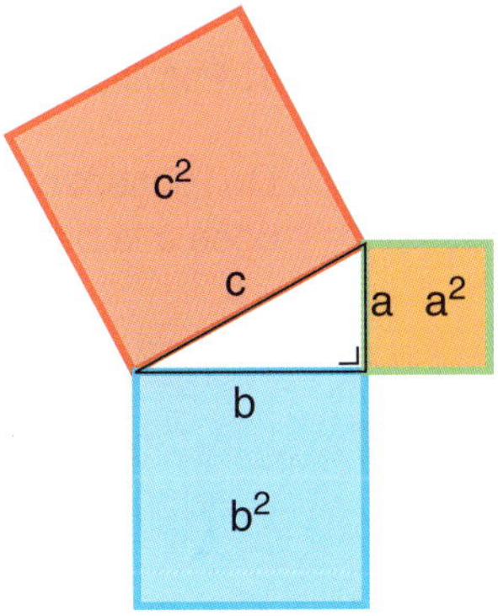

Par exemple, si un triangle rectangle a pour mesure des côtés de l'angle droit respectivement 3 et 4, la mesure de l'hypoténuse est donné par la formule: $3^2 + 4^2 = 9 + 16 = 25$

donc mesure de l'hypoténuse $= \sqrt{25} = 5$

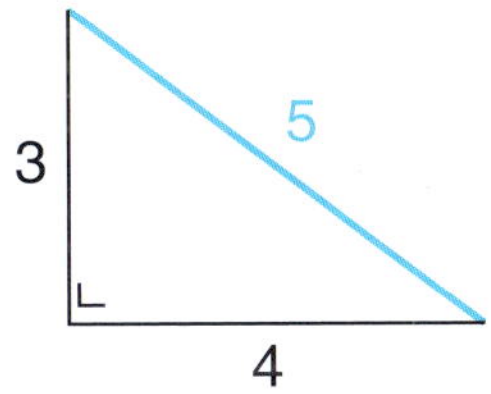

Cette propriété est utilisée dans la construction pour vérifier si un angle est droit: par exemple en prenant 30 cm et 40 cm le long des côtés de l'angle droit, on doit trouver 50 cm d'hypoténuse correspondante.

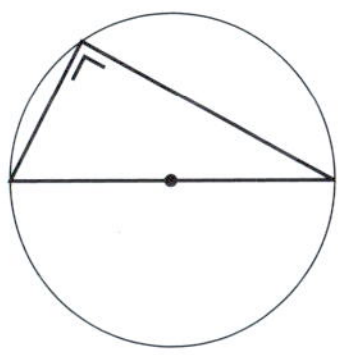

2. Tout triangle rectangle est inscriptible dans un cercle qui a pour diamètre son hypoténuse.

3. Dans un triangle isocèle, la hauteur située entre les deux côtés de même longueur coupe la base en son milieu. Elle est confondue avec la médiane, la bissectrice et la médiatrice.

Cette droite est axe de symétrie du triangle (3.5.6).

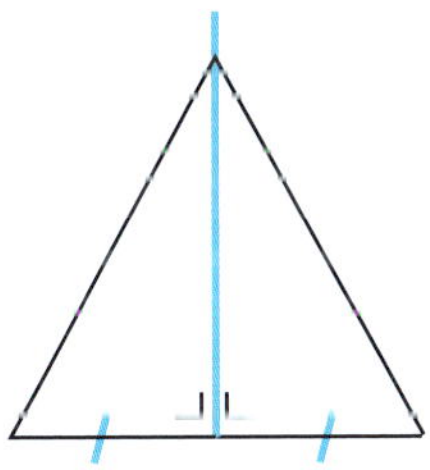

4. Un triangle équilatéral a les trois côtés et les trois angles isométriques.

Chacune des hauteurs est confondue avec une bissectrice, une médiane et une médiatrice. Toutes ces droites sont axes de symétrie du triangle équilatéral.

3.7.4. Étude dynamique des triangles

L'étude suivante met en évidence les différentes façons dont on peut obtenir un nouveau triangle à partir d'un triangle donné.

Les invariants de la transformation, ainsi que les éléments variables, figurent chaque fois en regard du schéma.

1. Famille de triangles isocèles

On l'obtient par une translation perpendiculairement à la base [AB] du sommet opposé à la base.

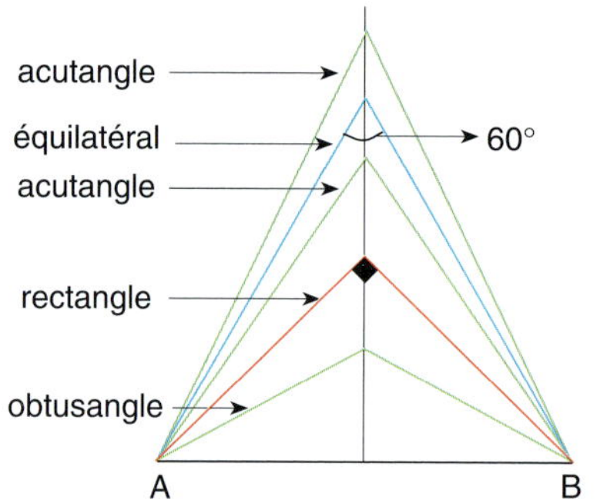

Invariants:
- deux sommets;
- longueur d'un côté;
- l'axe de symétrie.

Variables:
- les hauteurs;
- les angles;
- l'aire;
- le périmètre;
- …

Ce dynamisme peut être mis en évidence à l'aide d'élastiques, au géoplan par exemple (s.d. 3.7.5).

2. Famille de triangles à base et hauteur constantes

On l'obtient par une translation parallèlement à la base [AB] du sommet opposé à celle-ci.

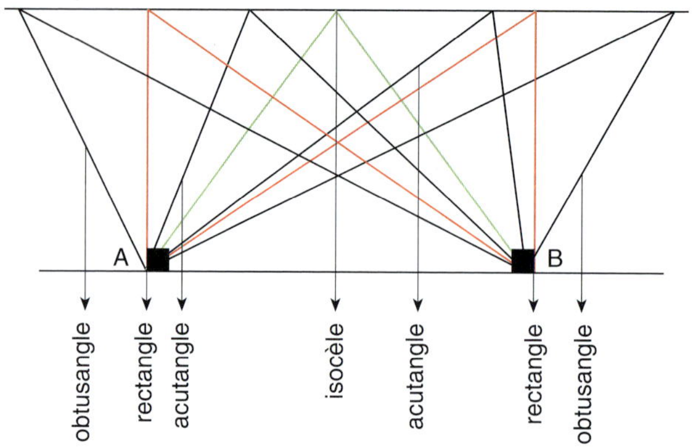

Invariants:
- deux sommets;
- la longueur d'un côté;
- la hauteur correspondante;
- l'aire (4.3.1).

Variables:
- les angles;
- le périmètre;
- un sommet;
- la longueur de 2 côtés.

Ce dynamisme peut être mis en évidence à l'aide d'un élastique, au géoplan par exemple (s.d. 3.7.5).

Le triangle central pourrait-il être rectangle, A et B restant fixes?

Quel devrait être l'écartement entre les deux parallèles?

3. Famille de triangles de même périmètre

Elle est obtenue par déplacement d'un des trois sommets, engendrant une ellipse (les deux autres sommets étant les foyers de l'ellipse).

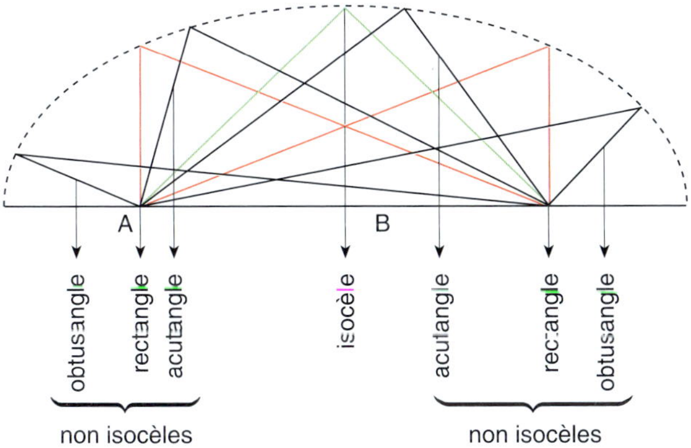

Invariants:
- deux sommets;
- la longueur d'un côté;
- le périmètre.

Variables:
- les angles;
- l'aire;
- un sommet.

Ce dynamisme est mis en évidence à l'aide d'une ficelle, attachée aux deux extrémités A et B, et tendue par un crayon qui se déplace (la ficelle doit être plus longue que [AB]).

4. Famille de triangles rectangles

Cette famille est obtenue par le déplacement du sommet de l'angle droit sur le cercle circonscrit.

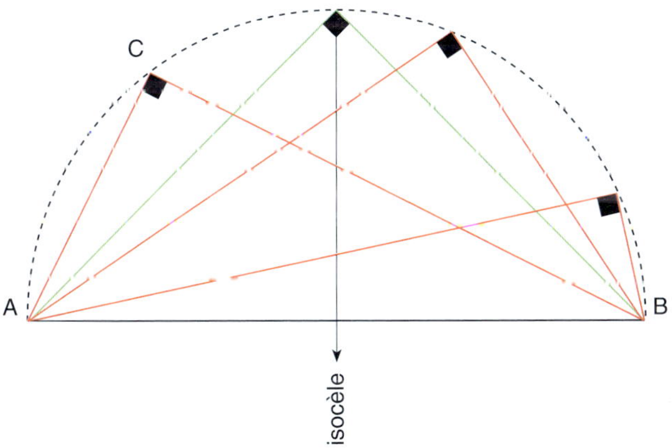

Invariants:
- un angle;
- deux sommets;
  la longuour d'un côté.

Variables:
- deux côtés;
- l'aire;
- le périmètre;
  deux angles;
- un sommet.

Ce dynamisme peut être mis en évidence à l'aide d'un élastique fixé en A et B, et tendu en un point mobile C qui se déplace sur un demi-cercle.

3.7.5. Ce qu'est un quadrilatère – Ses propriétés

Un ***quadrilatère*** est un polygone à quatre côtés.

Les **côtés** du quadrilatère sont les quatre segments qui le délimitent. Deux côtés sont dits **adjacents** s'ils ont un sommet en commun, comme par exemple [AB] et [BC].

On appelle ***médianes*** du quadrilatère les deux segments [MN] et [PQ] qui joignent les milieux de deux côtés opposés du quadrilatère.

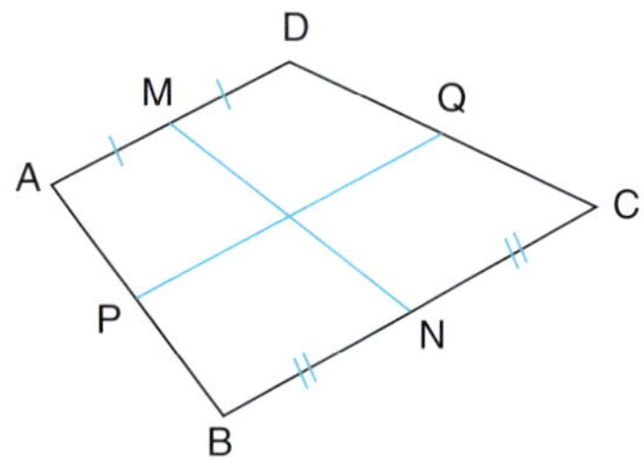

Les deux propriétés principales des quadrilatères sont:

1. la somme des quatre angles d'un quadrilatère convexe vaut quatre droits:

● + ●● + ●●● + ●●●● = 360°

Pour le prouver, il suffit de tracer une diagonale (3.6.1). Il apparaît alors deux triangles dont la somme des angles vaut chacune 2 droits.

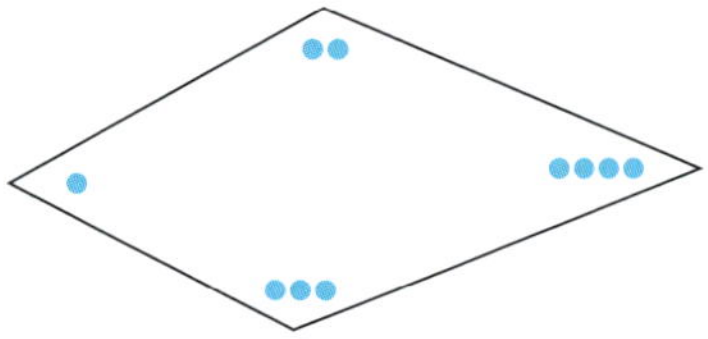

2. les médianes du quadrilatère se coupent en leur milieu.

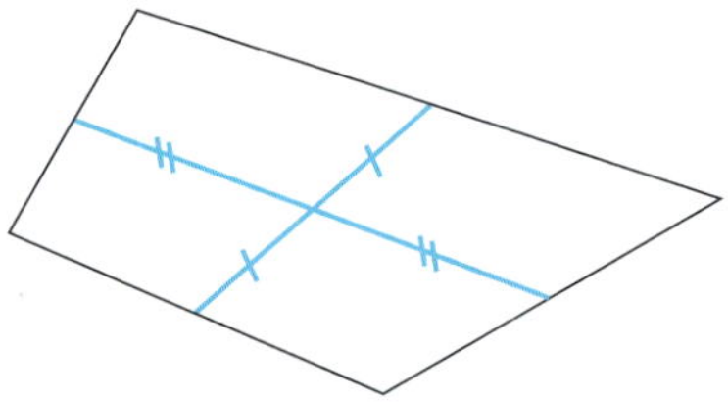

La démarche qui va être développée dans les pages suivantes met en lumière la façon dont chaque type de quadrilatère peut être formé à partir d'autres surfaces.

Deux approches seront abordées pour engendrer chacun des quadrilatères:

1. le quadrilatère comme croisement de deux surfaces illimitées;
2. le quadrilatère dans un moment de la transformation d'un autre quadrilatère.

10–12 ans

Suggestion didactique

Le matériel didactique pour la genèse des quadrilatères

Le matériel didactique propre à la première approche (croisement de surfaces illimitées) pourra consister en morceaux de papier transparent de couleur (**angles ou bandes**) que l'on superpose deux à deux.

Si on place ceux-ci à la lumière, devant une fenêtre ou sur un rétro-projecteur, par exemple, il apparaît une nouvelle figure au croisement des deux surfaces.

Certaines de ces surfaces peuvent être également délimitées par des traces de luges dans la neige, ou par d'autres procédés encore.

La seconde approche proposée (figure obtenue à un moment de la transformation d'un autre quadrilatère) pourra être menée sur géoplan.

Le **géoplan** est un panneau carré comprenant des clous espacés les uns des autres de 10 cm. Les figures y sont représentées à l'aide d'élastiques tendus entre les clous.

En déplaçant ces élastiques, on engendre une nouvelle figure.

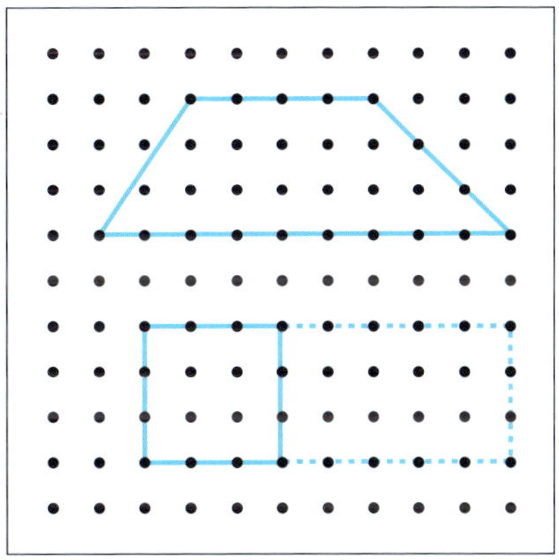

<u>N.B.:</u> De même qu'il était intéressant de travailler sur du papier quadrillé selon différentes mailles, on peut aussi construire divers types de géoplans, notamment le géoplan à mailles en forme de triangle équilatéral.

Les deux approches proposées, celle des bandes et celle du géoplan, sont complémentaires:

- sur le plan de l'**aspect mis en évidence**, la première fait davantage apparaître chacun des quadrilatères comme **surface** limitée. Par contre, la seconde, moins riche sur ce plan, fait surtout ressortir le contour des quadrilatères. Utilisée seule, elle peut fixer chez l'enfant la notion inexacte de quadrilatère comme contour uniquement.
- sur le plan du **dynamisme**, la première approche est fort limitée puique ne permettant un dynamisme que sur le plan des angles (la largeur d'une bande est fixe). Il faudra disposer de plusieurs bandes de largeurs variables pour avoir un échantillon suffisant de figures différentes. Par contre, la seconde approche est beaucoup plus riche sur ce plan. Elle permet beaucoup de variations, tant sur le plan des angles que sur celui de la longueur des côtés.

3.7.6. Les différents quadrilatères

Le trapèze

Croisement de surfaces illimitées

Le ***trapèze*** est la surface située au croisement d'une bande et d'un angle, ou de deux bandes.

Moment de la transformation d'un quadrilatère

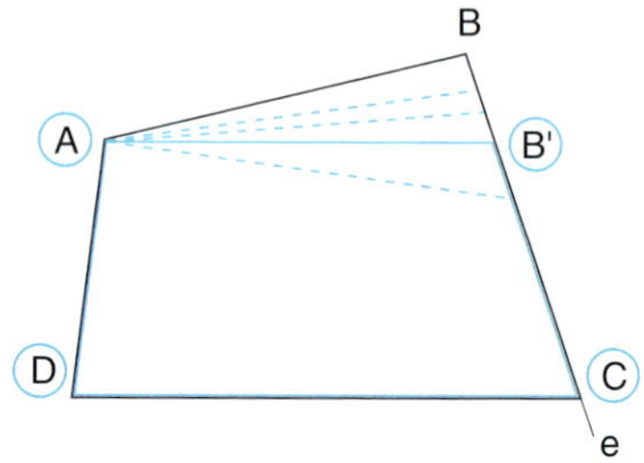

On fait glisser le point B le long de la droite **e**. Il arrive un moment où le point B' est tel que le segment [AB'] est parallèle au segment [CD]. A ce moment de la transformation, le quadrilatère est dit **trapèze**.

Lorsque le point B continue son mouvement le long de la droite **e** la figure devient à nouveau quadrilatère non-trapèze.

En termes de **conditions nécessaires et suffisantes**, **pour être trapèze**, il faut et il suffit de:

- **être quadrilatère**

et

- **avoir** (**au moins**) **deux côtés parallèles.**

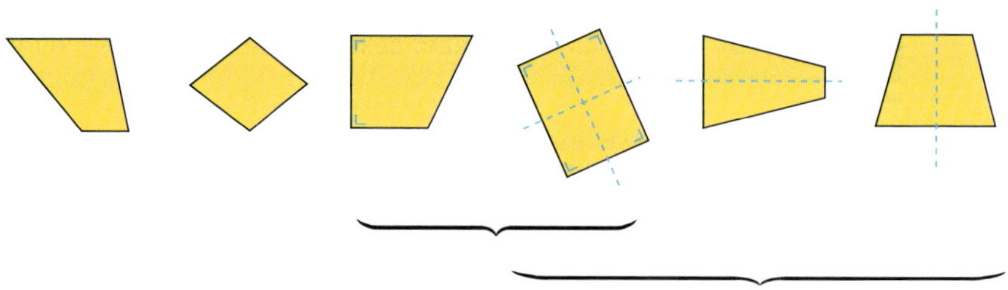

trapèzes **rectangles** (au moins un angle droit)

trapèzes **isocèles** (au moins une médiane axe de symétrie **ou** au moins deux angles consécutifs isométriques)

Le parallélogramme

Croisement de surfaces illimitées

Le ***parallélogramme*** est la surface située au croisement de deux bandes (non parallèles).

Moment de la transformation d'un trapèze

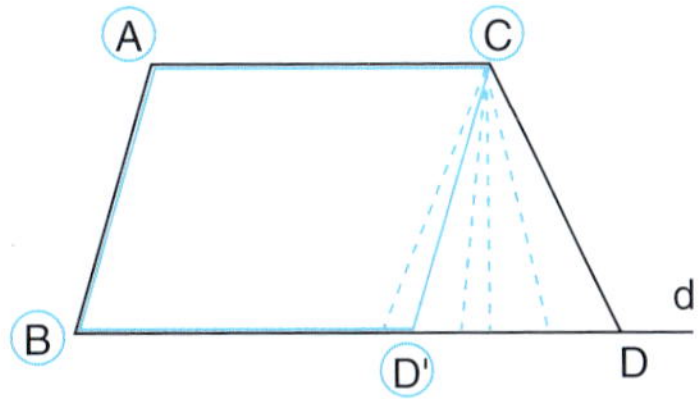

On fait glisser le point D le long de la droite **d**. Il arrive un moment où le point D' est situé à un endroit tel que le segment [CD'] est parallèle au segment [AB]. A ce moment-là, le trapèze est dit **parallélogramme**.

Lorsque le point D continue son mouvement le long de la droite **d**, la figure délimitée devient à nouveau un trapèze non-parallélogramme.

En termes de **conditions nécessaires et suffisantes, pour être parallélogramme** il faut et il suffit de:

- **être quadrilatère**

et

- **avoir les côtés parallèles deux à deux**

(ou encore être trapèze et avoir deux angles opposés isométriques).

Tout parallélogramme est donc trapèze.

Le rectangle

Croisement de surfaces illimitées

Le ***rectangle*** est la surface située au croisement de deux bandes perpendiculaires.

Moment de la transformation d'un parallélogramme

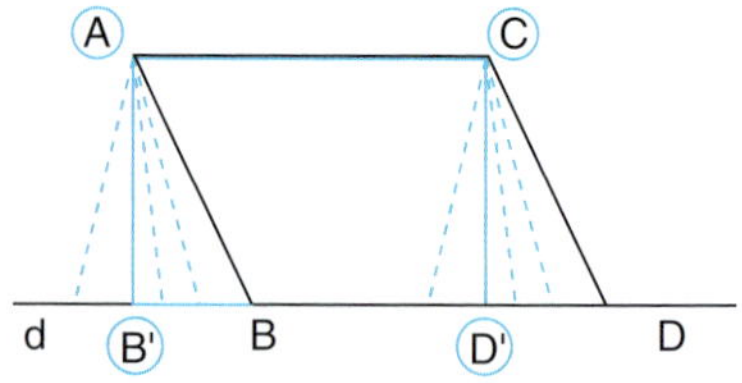

On effectue une translation du segment [BD] le long de la droite **d**. Il arrive un moment où le segment [AB'] est perpendiculaire au segment [BD']. A ce moment-là, le parallélogramme est dit **rectangle**: il a les 4 angles droits.

Lorsque la translation du segment [B'D'] continue, la figure délimitée devient à nouveau un parallélogramme non-rectangle. L'aire de la figure se conserve tout au long de la transformation.

Le rectangle peut aussi être obtenu au moment de la transformation du parallélogramme où, les points A et D glissant le long de la diagonale, le parallélogramme a quatre angles droits.

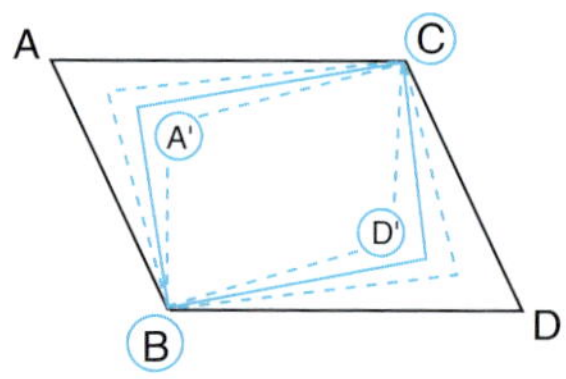

En termes de **conditions nécessaires et suffisantes, pour être rectangle** il faut et il suffit de:

- **être un quadrilatère**

et

- **avoir tous les angles droits**

(ou encore être parallélogramme et avoir un angle droit).

Tout rectangle est donc parallélogramme.

Le losange

Croisement de surfaces illimitées

Le ***losange*** est la surface située au croisement de deux bandes de même largeur.

Moment de la transformation d'un parallélogramme

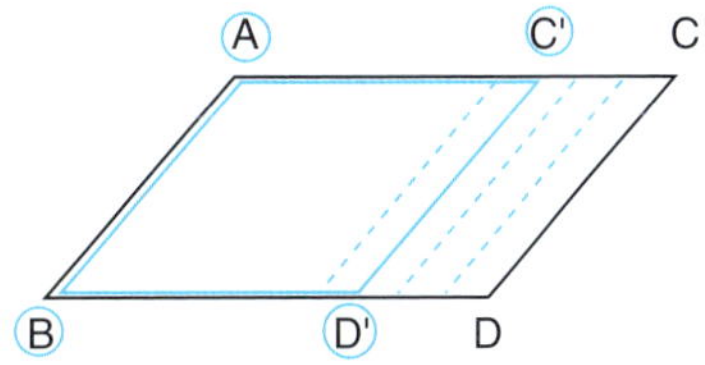

On effectue une translation du segment [CD] parallèlement à [AC]. Il arrive un moment où la longueur des segments [AC'] et [BD'] devient égale à celle des segments [AB] et [C'D']. À ce moment de la transformation, le parallélogramme est dit **losange** : ses quatre côtés sont isométriques.

Lorsqu'on continue la translation, la figure devient à nouveau parallélogramme non-losange.

En termes de **conditions nécessaire et suffisantes, pour être losange** il faut et il suffit de :

- **être un quadrilatère**

et

- **avoir les côtés tous isométriques**

(ou être un parallélogramme et avoir deux côtés adjacents isométriques).

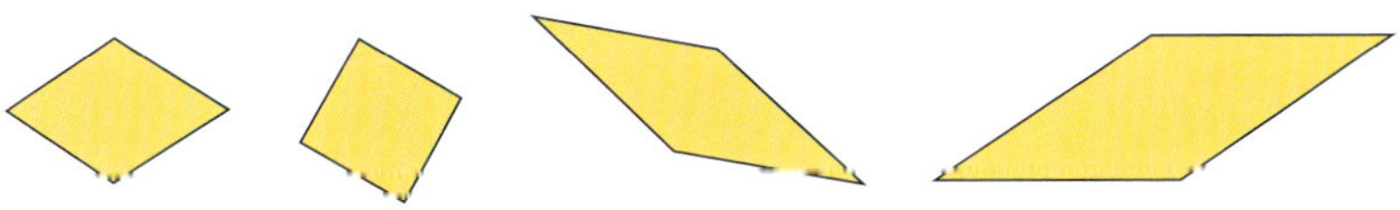

Tout losange est donc parallélogramme.

Le carré

Croisement de surfaces illimitées

Le ***carré*** est la surface située au croisement de deux bandes perpendiculaires de même largeur.

Moment de la transformation d'un rectangle ...

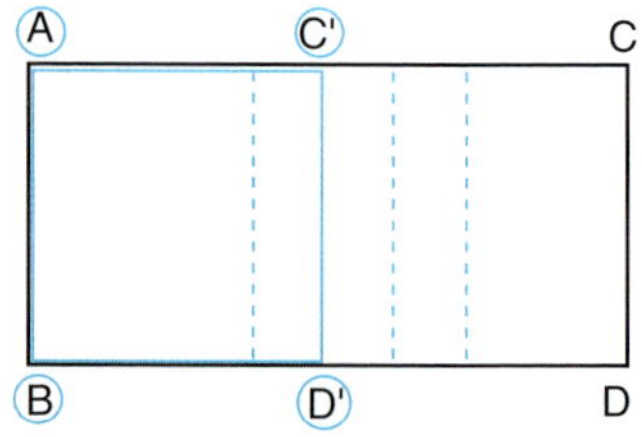

On effectue une translation du segment [CD] du rectangle, parallèlement à [AC]. Il arrive un moment où les segments [AC'] et [BD'] sont de même longueur que les segments [AB] et [C'D']. A ce moment-là, le rectangle est dit **carré**: il a les côtés tous isométriques.

...ou d'un losange

On effectue une rotation du segment [CD] autour du point D. Il arrive un moment où le segment [C'D] devient perpendiculaire au segment [BD]. A ce moment-là de la transformation, le losange est dit **carré**: il a des angles droits.

En termes de **conditions nécessaires et suffisantes, pour être carré**, il faut et il suffit de:

soit

- **être rectangle**

et

- **avoir les côtés tous isométriques**

(deux côtés adjacents isométriques)

soit

- **être losange**

et

- **avoir tous les angles droits**

(un angle droit suffit même)

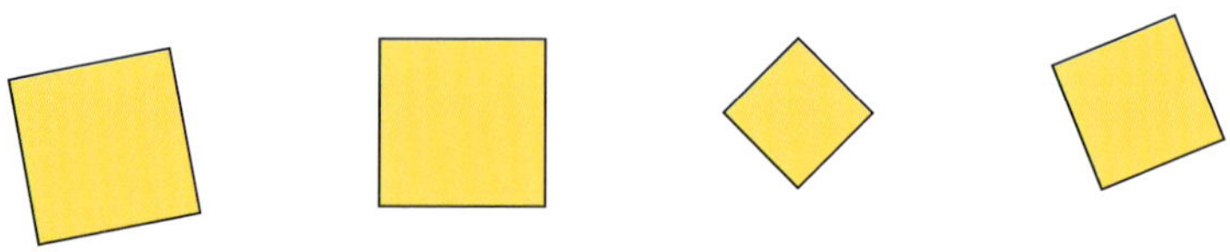

Tout carré est donc à la fois losange **et** rectangle.

Suggestion didactique

Une piste de recherche

Quel est le nombre minimal de données à connaître pour pouvoir construire avec précision un quadrilatère donné (en sachant de quel type de quadrilatère il s'agit: un rectangle, un losange, etc.)?

Sur une feuille quadrillée, chaque enfant dessine un quadrilatère de son choix ou dans des limites établies par l'enseignant. Par exemple, Rachida dessine un rectangle, Valérie un parallélogramme et Grégory un carré.

Ils doivent ensuite rechercher le nombre minimal d'informations à fournir aux autres élèves pour que ces derniers puissent construire exactement le même quadrilatère, sans voir le modèle.

Ils viennent alors tour à tour devant la classe, expriment leurs données aux autres enfants qui jugent si l'information qui leur est fournie est suffisante, mais aussi qui détectent une donnée superflue:

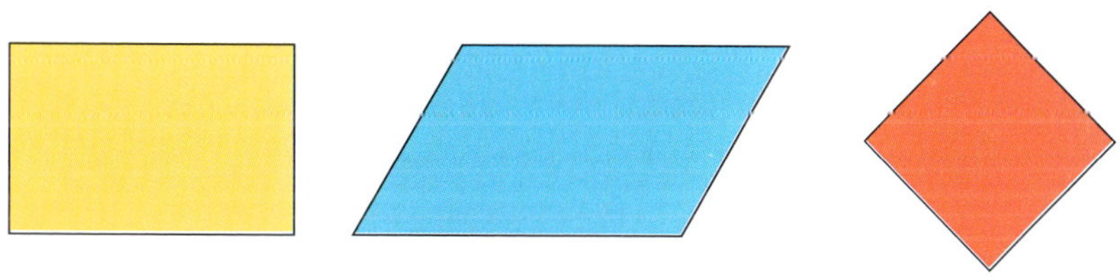

Rachida:

«*c'est un rectangle qui a*:

1. 3 cm de longueur
2. 2 cm de largeur

ou

1. 6 cm^2 d'aire
2. 2 cm de largeur»

2 données

Valérie:

»*c'est un parallélogramme qui a*:

1. une base de 3,5 cm
2. 2 cm de hauteur
3. un angle de 60°»

3 données

Gregory:

«*c'est un carré qui a*:

1. 2 cm de côté

ou

1. 8 cm de périmètre»

1 donnée

Si Gregory dit «c'est un carré qui a quatre angle droits», il est pénalisé (information insuffisante) de même que s'il dit «c'est un carré qui a 8 cm de périmètre et 4 cm^2 d'aire» (information superflue).

On peut encore aller plus loin dans la recherche en exigeant également de donner l'information nécessaire pour:

1. orienter le quadrilatère de la même façon que le quadrilatère «modèle».
   Il faut dans ce cas fournir une donnée supplémentaire (par exemple, l'angle d'un côté avec l'horizontale);
2. positionner le quadrilatère, ce qui nécessite encore deux données supplémentaires (par exemple les coordonnées d'un sommet).

Au fur et à mesure de l'accroissement des difficultés, on se rendra compte de la nécessité d'introduire la convention selon laquelle on note les sommets du quadrilatère; ces points devant toujours se situer à la suite l'un de l'autre dans un sens bien précis, le sens des aiguilles d'une montre par exemple.

3.7.7. Classement des quadrilatères

Repartons du trapèze dont la construction nécessite quatre données. À chaque niveau lui sera imposée une condition qui restreint d'une unité le nombre d'éléments nécessaires à une construction univoque (3.7.1), jusqu'au carré, le quadrilatère le plus parfait, dont la construction ne nécessite qu'une seule donnée, la longueur du côté.

Ces conditions pourront s'exprimer indifféremment en termes d'angles et de côtés, de diagonales, de médianes ou d'axes de symétrie.

EXEMPLE : Pour tout quadrilatère (non croisé), avoir les côtés parallèles deux à deux est équivalent à avoir les diagonales se coupant en leur milieu et est encore équivalent à avoir un centre de symétrie.

L'équivalence des propriétés est reprise dans un tableau à la page suivante.

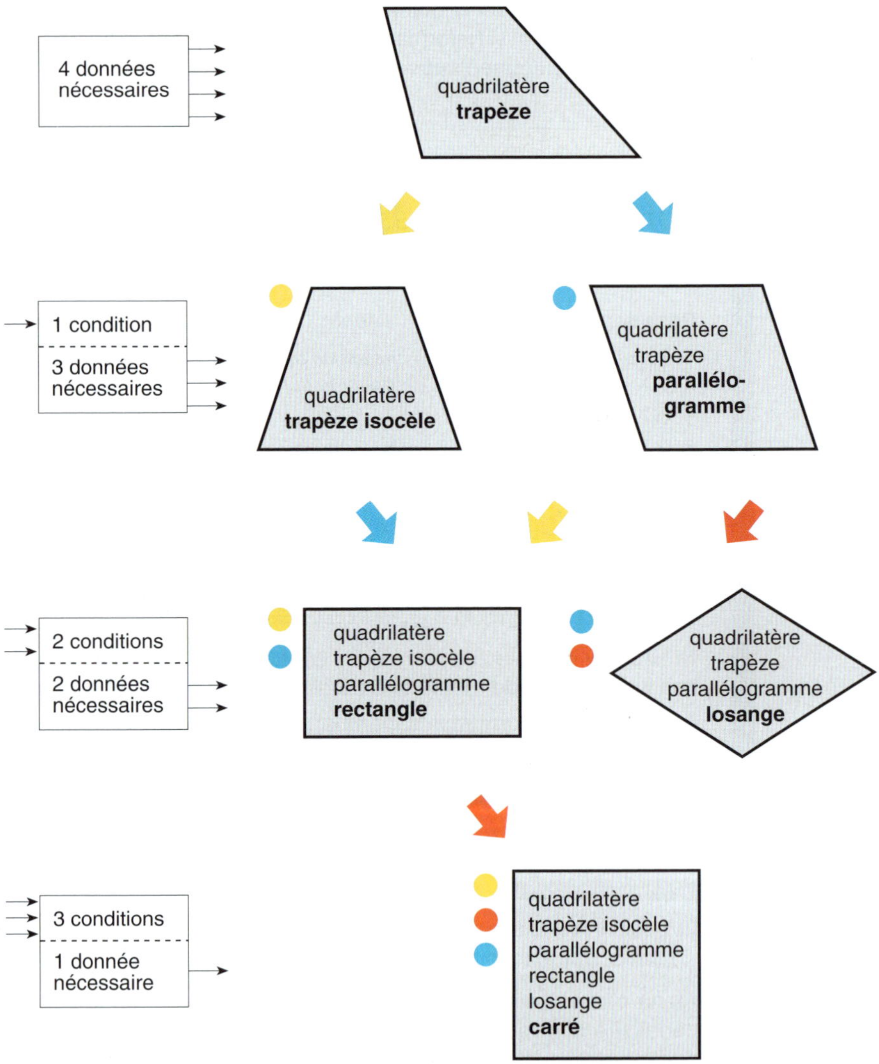

Tableau des propriétés selon le point de vue envisagé:

point de vue / couleur	angles et côtés	diagonales	médianes	axes et centre de symétrie
→	● côtés opposés isométriques côtés opposés //	● se coupent en leur milieu	● // à 2 côtés	● un centre de symétrie
→	● 2 côtés adjacents isométriques	● ⊥	● isométriques	● au moins une diagonale axe de symétrie orthogonal
→	● 2 paires d'angles consécutifs isométriques	● isométriques	● ⊥	● au moins une médiane axe de symétrie orthogonal

Ce tableau ouvre la porte à un grand nombre de nouvelles définitions des différents quadrilatères.

Par exemple, le rectangle est un parallélogramme ●

→
- dont les angles consécutifs sont isométriques *ou*
- dont les diagonales sont isométriques *ou*
- dont les médianes sont perpendiculaires *ou*
- dont une médiane au moins est axe de symétrie orthogonal

le rectangle est un trapèze isocèle ●

→
- dont les côtés opposés sont parallèles *ou*
- dont les diagonales se coupent en leur milieu *ou*
- dont les médianes sont parallèles aux côtés *ou*
- qui possède un centre de symétrie

le carré est un rectangle ● ●

→
- dont 2 côtés adjacents sont isométriques *ou*
- dont les diagonales sont perpendiculaires *ou*
- dont les médianes sont isométriques *ou*
- dont une diagonale au moins est axe de symétrie orthogonal

Notons encore que des combinaisons de propriétés donnent naissance à des propriétés plus précises et plus complètes, à savoir:

● + ● = côtés tous isométriques
= diagonales axes de symétrie] **losange**

● + ● = angles tous droits
= médianes axes de symétrie] **rectangle**

Consignons toutes ces propriétés dans un tableau récapitulatif:

Angles et côtés		Côtés opposés isométriques et //	2 angles consécutifs isométriques	2 côtés adjacents isométriques	Axes de symétrie (nombre minimum)	Centre de symétrie
Diagonales		Se coupent en leur milieu	isométriques	⊥		
Médianes	Se coupent en leur milieu	// à 2 côtés	⊥	isométriques		
Trapèze	X					
Trapèze Isocèle	X		X		1	
Parallélogramme	X	X				X
Losange	X	X		X	2	X
Rectangle	X	X	X		2	X
Carré	X	X	X	X	4	X

Les cases vides ne signifient pas «non» ou «jamais»: par exemple un trapèze **peut** avoir un centre de symétrie (s'il est parallélogramme). Donc, case vide = «parfois».

On peut même aller plus loin, en rajoutant encore la notion de ***cerf-volant***, ou ***rhombe***, qui est un quadrilatère dont une diagonale coupe l'autre en son milieu, perpendiculairement à celle-ci:

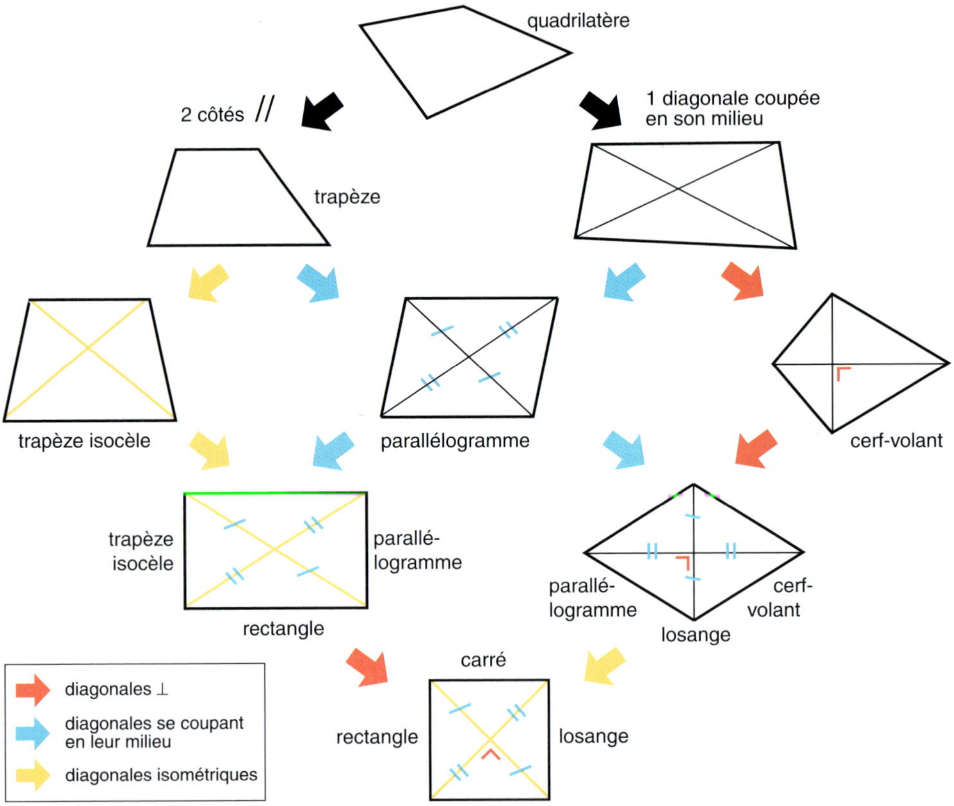

La structure qui se dégage est une structure symétrique qui relie entre eux les différents quadrilatères. Deux flèches de même couleur ne se suivent jamais. Au contraire, chacun des chemins qui permettent de passer du quadrilatère quelconque au carré comporte chacune des trois couleurs. En tout, quatre chemins sont présents, sur six chemins théoriquement possibles, donnés par les permutations entre les trois couleurs.

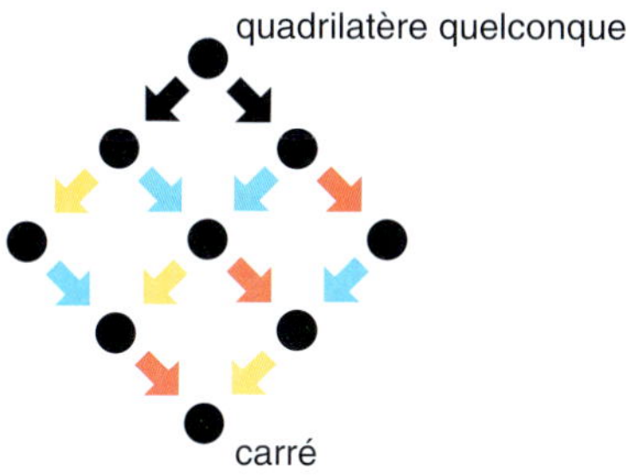

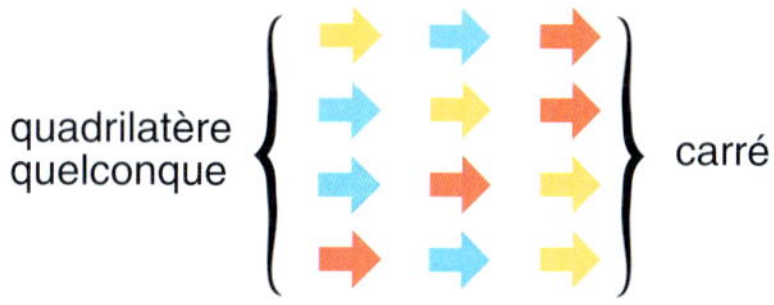

Suggestion didactique

Dire «il a…», jamais «il n'a pas…»

Les activités de classement des quadrilatères exigent des précautions importantes quant aux consignes de classement, comme nous l'avons vu dans la suggestion didactique en 3.7.2.

Une autre précaution à prendre est de **ne jamais exprimer une propriété négative**.

Par exemple, définir le trapèze comme quadritère qui a (au moins) deux côtés parallèles est exact: le trapèze a **toujours** deux côtés parallèles au moins.

Par contre, dire du trapèze «il n'a pas les côtés parallèles deux à deux» n'est **pas toujours vrai**: le trapèze **a parfois** les côtés parallèles deux à deux (quand il est parallélogramme).

Il est donc impératif de se limiter aux propriétés **positives**: «il a…» ou «il est…»

Dessiner, s'il existe

1. un trapèze isocèle
2. un cerf-volant
3. un parallélogramme
4. un trapèze rectangle

} non convexe

(les quadrilatères croisés sont admis)

3.7.8. Les notions de base et de hauteur dans un quadrilatère

La notion de base prend généralement un sens différent selon qu'il s'agit de trapèzes non-parallélogrammes ou de trapèzes parallélogrammes.

1. Les ***bases d'un trapèze non parallélogramme*** sont les côtés parallèles; ce sont donc des segments: la petite base (**b**) et la grande base (**B**). La ***hauteur*** (**H**) est la distance entre les deux bases, prise perpendiculairement à celles-ci et n'importe où (voir aussi en 3.4.8):

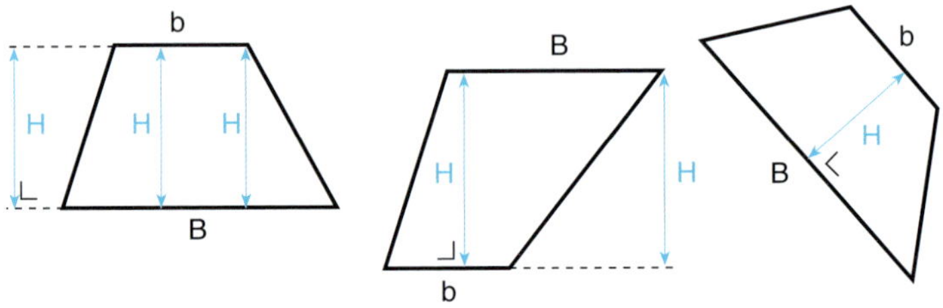

2. La notion devient un peu plus complexe dans un trapèze **parallélogramme**. Tout d'abord, on a le choix entre deux paires de côtés parallèles.

   Il faut choisir deux côtés parallèles comme référence momentanée.

   Chacun de ces deux côtés choisis s'appelera ***base***. Les bases sont cette fois isométriques. La hauteur ne change pas.

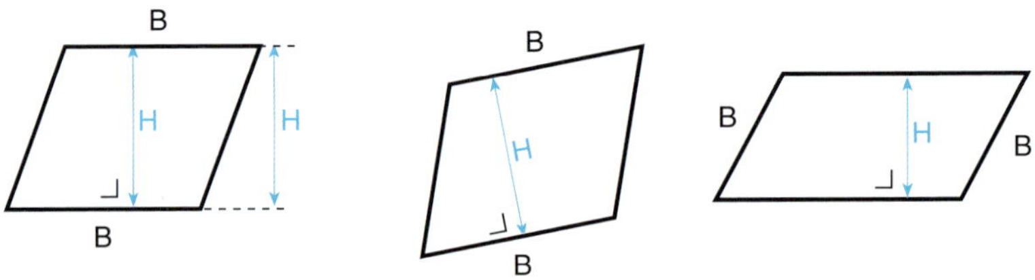

Cependant, la notion de base prendra très souvent un sens différent.

Plutôt que de **bases**, au pluriel, on parlera plus volontiers de **base**, au singulier, qui est un côté pris comme référence, ou encore la **longueur commune aux deux bases**.

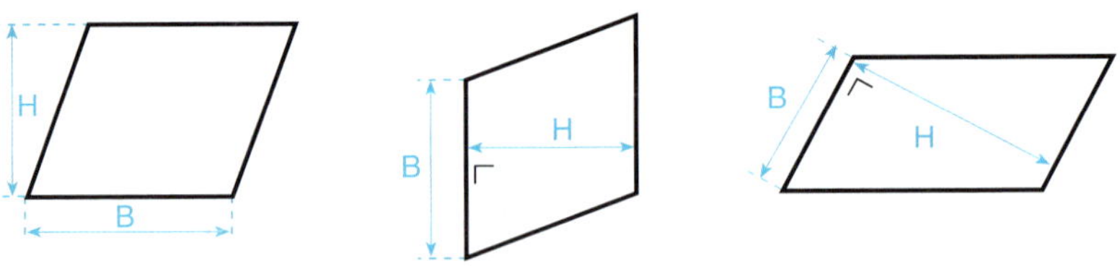

On parle alors de «la base» du parallélogramme, en disant par exemple: «ces deux parallélogrammes ont même base».

Les **dimensions** du parallélogramme sont la base **B** et la hauteur **H**. Ce sont des distances, ou des longueurs et non des segments bien précis. Chaque parallélogramme (non losange) possède deux couples (**B; H**).

3. Dans un parallélogramme **rectangle**, l'idée reste la même mais la terminologie diffère quelque peu:

   – les côtés s'appellent ***grands côtés*** et ***petits côtés*** (côtés tout court pour un rectangle carré)

   – les dimensions du rectangle, base et hauteur, s'appellent:
   longueur **(L)** qui est la distance entre les deux petits côtés et
   largeur **(l)** qui est la distance entre les deux grands côtés.

Ces dimensions sont prises n'importe où.

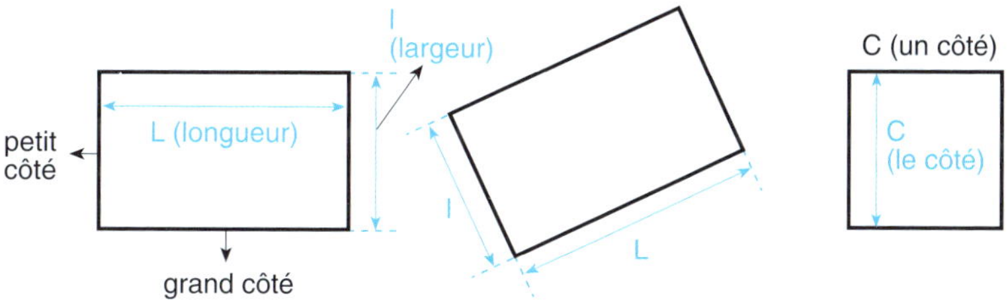

4. Dans le cas du rectangle carré, ces deux notions se confondent en une: le côté (**C**), distance entre deux côtés parallèles.

10-12 ans

Suggestion didactique

L'étude des surfaces planes

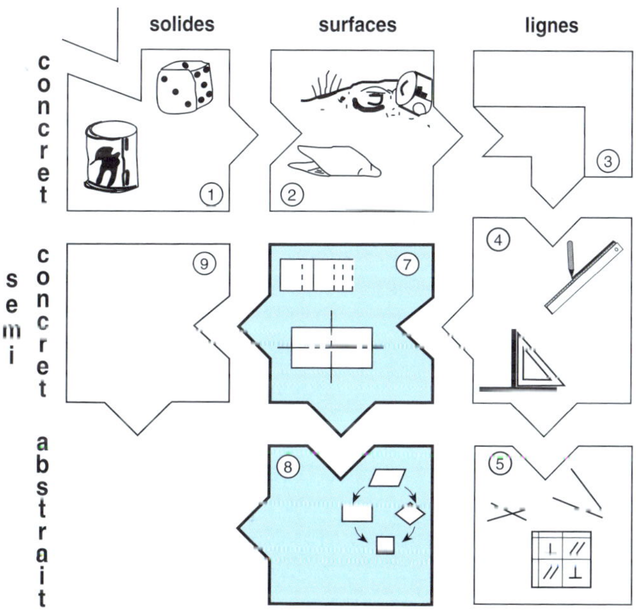

Sur le plan du **semi concret, le parcours s'inverse** par rapport au sens pratiqué sur le plan concret. Le sens solides → surfaces → lignes devient le sens **lignes → surfaces → solides**.

En effet, sur le plan semi concret, les notions à une dimension abordées en ④, celles de parallélisme et de perpendicularité, sont indispensables à l'étude des surfaces planes, en ⑦. Ces dernières seront à leur tour des prérequis indispensables à l'étude des solides sur le plan semi concret, en ⑨.

On trouve dans la case ⑦ énormément d'activités de construction, de dessins, de mesures même. Citons à titre d'exemple:

1. ***le dynamisme des surfaces planes:***

- par croisement de bandes et d'angles (3.7.6).
- comme figure obtenue à un moment de la transformation d'une autre surface plus générale (3.7.6).
- comme passage à la limite d'une autre surface, par exemple le disque comme la limite d'un polygone régulier lorsque le nombre de côtés augmente indéfiniment, ou le triangle comme limite d'un trapèze lorsqu'une base tend à devenir un point.

2. ***la reconnaissance des surfaces planes***
3. ***les tracés de surfaces planes***
4. ***la découverte des propriétés*** sur différents plans (côtés, angles, médianes, diagonales, axes et centres de symétrie,...)

Selon la façon dont on présente ces activités, elles peuvent consister uniquement en le respect d'une suite de consignes données, ou au contraire présenter **un caractère de recherche mathématique s'apparentant à la résolution d'une situation-problème**. (Voir tome 1, première partie).

Cette case débouchera sur la case ⑧ «surfaces – mental», recouvrant entre autres:

1. ***la définition des surfaces*** et les relations les liant entre elles;
2. ***les tableaux des propriétés;***
3. ***les synthèses*** en arbres des triangles et quadrilatères.

3.8 LES SOLIDES

3.8.1. Ce qu'est un solide – Premier classement

Un **solide** est un objet à trois dimensions de l'espace (3.2.4). Le solide est considéré comme non déformable ou arrêté (photographié) à un moment d'une transformation.

L'étude des solides est plus complexe que celle des surfaces car la troisième dimension a un effet multiplicateur sur la variété des figures qu'on peut construire. Une approche possible de ce champ très vaste des solides est un classement selon des critères fort généraux dans un premier temps, comme le feraient des enfants confrontés à des objets courants.

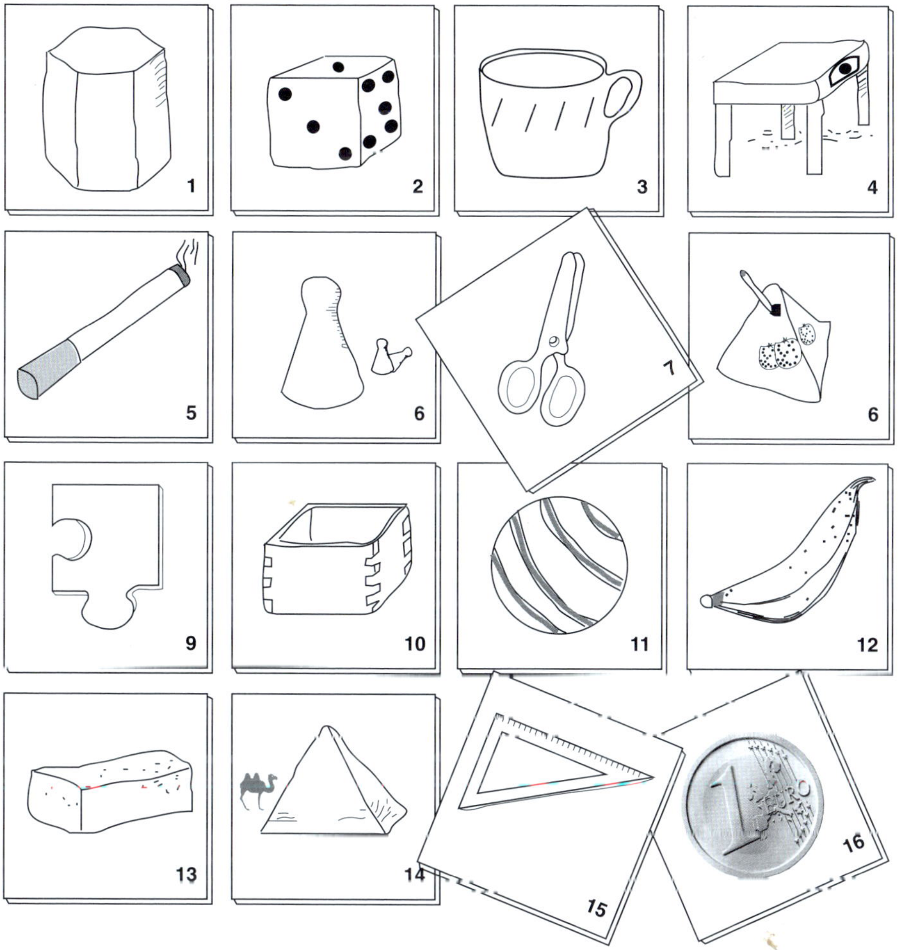

Une première idée est de revenir à la notion de convexité (3.2.5). Certains solides se ressemblent en ce qu'ils possèdent une partie «rentrante» (au moins), qu'ils soient:

- troués comme le ③, le ⑦ et le ⑮. On pourrait par exemple définir le terme «troué» comme susceptible d'être traversé de part en part par une aiguille très fine.
- creux comme le ⑩ et le ③. Le terme «creux» pourrait être défini comme susceptible de contenir du liquide sans l'absorber: si ce liquide s'échappe entièrement, le solide serait plutôt troué.
- troué et creux comme le ③
- simplement rentrants en l'une ou l'autre de leurs parties, comme le ④, le ⑥, le ⑫ et le ⑨.

Ces notions de «creux» et «troué», construites sur des bases intuitives, pourraient être précisées de façon plus rigoureuse. On peut par exemple noter la distinction entre ces deux critères sur le plan topologique: un solide creux, mais non troué, peut être transformé en un solide convexe par une déformation continue, ce qui n'est pas le cas d'un solide troué (3.1.1).

Ces solides répondent tous au critère de non-convexité. On peut dans chaque cas, trouver un couple de points A et B du solide tel que le segment [AB] ne soit pas tout entier contenu dans le solide:

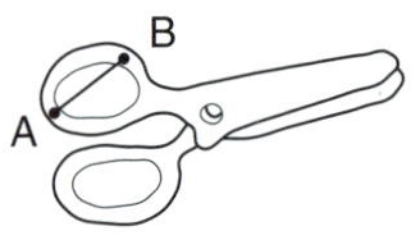

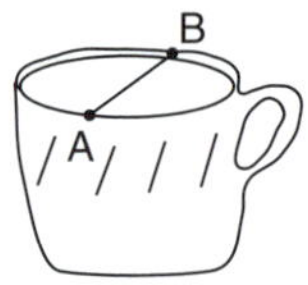

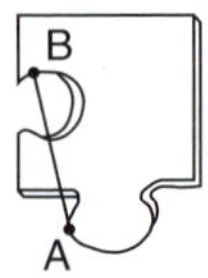

Une petite aspérité suffit à rendre un objet non convexe. Ainsi, en toute rigueur, la pièce de monnaie, la brique et la cigarette sont des solides non convexes.

Ceci conduit à un premier classement des solides en deux tiroirs: les solides convexes et les solides non convexes.

10-12 ans

Suggestion didactique

Voir dans l'espace

Avec l'étude des solides, l'enfant pénètre dans l'espace à trois dimensions.

Une des caractéristiques du monde à trois dimensions est d'introduire la notion de «partie cachée» : il n'est plus possible d'un seul coup d'œil de cerner l'ensemble de la figure, comme c'était le cas pour les figures planes à une et à deux dimensions.

Un solide peut être creux, ou troué, ou encore peut posséder une partie courbe qu'on ne voit pas en regardant d'un seul côté.

De même, la vue de haut de ces deux droites ne donne aucune indication sur leur position relative : elles peuvent se couper ou être situées dans des plans différents.

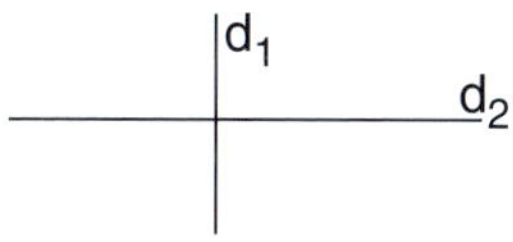

Et le dessin ci-contre ne permet pas de dire s'il d'agit d'un cube transparent ou d'une pyramide à base hexagonale.

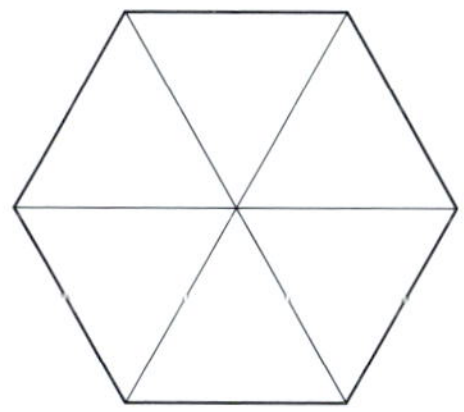

C'est une des raisons pour lesquelles l'approche des solides doit être accompagnée d'activités qui apprennent aux enfants à adopter des points de vue différents. Le passage du plan horizontal au plan vertical, évoqué en 3.1.5, constituait une première étape de cet apprentissage.

On peut le poursuivre en proposant aux enfants des exercices qui les amènent à appréhender un même objet sous des angles différents.

EXEMPLE : Aline, Brenda, Carole et Dorothée ont pris une photo de ce curieux tas tel que chacune d'elles le voit.
Qui a pris chacune de ces quatre photos ?

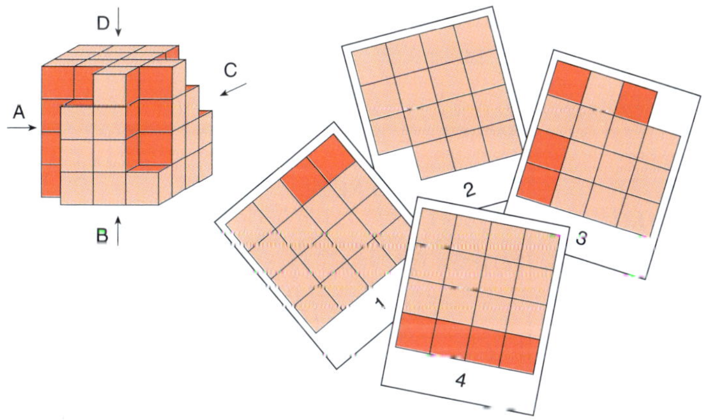

Voici encore d'autres exemples d'exercices

- une série d'ombres et d'objets étant donnés, faire correspondre chaque ombre à un ou plusieurs objets;
- compter le nombre de cubes d'un tas;
- retrouver les deux parties qui s'emboîtent pour reformer un solide donné;
- etc.

3.8.2. La notion de polyèdre

Un second type de critère pourrait tenir compte de la forme de la **surface extérieure** du solide, c'est-à-dire sa frontière, ce qu'on en «voit» extérieurement:

- soit la frontière est constituée exclusivement de portions de plans.

  On dit que la surface extérieure est composée de faces (planes).

  Ces solides sont des ***polyèdres***.

  C'est le cas des solides ⑩, ④, ②, ⑧, ①, ⑬, ⑭ et ⑮.

- soit la frontière n'est pas constituée exclusivement de portions de plans. Le solide n'est pas entièrememt limité par des faces planes, même s'il peut l'être partiellement. Ces solides sont des ***non-polyèdres***.

  Ce sont les solides ③, ⑤, ⑥, ⑦, ⑨, ⑪, ⑫ et ⑯.

SOLIDES

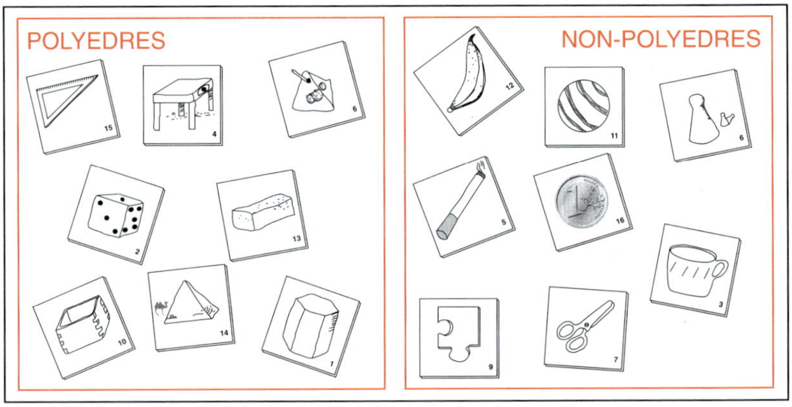

En superposant les deux classements:

SOLIDES

Les ***arêtes*** d'un polyèdre sont chacun des segments de droite situés au croisement de deux faces, et joignent deux sommets du polyèdre.

Pour les polyèdres sans trous, il existe entre le nombre $\mathbf{n}_a$ de ses arêtes, le nombre $\mathbf{n}_f$ de ses faces et le nombre $\mathbf{n}_s$ de sommets une **relation** dite **d'Euler**:

Vérifions cette formule pour quelques polyèdres:

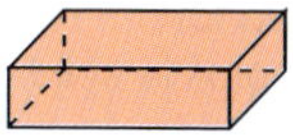

$\mathbf{n_a} = 12$
$\mathbf{n_f} = 6$
$\mathbf{n_s} = 8$

$12 + 2 = 6 + 8$

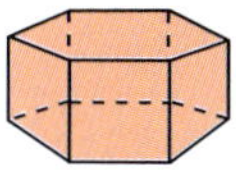

$\mathbf{n_a} = 18$
$\mathbf{n_f} = 8$
$\mathbf{n_s} = 12$

$18 + 2 = 8 + 12$

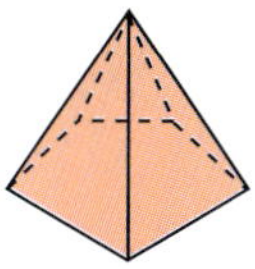

$\mathbf{n_a} = 10$
$\mathbf{n_f} = 6$
$\mathbf{n_s} = 6$

$10 + 2 = 6 + 6$

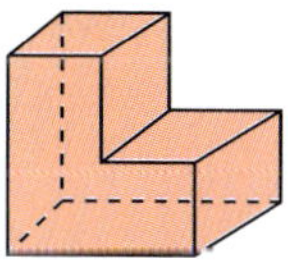

$\mathbf{n_a} = 18$
$\mathbf{n_f} = 8$
$\mathbf{n_s} = 12$

$18 + 2 = 8 + 12$

Les polyèdres les plus courants sont

- les prismes
- les parallélépipèdes rectangles
- les cubes

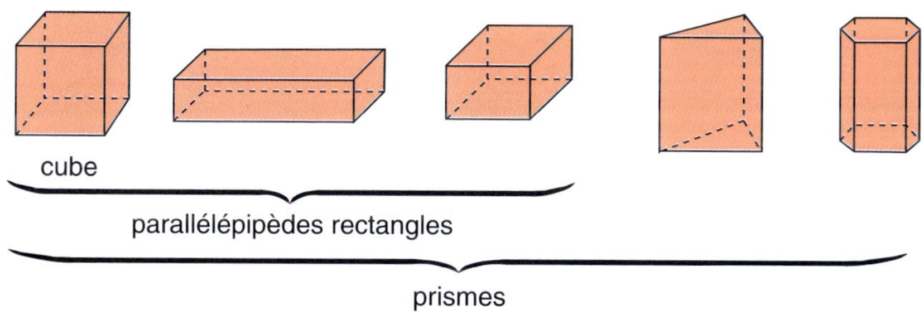

les pyramides

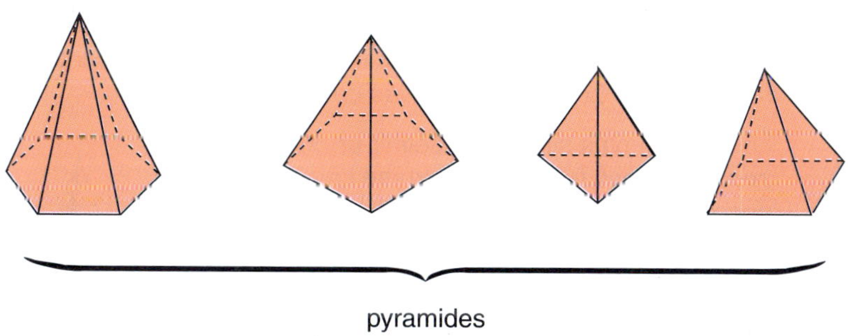

Suggestion didactique

La structure d'un polyèdre

La structure d'un polyèdre peut apparaître de différentes façons, selon qu'on se place plus particulièrement du point de vue du solide lui-même, des faces, des arêtes ou des sommets. On «déshabille» de plus en plus le solide en passant de l'une à l'autre des quatre représentations possibles:

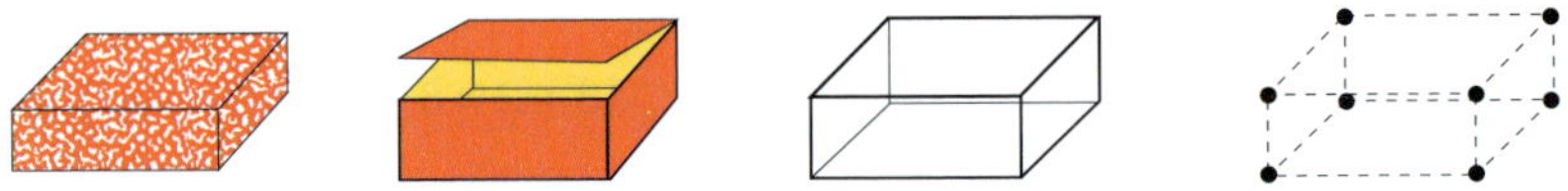

comme solide (**plein**)	selon les **faces** corps	selon les **arêtes** squelette	selon les **sommets** articulations
exemple de réalisation concrète :			
plâtre coulé dans une boîte	avec du carton	avec des pailles, des bois à brochettes ...	reliés par des «noeuds» de plasticine.

3.8.3. Les polyèdres réguliers

Parmi les polyèdres convexes, il en existe certains, tels le 2 et le 8 du 3.8.1, qui jouissent de propriétés tout à fait remarquables: toutes leurs faces sont des polygones réguliers isométriques et ils ont le même nombre de faces autour de chaque sommet. On les appelle ***polyèdres réguliers***.

Ils ne sont qu'au nombre de cinq:

tétraèdre régulier	**cube**	**octaèdre régulier**	**dodécaèdre régulier**	**icosaèdre régulier**

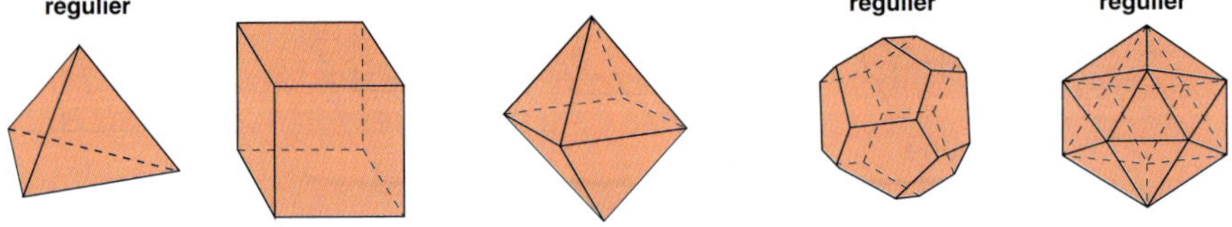

4 triangles équilatéraux	6 carrés	8 triangles équilatéraux	12 pentagones réguliers	20 triangles équilatéraux

3.8.4. Les solides de révolution

Parmi les non-polyèdres, certains sont formés exclusivement de disques ou de couronnes «empilés» les uns sur les autres et dont les centres appartiennent à la même droite. Ce sont des solides de révolution.

La façon la plus simple de définir un ***solide de révolution*** est de le définir comme un solide engendré par la rotation d'une surface autour d'un axe, appelé **axe de révolution**.

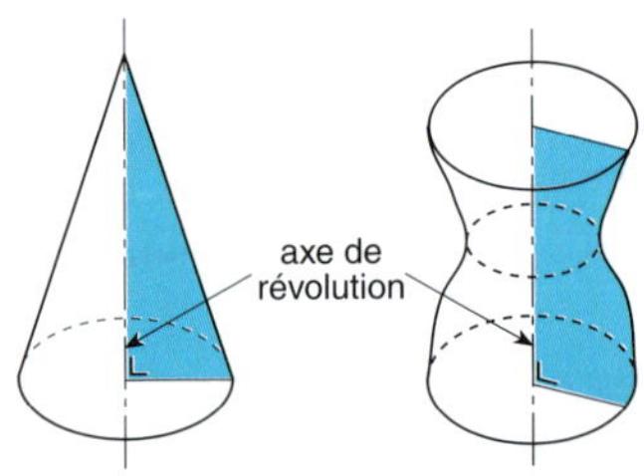

Voici les principaux solides qui répondent à cette définition et leurs caractéristiques.

nom	surface dont la rotation engendre le solide	représentations
cylindre	un rectangle autour d'un de ses côtés	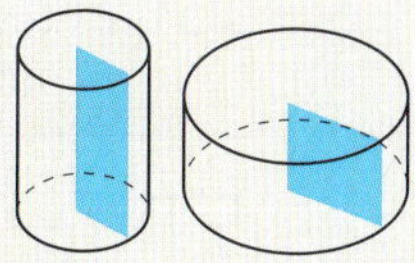
cône	un triangle rectangle autour d'un des côtés de l'angle droit	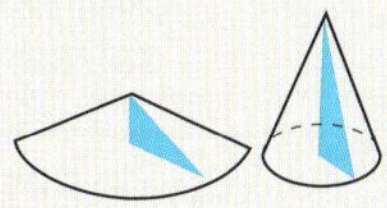
boule	un demi-disque autour de son diamètre	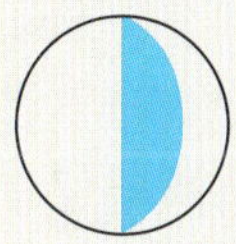

Parmi les solides proposés en 3.8.1, seuls les objets ⑤, ⑥, ⑪ et ⑯ répondent à la définition de solide de révolution, du moins si on les considère comme parfaitement lisses en tout point.

On emploie souvent le terme «sphère» pour le terme boule. En fait, la ***sphère*** est la surface extérieure de la boule: la sphère est à la boule ce que le cercle est au disque.

Suggestion didactique

Décrire un solide

Pour amener les enfants à suffisamment de rigueur dans la description d'un solide, on peut leur proposer le jeu du portrait. L'enseignant propose aux enfants toute une série de solides différents et identifiables par des caractéristiques géométriques (par exemple les solides du 3.8.1).

Un enfant choisit un de ces solides dans sa tête. Les autres doivent découvrir le solide dont il s'agit à travers des questions, dont la réponse est OUI/NON, et qui ne mentionnent le nom d'aucun solide.

Variante: celui qui a choisi le solide doit le décrire sans citer un seul nom de solide.

EXEMPLE: «Il a deux bases identiques, il est convexe et il peut rouler» (cylindre).

3.8.5. La notion de base dans les solides

Avant de poursuivre l'étude des solides, il nous faut définir une notion importante: quand peut-on appeler ***base*** une face d'un solide, d'un polyèdre en premier lieu?

Il y a deux façons d'être base(s):

1. soit en paires de bases
2. soit en base unique

en paire de bases	en base unique

1. Pour qu'on puisse dire de deux faces d'un polyèdre qu'elles sont bases, les conditions nécessaires et suffisantes sont:
- d'être **parallèles** entre elles
- de posséder une partie de frontière en commun avec **chacune** des autres faces du polyèdre.

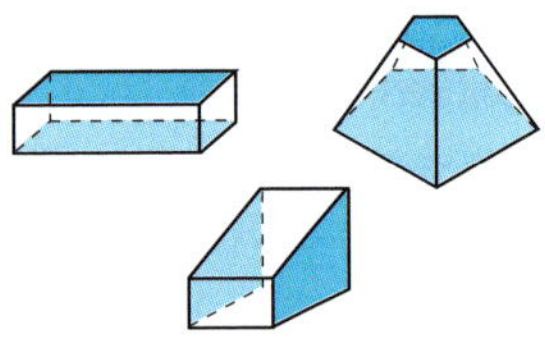

2. Si une face du polyèdre a une partie de frontière en commun avec **chacune des autres faces**, cette face peut être appelée base du polyèdre.

Il ne s'agit de rien d'autre que du cas précédent dans lequel une des deux bases tend à devenir un point.

Le polyèdre est dit ***en pointe***: on l'appelle ***pyramide***.

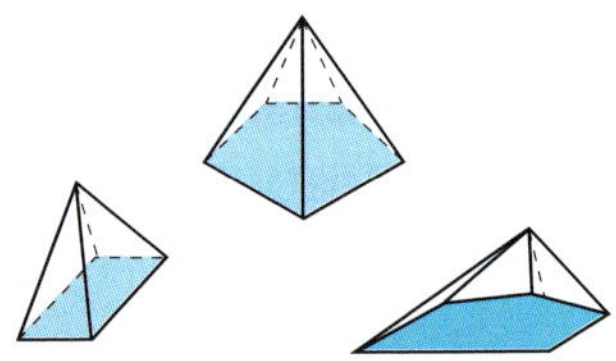

Dans un cas comme dans l'autre, les faces non-bases sont appelées ***faces latérales***.

Une ***arête latérale*** est l'intersection de deux faces latérales.

Les polyèdres suivants ne sont pas des polyèdres à base(s). En effet, aucune face, ni aucune paire de faces, ne répond aux critères de définition de la notion de base.

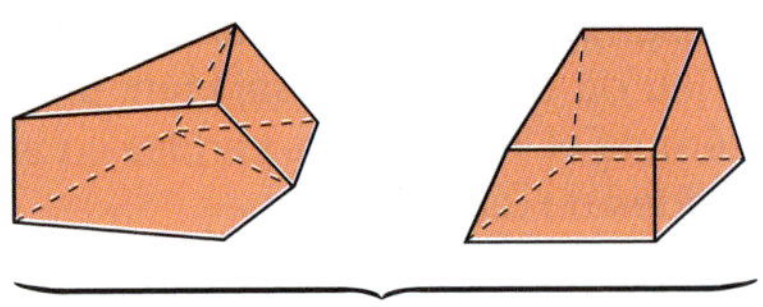

pas de faces parallèles ni une face touchant toutes les autres

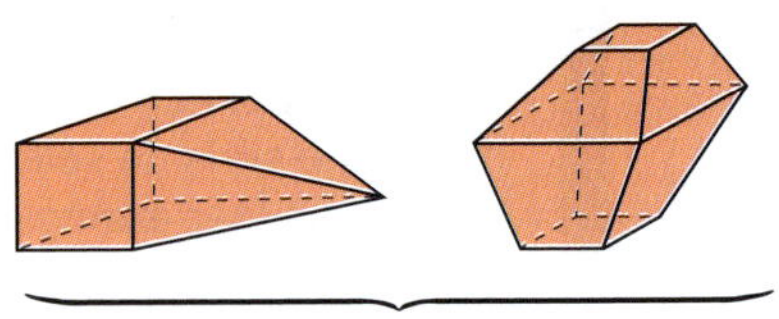

une face parallèle à une autre ne touche jamais chaque autre face

On peut étendre ces notions au cylindre et au cône.

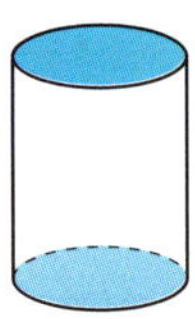

cylindre : une paire de bases

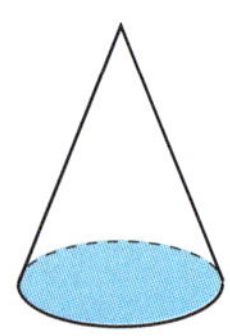

cône : une base

3.8.6. Classement des polyèdres

Le diagramme en arbre ci-dessous fait apparaître en synthèse tous les polyèdres, ainsi que le cylindre et le cône en les considérant respectivement comme la limite d'un prisme régulier et d'une pyramide régulière lorsque le nombre de côtés de la base tend vers l'infini, c'est-à-dire lorsque la base tend vers un disque.

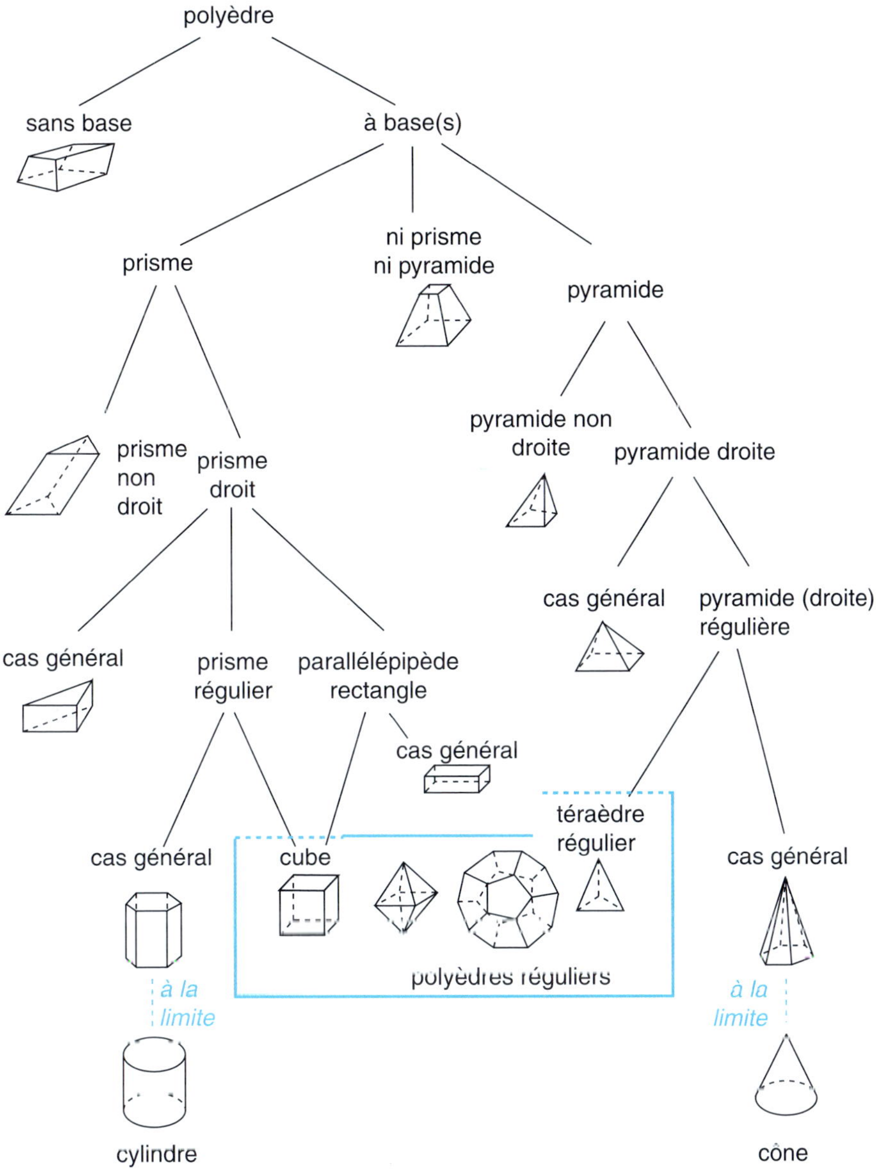

Suggestion didactique

Le dynamisme des solides

Sur un plan concret, le dynamisme qui met en évidence le passage d'un solide à un autre est plus compliqué à faire apparaître en raison du caractère non déformable d'un solide (par définition).

- un bloc de plasticine que l'on sectionne:

parallélépipède rectangle → parallélépipède rectangle à base carrée → cube

- une pile inclinée (de cartes, de cartons de bière) que l'on redresse:

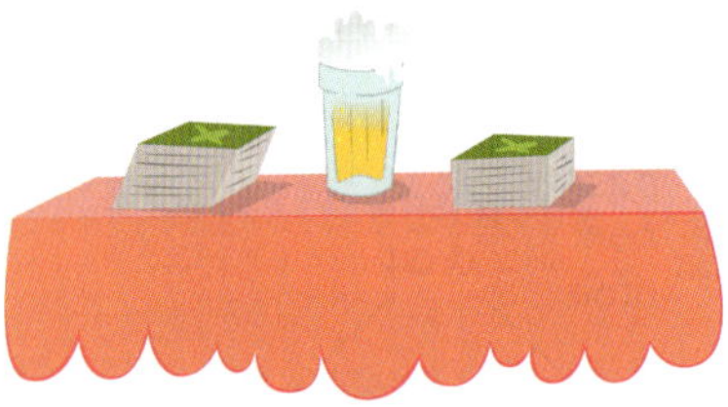

prisme penché → prisme droit

3.8.7. Les dimensions des solides

La ***hauteur*** d'un prisme ou d'un cylindre est la distance entre les deux bases, mesurée sur une perpendiculaire à celles-ci.

La ***hauteur*** d'une pyramide ou d'un cône est la distance entre la base et le sommet.

La hauteur est donc dans chacun de ces cas une **distance**, jamais un segment précis. Elle est symbolisée par la lettre **H** (3.7.8).

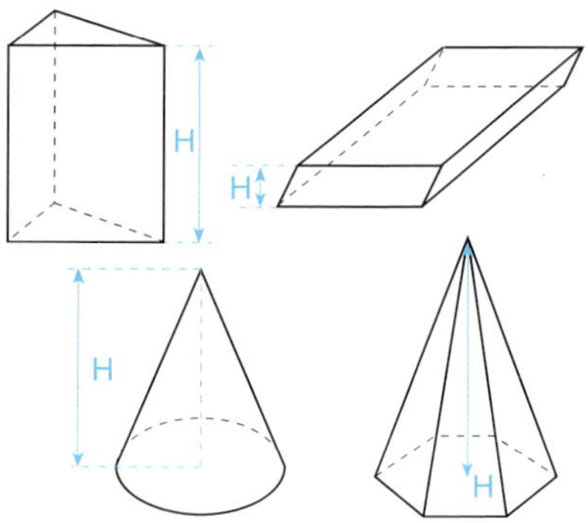

Les dimensions d'un parallélépipède rectangle sont:

- **H** la ***hauteur*** (généralement prise verticalement);
- **L** la ***longueur*** (souvent la plus grande dimension horizontale);
- **l** la ***largeur*** (épaisseur ou profondeur selon les cas).

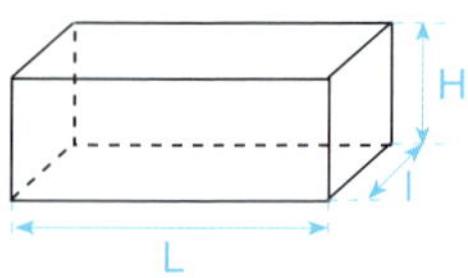

L'***arête*** du cube est la longueur commune à toutes ses arêtes.

10–12 ans

Suggestion didactique

Le parcours méthodologique complet en géométrie

Le parcours se complète et se termine avec l'étude des solides, **sur le plan semi concret**, en ⑨ avec notamment:

- les tracés de développements (ou patrons, voir en 3.8.8);
- les constructions de solides;
- la découverte des propriétés.

sur le plan abstrait, en ⑩, avec:

- les définitions
- les classements de solides, conduisant aux synthèses en tableaux et en arbres. Seule une partie de ces classements est au programme de l'école primaire.

Il est intéressant de constater que, les notions de topologie mises à part, les solides constituent à la fois **le point de départ et le point d'aboutissement du parcours** en géométrie. Ils sont à la fois les plus abordables parce que les plus manipulables et les plus courants dans la réalité quotidienne, et à la fois les plus complexes dans une étude complète puisqu'étant des objets à trois dimensions de l'espace.

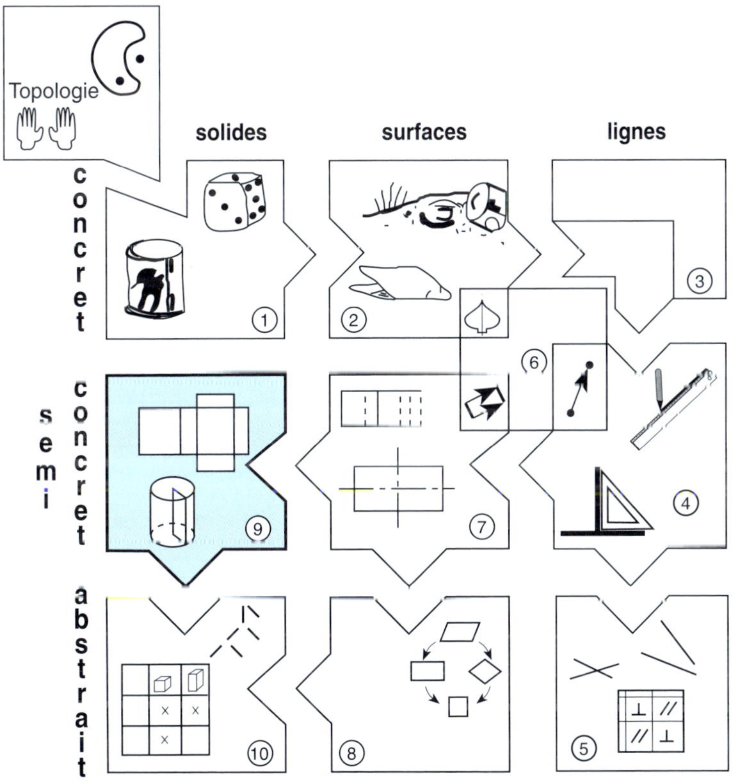

3.8.8. Le patron des solides

La question du patron de solides a trait uniquement à une de leurs parties, leur surface extérieure.

Le problème est de savoir quelle est la surface plane qui, par pliage, permettra de reconstruire la surface extérieure, ou enveloppe, du solide ou, à l'inverse, de pouvoir dire si une surface plane donnée permettra de construire un solide ou non. Voici des exemples de telles surfaces:

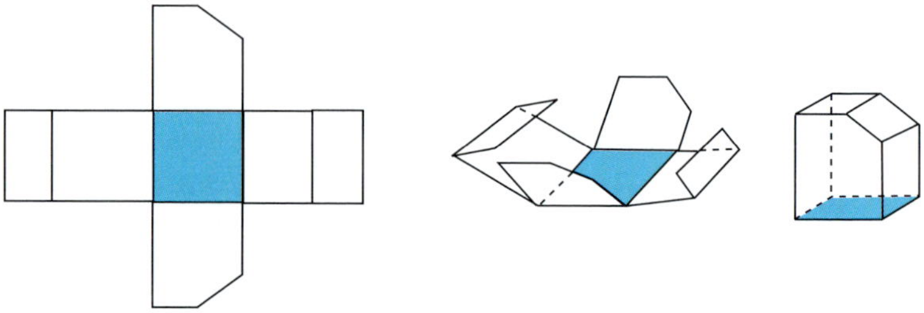

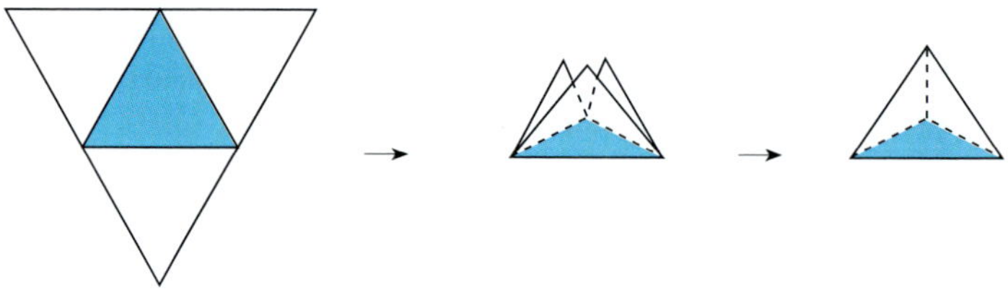

Par contre, les surfaces suivantes ne sont pas des patrons de solides, pour des raisons chaque fois différentes:

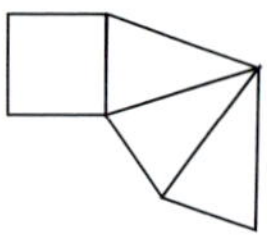

trop peu de faces

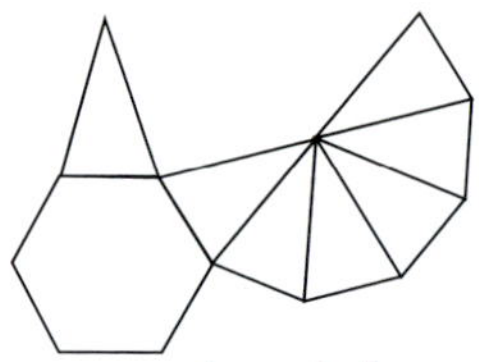

trop de faces

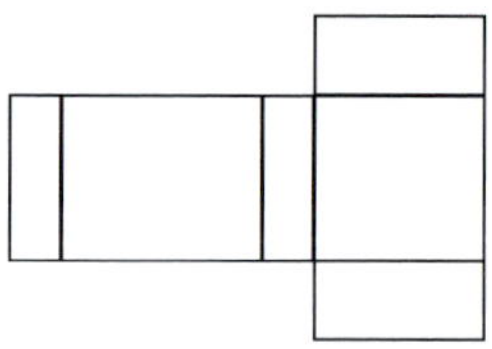

erreur dans les dimensions

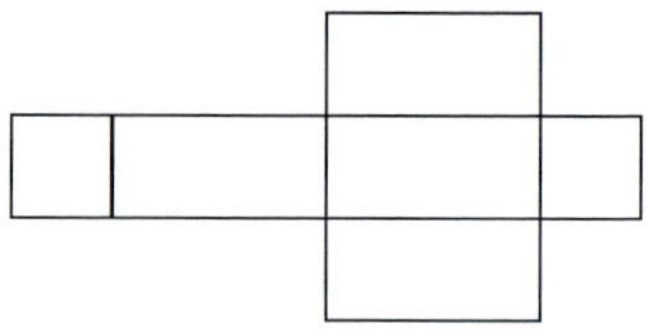

erreur dans la disposition des faces

Le ***patron***, ou ***développement*** d'un solide est l'extension sur un plan de sa surface extérieure. Le patron d'un solide permet de réaliser matériellement sa construction mais aussi de calculer l'aire de sa surface extérieure (4.3.5).

Tous les solides ne sont pas développables en patrons. Par exemple, la boule n'est pas développable parce que sa surface extérieure ne peut pas être étendue sur un plan.

Pour qu'un solide soit développable, il faut que sa surface extérieure soit courbée au maximum dans une direction, comme le cône et le cylindre, mais pas dans deux directions différentes, comme la boule par exemple. Là est l'origine des difficultés séculaires de la représentation sur carte du globe terrestre.

Illustrons cette problématique en comparant deux cartes du monde: celle de Mercator et celle de Peters, dont, par définition, aucune des deux ne traduit la réalité géographique de notre globe.

Carte de MERCATOR (1569)

C'est la carte traditionnelle. Au centre de celle-ci, il y a Rome (on peut le vérifier en traçant les diagonales). L'Europe est bien située et paraît assez importante. L'équateur est situé bien en-dessous de la médiane horizontale.

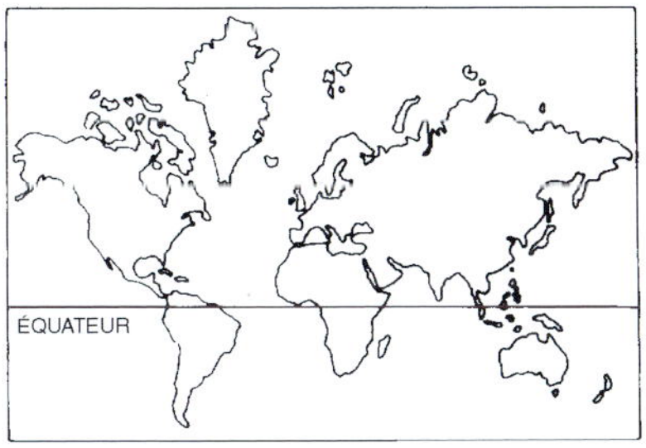

Carte de PETERS (1974)

Cette carte restitue à chaque État son importance territoriale exacte. Ce résultat est obtenu au détriment de l'exactitude des distances, mais sa représentation exacte des surfaces nous force à reconsidérer notre conception des rapports entre les peuples.

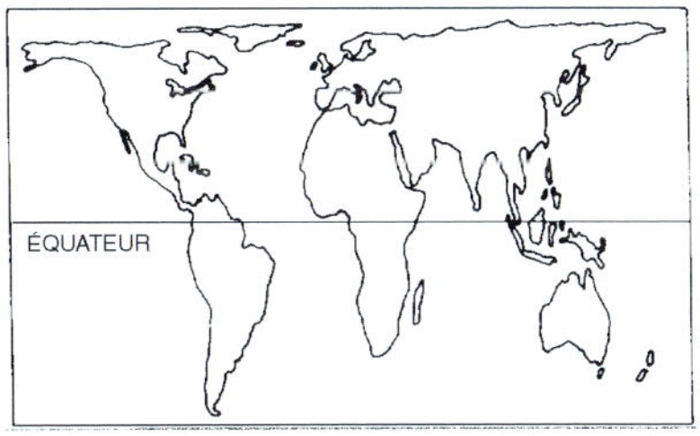

On peut schématiser de la façon suivante le mode de construction de chacune de ces cartes. Partageons l'hémisphère nord en 12 zones, délimitées par des distances égales sur les méridiens et sur les parallèles. Si on «aplatissait» ces zones sur un plan, on obtiendrait à peu près la représentation du milieu. La figure de gauche en montre la correction par Mercator; celle de droite, par Arno Peters:

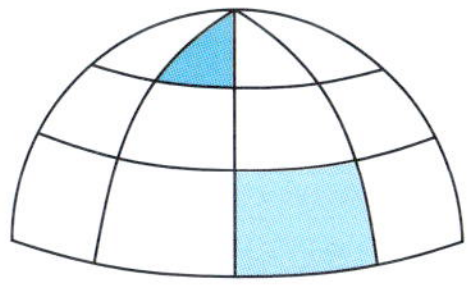

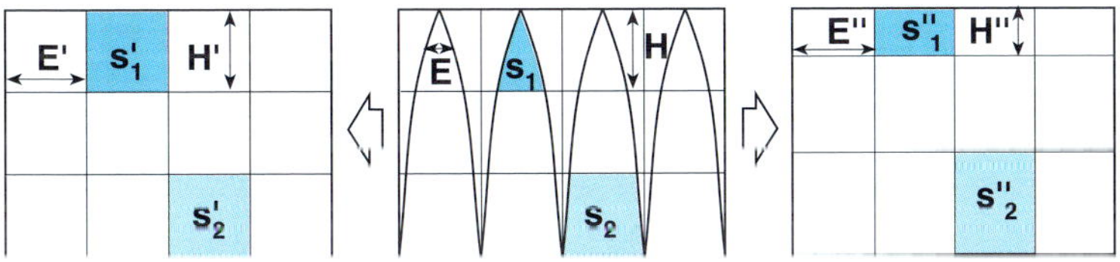

Optique de MERCATOR: conservation des distances le long d'un méridien.

Conséquences:

- non conservation des aires
- non conservation des distances le long de parallèles différents.
  E devient **E'** mais **H** est conservé.
  $\mathbf{s_1}$ devient aussi grand que $\mathbf{s_2}$.

Optique de PETERS: modification de l'échelle le long d'un méridien pour garder la proportion des aires.

Conséquences:

- conservation des aires
- non conservation des distances
  E est transformé en **E''**, et **H** en **H''** mais leur produit, qui représente l'aire, reste constant: la proportion entre $\mathbf{s''_1}$ et $\mathbf{s''_2}$ est la même qu'entre $\mathbf{s_1}$ et $\mathbf{s_2}$.

Les cartes de Mercator ci-dessous mettent clairement en évidence les erreurs commises dans l'appréciation des superficies relatives des pays et des continents. Il suffit de comparer les superficies apparentes avec les chiffres réels donnés.

Europe: 9,7 millions de km^2.
Amérique du Sud: 17,7 millions de km^2.

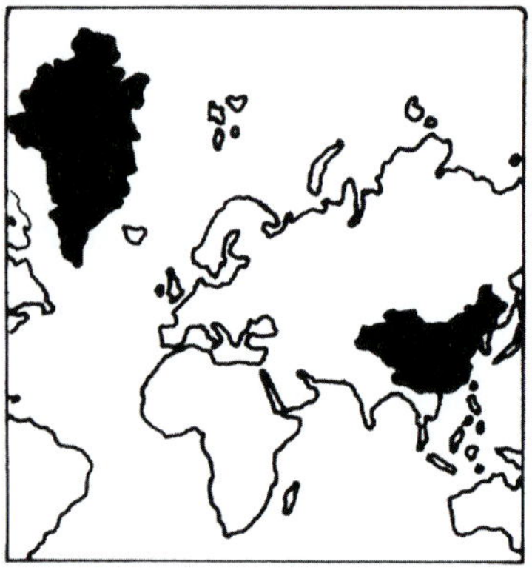

Groënland: 2,1 millions de km^2.
Chine: 9,5 millions de km^2

Les développements des principaux solides

Cube

Il y a 11 patrons possibles du cube, tous différents:

Les patrons proposés ci-dessous ne sont que des exemples de patrons des différents solides parmi d'autres.

Parallélépipède rectangle

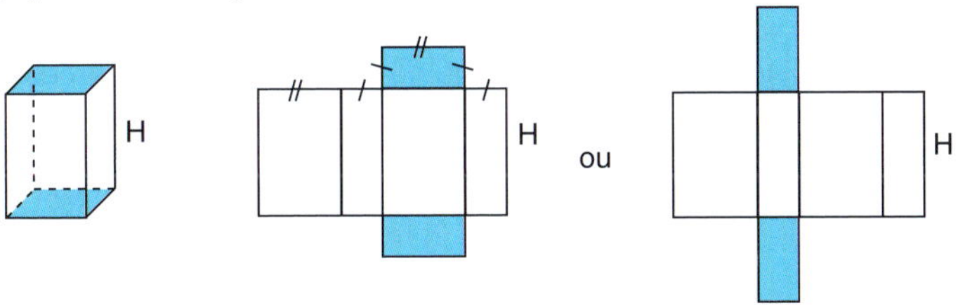

Prisme

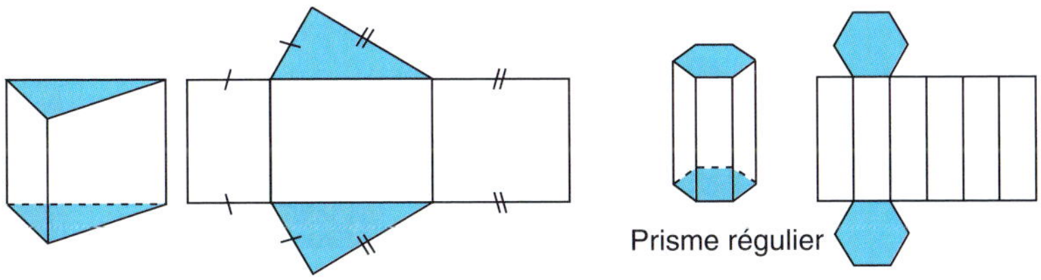

Pyramide

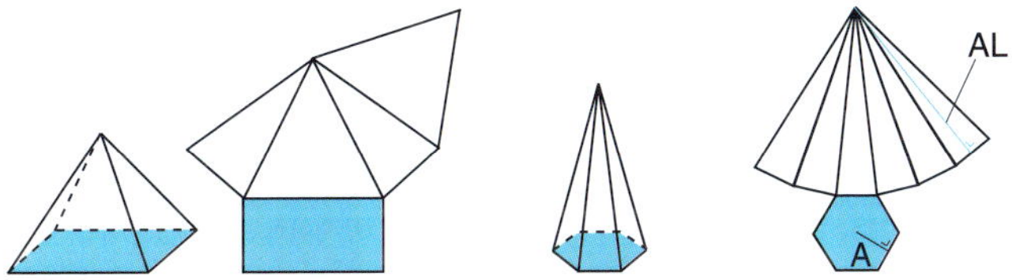

Pyramide régulière

Cylindre

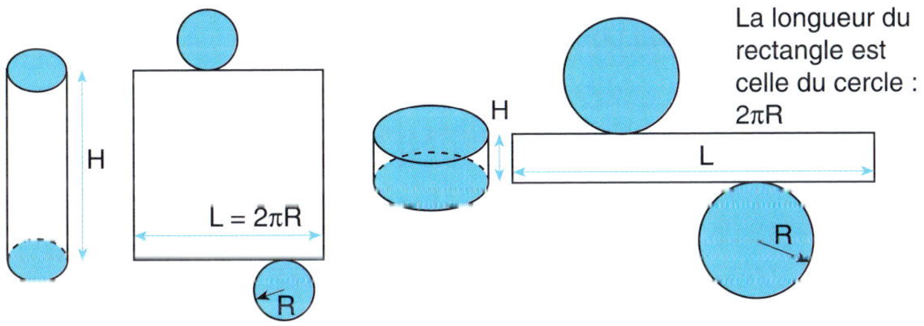

Cône

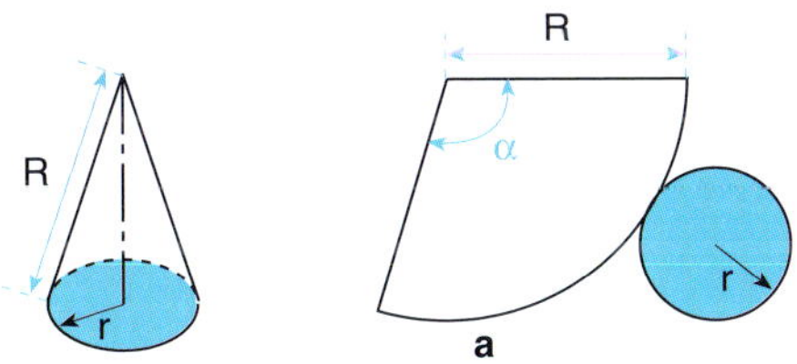

Calcul de l'angle α :

on a $\dfrac{\alpha}{360°} = \dfrac{\text{longueur (arc } \mathbf{a}\text{)}}{2\pi R}$

Or, longueur (arc **a**) = $2\pi R$, on a donc

$\dfrac{\alpha}{360°} = \dfrac{2\pi r}{2\pi R} = \dfrac{r}{R}$ et $a = 360° \times \dfrac{r}{R}$

Suggestion didactique

L'intérêt des patrons

Les activités relatives aux patrons sont souvent très riches, du moins si on les considère dans une optique de résolution de problèmes.

Voici quelques exemples d'activités possibles.

1. La recherche par les enfants du patron, ou plutôt des patrons d'un solide familier (cube, parallélépipède rectangle,…)

2. On peut proposer aux enfants de construire, individuellement ou par groupes, plusieurs demi-cubes différents d'un cube donné. L'activité est riche car, à côté des solutions auxquelles l'on pense spontanément,

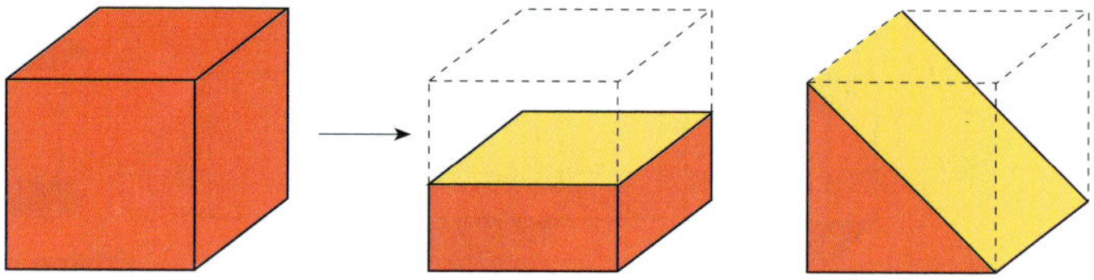

elle permet une grande variété de solutions différentes, parfois même des solutions auxquelles l'enseignant n'a pas pensé.

EXEMPLES :

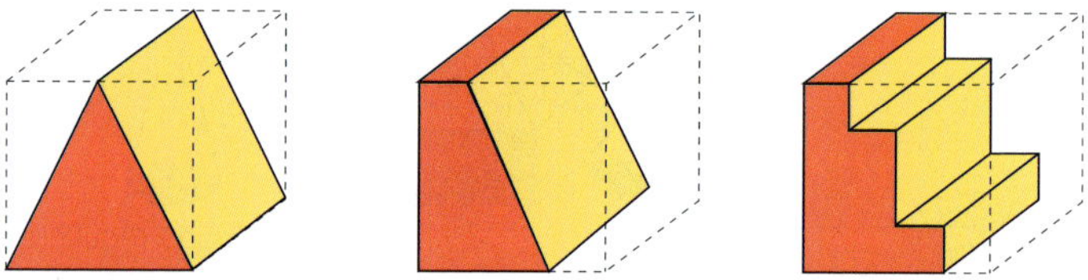

3. On peut aussi exploiter la **construction de tiers de cubes**, qui permet d'approcher plus tard la formule du volume de la pyramide. En effet, trois tiers s'assemblent pour donner un cube.

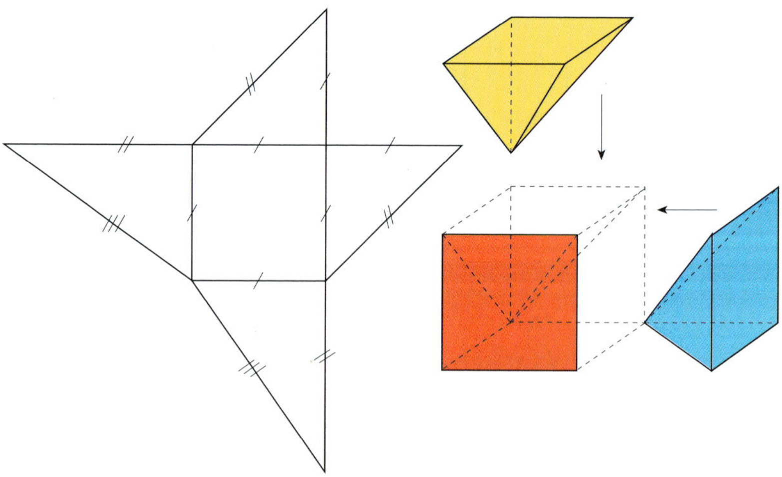

4. Enfin, on peut proposer aux enfants des activités de reconstitution mentale d'une dimension de l'espace.

EXEMPLE 1: Un cube colorié étant donné, l'enfant sera invité à reproduire les couleurs des faces sur un patron donné.

Face au patron, l'enfant doit mentalement «replier», reconstituer l'effet de la troisième dimension.

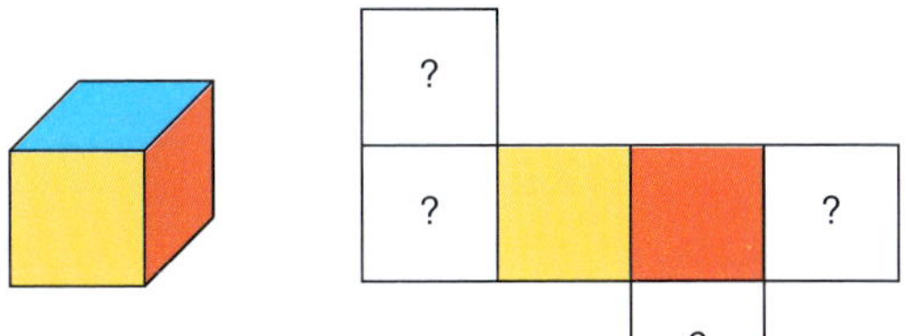

(deux faces parallèles sont semblables)

EXEMPLE 2: Exercice de perception spatiale. «Dessine, sur le patron du cylindre ce qui pourrait correspondre à la ligne de couleur». (réponse: une diagonale du rectangle).

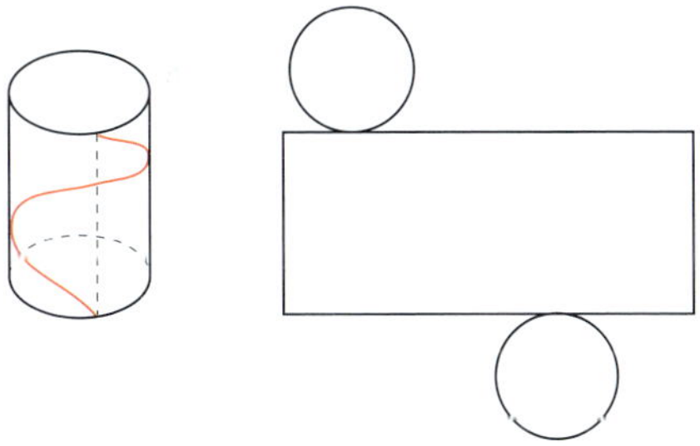

Ceci constitue une des étapes du parcours: l'approche des solides par la pensée. C'est une étape de synthèse.

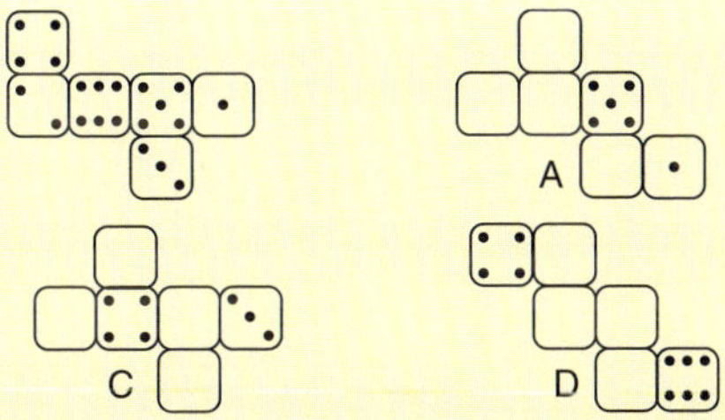

a) Quatre de ces patrons ne permettront de reconstruire le dé initial que d'une seule façon.
Celui qui reste échappe à la règle. Lequel est-ce?

b) Compléter les autres.

LISTE DES SYMBOLES CONVENTIONNELS INTRODUITS DANS CET OUVRAGE

Tome 1

p. 85	1	$a = b$	*a* **est égal** *à b*
p. 87	2	$a \equiv b$	*a* **est équivalent** *à b*
p. 89	3	$\xrightarrow{\times 3}$	**la fonction numérique** *qui multiplie par 3*
p. 90	4	$(a; b)$	**le couple** *ab*
p. 125	5	$<$	**strictement inférieur à**,
		$>$	**strictement supérieur à**
p. 134	6	$23_{(dix)}$	*23 (écrit)* **en base** *dix*
p. 150	7	p.g.c.d. (a, b)	**le plus grand commun diviseur** *des nombres a et b*
p. 152	8	p.p.c.m. (a, b)	**le plus petit commun multiple** *aux nombres a et b*
p. 157	9	$\mathbb{N}$	**l'ensemble des nombres naturels**
p. 157	10	$\mathbb{Z}$	**l'ensemble des nombres entiers** *(positifs et négatifs)*
p. 158	11	$\mathbb{Q}$	**l'ensemble des nombres rationnels**
p. 178	12	$a + b$	**la somme de** *a et de b, a* **plus** *b*
p. 178	13	$a - b$	**la différence de** *a et de b, a* **moins** *b*
p. 179	14	$a \times b$	**le produit de** *a par b, a* **multiplie** *b, a* **fois** *b*
p. 191	15	$a : b$	**le quotient de** *a par b, a* **divisé** *par b*
p. 195	16	a^n	*a* **à la puissance n**, *a* **à la n^{ième} puissance**
p. 196	17	$\sqrt{a}$	**la racine carrée de** *a*
p. 196	18	moy (a, b)	**la moyenne de** *a et de b*
p. 219	19	$x\%$	*x* **pour-cent de**

Tome 2

p. 22	20	$\overrightarrow{AB}$	**le vecteur** *AB*
p. 28	21	f, A	**la figure** *f*, **le point** *A*
p. 31	22	$[AB]$	**le segment** *AB*
p. 32	23	AB	**la droite** *AB*
p. 34	24	$]CD[$	**l'intervalle** *CD*
p. 36	25	π	**le plan** π
p. 36	26	$[AB$	**la demi-droite** *AB*
p. 38	27	$d_1 /\!/ d_2$	*la droite* d_1 **est parallèle à** *la droite* d_2
p. 41	28	$\widehat{AOB}$	**l'angle** *AOB, dont le sommet est O*
p. 43	29	$(\vec{u}, \vec{v})$	**l'angle orienté** *formé par les deux vecteurs* $\vec{u}$ *et* $\vec{v}$
p. 45	30	$d_1 \perp d_2$	*la droite* d_1 **est perpendiculaire à** *la droite* d_2

CHAPITRE 4

Les mesures de grandeurs

4.1 LES COMPOSANTS DE LA MESURE

4.1.1. Ce qu'on appelle mesure d'une grandeur

Si l'on veut décrire de façon précise un objet de la réalité physique, il est nécessaire d'analyser certaines de ses propriétés.

Prenons l'exemple d'une poutre en bois. Si on veut la décrire avec précision, on peut spécifier les propriétés suivantes :

- sa provenance ;
- le type de bois ;
- sa longueur ;
- le nombre de nœuds ;
- son taux d'humidité ;
- le nombre de faces ;
- sa section ;
- son volume ;
- sa masse ;
- son âge, etc.

Certaines de ces propriétés sont purement descriptives (provenance, type de bois), d'autres sont quantifiables (longueur, nombre de faces, nombre de nœuds, taux d'humidité, section, volume, masse, âge).

Ces propriétés quantifiables sont appelées ***grandeurs***.

Les grandeurs peuvent être selon les cas :

- soit des grandeurs ***discontinues*** ou discrètes (nombre de faces, nombre de nœuds).
  Pour les quantifier, on a recours au comptage ;
- soit des grandeurs ***continues*** (longueur, section, volume, masse,...).
  Pour les quantifier, on examine le nombre de fois qu'une grandeur unitaire de même nature y est contenue.

La grandeur unitaire de même nature est l'***unité de mesure***.

Le nombre de fois que l'unité de mesure est contenue dans la grandeur est la ***mesure***. C'est donc un nombre abstrait qui exprime le rapport entre la grandeur de l'objet et l'unité choisie.

Dans l'exemple de la poutre, si la longueur de cette dernière est équivalente à celle de 15 pieds, on dira que la mesure en pieds de la longueur de la poutre est 15, ou encore :

$$\text{mesure en pied de la longueur de la poutre} = \frac{\text{longueur de la poutre}}{\text{longueur du pied}} = 15 .$$

Il faut donc bien distinguer objet, grandeur à mesurer et mesure de cette grandeur, exprimée dans une unité déterminée.

objet	**grandeurs**			**mesures**
poutre en chêne	*longueur*	15 pieds	a pour mesure en pieds	15
		4,50 m	a pour mesure en m	4,5
		450 cm	a pour mesure en cm	450
	section	1900 cm^2	a pour mesure en cm^2	1900
		0,19 m^2	a pour mesure en m^2	0,19
	masse	220 kg	a pour mesure en kg	220
		0,220 t	a pour mesure en t	0,22

La grandeur d'un objet peut exister hors de tout contexte de mesure.

Il n'est pas nécessaire de mesurer deux segments de droite (objets) pour en comparer les longueurs (grandeurs) :

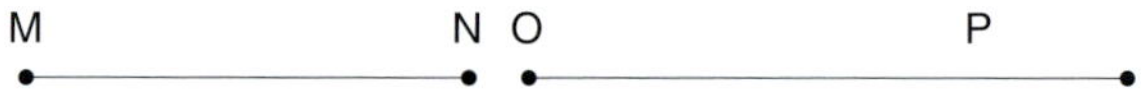

longueur [MN] < longueur [OP]

Il suffit pour s'en convaincre de superposer les deux segments.

De même, pour déterminer le plus lourd de deux objets, il n'est pas nécessaire de les peser chacun. Il suffit de les mettre sur les plateaux d'une balance et de voir de quel côté penche celle-ci.

Suggestion didactique

Comparer et mesurer

Une première conséquence méthodologique importante se dégage de cette approche. C'est l'importance de ***comparer*** les grandeurs entre elles, de comparer la grandeur à mesurer et l'unité, avant toute tentative de mesure. Plus tard, on demandera aux enfants d'accompagner cette comparaison d'une ***estimation*** de la mesure.

4.1.2. Unités et instruments de mesure

Si on veut comparer les masses des deux objets de façon plus précise, on devra avoir recours à la mesure à l'aide d'une unité de mesure.

Cette unité pourra être:
- **naturelle**: masse d'une craie, d'une orange, d'une bille, d'une noix...
- **conventionnelle**: gramme, kilogramme, tonne...

Une unité de mesure peut être concrétisée par un objet appelé **étalon**. Un ***étalon*** est donc la représentation matérielle d'une unité de mesure: un poids d'un kilo, la règle d'un mètre en plastique, la bouteille d'un litre,...

L'utilisation de l'étalon pour déterminer une mesure est une étape fort importante dans l'apprentissage des activités de mesurage à l'école. Cette étape sera largement détaillée par la suite.

Cependant, dans la vie de tous les jours, bien rares sont encore les mesures qui se déterminent à l'aide d'un étalon. On a plutôt recours aux formules (d'aires, de volume), mais plus souvent encore aux instruments de mesure, à l'utilisation desquels il faut initier l'enfant.

Le tableau suivant reprend les principales grandeurs, des unités conventionnelles de mesures correspondantes et les instruments de mesure les plus courants

objets	grandeurs	unités conventionnelles	instruments de mesure
1. Segment, ligne, bord d'une surface	et leur **longueur** (hauteur, épaisseur, largeur, profondeur)	**m**, **cm**, **mm**, **km**,...	double mètre, chaîne d'arpenteur (10 m), pied à coulisse, compteur kilométrique, sonde, micromètre, télémètre,...
2. Surface	et son **aire** (ou superficie)	**m^2**, **a**, **ha**, **km^2**,...	(formules d'aire), planimètre
3. Solide	et son **volume**	**mm^3**, **cm^3**, **dm^3**, **m^3**, **stère**	(formules de volume), compteur d'eau, de gaz
4. Récipient	et sa **capacité** (ou volume intérieur)	**ml**, **cl**, **dl**, **l**, **hl**,...	éprouvettes et récipients gradués, compteurs (formules de volume)
5. Objet, quantité quelconque de matière	et leur **masse**	**mg**, **g**, **kg**, **t**,	balance de Roberval, peson, balance romaine,bascule, balance automatique, balance digitale, pèse-lettres, dynamometre
	et leur **masse volumique**	**kg/dm^3**	densimètre
6. Événement dans le temps	et sa **durée**	**s**, **min**, **h**, **d** (ou **j**), **siècle**	montre, chronomètre, réveil, sablier, minuterie, horloge, montre digitale
7. Angle	et son **amplitude**	**degré**, **radian**, **tour**	rapporteur, sextan

objets	grandeurs	unités conventionnelles	instruments de mesure
8. Corps en mouvement	et sa **vitesse**	**km/h, m/s, tour/min, nœuds**	tachymètre, anémomètre, compte tours
9. Article de magasin	et son **prix**	**€, $**,...	
10. Voiture, machine, lampe	et leur **puissance**	**W, kW**	wattmètre
11. Objet quelconque, air ambiant, liquide	et leur **température**	**°C, °K, °F**	thermomètre
12. Gaz, liquide	et leur **pression**	**kg/cm²**, **Pa** (pascal)	manomètre

1. Bien que reprise dans ce tableau, la température n'est pas une grandeur à proprement parler car il n'est pas possible d'additionner deux températures: une certaine quantité d'eau à 30° mélangée à une autre quantité d'eau à 70° ne donne pas de l'eau à 100°.

2. En toute rigueur, dynamomètre, balance automatique et balance digitale mesurent des poids (4.6.1) et non des masses.

Dans le tableau ci-dessus, il faut remarquer que les mots de la deuxième colonne, c'est-à-dire les grandeurs, ne sont cités que par référence aux mots de la première colonne, les objets, uniquement à l'aide des déterminants **le**, **la**, **sa**, **son**, **leur**: « **son** volume est de..., **sa** capacité est plus grande que celle de... ».

On ne dira jamais: « cette aire », mais bien « cette surface dont l'aire est... ».

Il faut donc se méfier des abus de langage tels « ce volume, cette masse,... ».

Une terminologie précise sera un facteur important pour aider les enfants à ne pas confondre l'objet et sa grandeur.

Les multiples et les sous-multiples de l'unité de longueur (le mètre), de capacité (le litre) et de masse (gramme), ainsi que les sous-multiples de la seconde s'obtiennent à l'aide de préfixes dont voici les principaux:

	multiples		**sous-multiples**
giga	(G)10^9 *ou* 1 000 000 000	***déci***	(d) 10^{-1} *ou* 0,1
méga	(M)10^6 *ou* 1 000 000	***centi***	(c) 10^{-2} *ou* 0,01
kilo	(k) 10^3 *ou* 1 000	***milli***	(m)10^{-3} *ou* 0,001
hecto	(h) 10^2 *ou* 100	***micro***	(mµ)10^{-6} *ou* 0,000 001
déca	(da)10^1 *ou* 10	***nano***	(n) 10^{-9} *ou* 0,000 000 001

Les unités conventionnelles (ou légales) qui seront présentées dans les pages qui suivent sont celles du système international MKSA (Mètre – Kilo – Seconde – Ampère).

4.1.3. La démarche pédagogique générale dans le domaine des mesures

Plus que la matière, c'est souvent la démarche pédagogique ou plutôt l'enchaînement des étapes de l'apprentissage qui pose problème dans le domaine des mesures.

C'est la raison pour laquelle le découpage des paragraphes suivants sera effectué en fonction même de la démarche globale d'apprentissage.

Suggestion didactique

Les quatre étapes de tout apprentissage aux mesures

Qu'il s'agisse d'amener l'enfant à la maîtrise des mesures
- de la longueur d'un segment, d'un bord, d'un contour;
- de l'aire d'une surface plane, de la frontière d'un objet;
- du volume d'un objet;
- de la masse d'un objet, d'une quantité de matière.
- de la capacité d'un récipient,

la démarche globale est toujours la même, à très peu de chose près.

On peut en dégager quatre grandes étapes.

1. Une approche de la **notion**, indépendamment de la mesure.

Cette étape est très importante, et requiert beaucoup de temps. Elle comprend une triple démarche:

a) Il s'agit d'**isoler** une grandeur d'un objet: isoler la longueur du bord de la table par rapport à son aire, isoler la capacité d'un récipient par rapport à son volume apparent (un récipient «peut contenir moins qu'un autre», tout en étant globalement plus volumineux que lui).

b) Il s'agit également de **comparer** les grandeurs: ordonner des objets selon la grandeur (les ranger du plus petit au plus grand, par exemple du moins long au plus long, du moins lourd au plus lourd...), ou les classer (regrouper les objets qui ont même longueur). Ceci permet d'établir **l'équivalence de grandeurs**.

Les comparaisons peuvent mettre en œuvre différents procédés:
- la superposition directe: superposer deux crayons pour trouver le plus long, superposer deux surfaces pour déterminer celle qui est la plus étendue, etc.;
- la superposition indirecte: utiliser un moyen terme pour comparer deux grandeurs.

EXEMPLE: se servir d'une ficelle pour comparer la hauteur de l'armoire et du tableau.

- le transvasement: transvaser le contenu d'un récipient dans un autre récipient pour découvrir celui qui peut contenir le plus etc.;
- par pesée, à l'aide d'une balance à plateaux, etc.

c) Il s'agit enfin de dégager la propriété d'additivité des grandeurs.

EXEMPLE: le crayon rouge est aussi long que le crayon jaune et le crayon bleu disposés bout à bout.

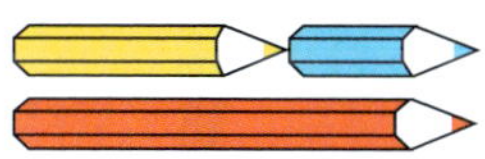

Cette propriété constitue une composante essentielle de la mesure.

On peut établir une distinction entre:
- le repérage, qui ne nécessite qu'un seul objet étalon que l'on reporte autant de fois que c'est nécessaire. On peut l'associer à l'aspect ordinal du nombre;
- et le mesurage, qui nécessite le même nombre d'objets étalons que la mesure. On peut l'associer à l'aspect cardinal du nombre.

2. La nécessité de mesurer, et les **premières mesures** naturelles.

La nécessité de mesurer peut apparaître dans deux cas:
- les objets ne sont pas superposables. La comparaison de leurs grandeurs n'est donc pas possible (objets éloignés, fixés au mur, au sol,...)
- on veut déterminer une grandeur de façon plus précise que par simple superposition.

Dans ces deux cas, le recours à un objet de référence (étalon naturel) est indispensable: envisagée comme le rapport entre la grandeur de l'objet et celle de l'étalon, la **mesure** apparaît aussitôt.

Durant cette étape, les enfants seront encore amenés:
- à **estimer** une mesure;
- à exprimer une **fourchette** entre deux mesures («entre 11 et 12 fois»);
- à découvrir la nécessité du recours à une **unité commune** si on veut comparer deux grandeurs (on ne peut pas dire d'une grandeur qu'elle est plus grande qu'une autre grandeur si ces deux-ci ont été mesurées à l'aide de deux étalons différents).

3. La découverte des **unités conventionnelles** de mesure.

L'enfant sera amené:
- à découvrir l'unité conventionnelle de base, ses multiples et ses sous-multiples;
- à se représenter concrètement ces différentes unités de mesure;
- à exprimer les relations numériques entre ces unités deux à deux;
- à lire, écrire et transformer des grandeurs dont la mesure est un nombre, entier ou non;
- à choisir l'unité adéquate pour mesurer telle ou telle grandeur;
- à estimer la mesure d'une grandeur à l'aide de cette unité.

4. Les **formules** et les **instruments de mesure**

Jusqu'à présent, toutes les mesures étaient obtenues par un comptage, d'autant plus fastidieux que la mesure était grande.

Cette quatrième étape permet d'arriver à la mesure par d'autres moyens plus rapides, soit par le calcul (formules), soit par une lecture directe (utilisation d'instruments de mesure).

Le tableau ci-dessous détaille quelque peu chacune de ces étapes pour différentes grandeurs.

Les apprentissages qui portent sur les trois dernières grandeurs, durée, amplitude d'un angle et prix, ne comporteront qu'une partie de ces étapes. Prêtant moins à des manipulations – s'il n'est pas tout à fait abstrait (durée) – l'apprentissage aux mesures de ces grandeurs sera souvent amputé de la seconde étape. C'est ce qui rend souvent ces apprentissages plus complexes que ceux des mesures de longueur, d'aire, de volume, de capacité et de masse.

Notion 1	Premières mesures 2	Unités conventionnelles 3	Formules et instruments de mesure 4
de longueur *est plus long que* *est moins long que* superposition d'objets	mise bout à bout de bics, de mains (empans), de pieds,...	m, dm, cm, mm, km rapport **10**	utilisation de la règle graduée, formules de longueur de contours
d'aire *est plus étendu que* *est moins étendu que* superposition de surfaces	recouvrement de surfaces à l'aide de feuilles, de cartes,...	m^2, dm^2, cm^2, mm^2, ca, a ha, km^2 rapport **100**	formules d'aire
de volume *prend plus de place que* *est plus volumineux que* immersion d'objets	empilement de boîtes d'allumettes ; de cubes,...	m^3, dm^3, cm^3, mm^3 rapport **1000**	formules de volume
de capacité *peut contenir plus que* transvasement de récipients	remplissage de récipients à l'aide de récipients-étalons	l, dl, cl, ml, hl rapport **10** lien avec unités de volume	utilisation de récipients gradués et des formules de volume
de masse *est plus lourd que* *est moins lourd que* comparaison de masses sur la balance à plateaux	pesées à l'aide d'objets divers (billes, noix,...)	kg, g, t rapport **1000**	utilisation de la balance digitale, des balances à lecture directe
de durée *dure plus longtemps que*	(exercices rythmiques)	h, min, s, jour, mois, an (rapport complexe : 60, 24, 30, 360)	lecture sur montre digitale
d'amplitude d'angle *est plus ouvert que*	–	degré	utilisation du rapporteur
de prix *a plus de valeur que*	paiement avec objets quelconques (troc)	\$, €,...	combinaison de pièces et de billets de banque

4.2 MESURES DE LONGUEUR

4.2.1. La longueur – Plus long que, moins long que

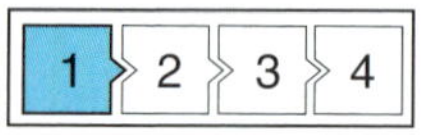

La ***longueur*** est le terme général pour désigner toute grandeur à une dimension de l'espace, et mesurable à l'aide d'un étalon.

Ce terme revêt deux significations différentes:

1. **la grandeur qui caractérise un segment** droit, brisé ou courbe. Le terme «segment» est pris ici au sens large.

a, **b** et **c** ont la même longueur

2. la **distance** entre deux points, deux droites parallèles ou deux plans parallèles (3.4.8). La longueur d'un objet dans ce sens est la plus grande dimension de cet objet.

EXEMPLES:

- la longueur d'un rectangle non carré = longueur [AB] = longueur [CD]

  Dans ce sens, la longueur du rectangle est la distance entre les deux petits côtés (3.7.8).

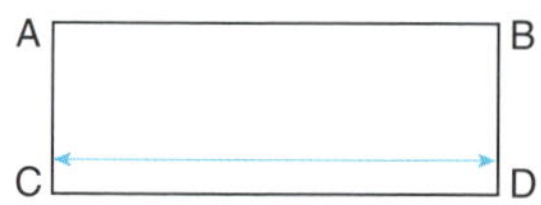

- la longueur d'un bassin de natation, d'un crayon, d'une voiture,...

Le terme «longueur» n'est pas le seul terme utilisé pour désigner une grandeur à une dimension de l'espace. On parle également

- de ***hauteur***, qui caractérise souvent une dimension verticale: hauteur d'un arbre, d'une table, d'un bâtiment, d'une montagne,...
- de ***profondeur***, qui caractérise souvent la dimension d'un objet ou d'un lieu possédant un fond: profondeur d'un trou, d'un local, d'une piscine,..., dimension souvent prise verticalement d'ailleurs.
- d'***épaisseur***, qui souvent caractérise un empilement: épaisseur d'un livre, d'une liasse, d'un feuillage,..., ou encore la dimension d'un objet nettement plus petite que les deux autres: épaisseur d'un carreau, d'un panneau, d'une planche,...
- de ***largeur***, prise souvent dans le sens d'une dimension perpendiculaire à la longueur: largeur d'une route, d'une table,...

Ces notions sont très relatives: la longueur d'un livre devient sa hauteur quand on le range dans une bibliothèque. De même, son épaisseur devient sa largeur, etc.

Suggestion didactique

La notion de longueur

Dans cette première étape (s.d. 4.1.3), l'enfant sera amené à **comparer** des longueurs par superposition directe: «ce feutre est plus grand que le crayon», «Natacha est plus grande que Farid», «cette chaise est moins haute que le tabouret», puis par superposition indirecte, en utilisant un moyen terme comme une ficelle ou une bande de papier.

Il pourra ensuite établir les relations «est plus long que», «est moins long que», «est plus haut que»,..., entre deux objets ou deux personnes.

Les termes «plus long que», «plus haut que»,..., plus spécifiques à la longueur, doivent être privilégiés par rapport au terme plus général «plus grand que». Celui-ci peut en effet être source de confusion par la suite: «la règle est plus grande que la feuille» est vrai sur le plan des longueurs mais faux sur le plan des aires.

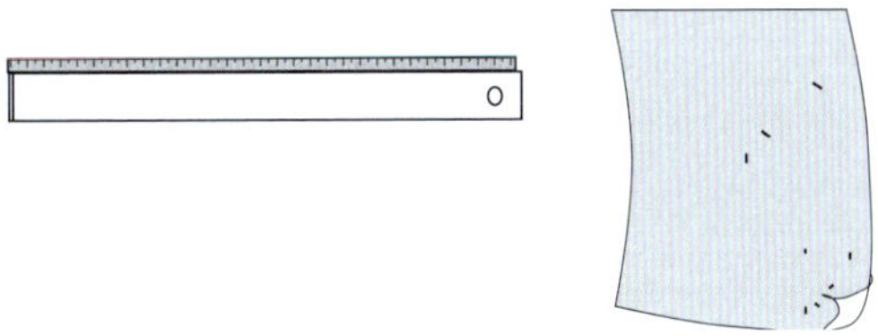

4.2.2. Les premières mesures de longueur

1 2 3 4

Celles-ci nécessitent l'emploi d'un étalon, qui peut être n'importe quel objet, corporel ou non, du moment qu'il présente une dimension qui soit prépondérante par rapport aux autres: pied, empan, ficelle,...

Suggestion didactique

Mesures naturelles de longueur

Il n'est pas toujours possible de superposer deux objets pour en comparer les longueurs. Parfois aussi, on a besoin de connaître avec précision la longueur d'un objet, pour la communiquer à quelqu'un par exemple.

Il est nécessaire dans ces cas d'avoir recours à une unité de même nature qui permettra de déterminer la mesure de la longueur des différents objets.

Ces unités, matérialisées par des étalons, seront dans un premier temps des unités naturelles, choisies par les enfants.

Toutes les mesures ne seront pas exactes. Ce sera l'occasion, pour les enfants, soit d'exprimer une fourchette dans laquelle est comprise la mesure («la longueur du banc est comprise entre 9 et 10 mains»), soit d'utiliser une seconde unité plus petite pour affiner la mesure (»9 mains et 3 doigts»).

À l'occasion de ces prises de mesures, les enfants pourront également rechercher des objets de même longueur.

À travers toutes ces manipulations, les enfants découvriront par étapes successives:

1. qu'il est nécessaire d'utiliser un **étalon commun** pour se comprendre (la mesure de la longueur du même bureau est de 11 avec la main de Tatiana et de 13 avec la main de Maïté).
2. que pour transmettre une mesure à l'extérieur, il est nécessaire de recourir à un étalon conventionnel (on ne trouvera jamais, ni à la scierie ni au magasin, une planche dont la longueur vaut 24 pieds de Maud).

4.2.3. Les unités conventionnelles de mesures de longueur

1 2 3 4

L'unité principale de mesure de longueur est le ***mètre***, défini au départ comme la longueur égale à la dix-millionième partie du quart du méridien terrestre.

Les ancêtres du mètre (coudée, environ 50 cm; empan, environ 24 cm; pied, environ 30 cm; pouce, douzième du pied;...) présentaient les inconvénients majeurs de varier d'un endroit à l'autre et de ne pas entrer dans le système décimal. C'est depuis 1799 que le mètre est défini à partir du méridien terrestre. Il fut ensuite représenté par la distance entre deux traits parallèles tracés dans un morceau de platine iridié conservé au pavillon de Breteuil à Sèvres à une température de 20° C.

Sa définition actuelle donne au mètre plus de précision et garantit mieux sa permanence. Cette définition est liée à la **seconde**: c'est la longueur du trajet parcouru dans le vide par la lumière pendant une durée de 1/299 792 458 de seconde (la seconde étant, elle, définie à partir de la fréquence d'« excitation » d'un atome de Césium), ce qui donne une précision de 1 seconde par 300 000 ans. Dans l'ancienne définition, liée à la rotation de la terre, cette précision était de 1 seconde par an puisque la terre « ralentit » environ de 1 seconde par an. En France, le **système métrique** est obligatoire depuis le 1er janvier 1840.

Les multiples et les sous-multiples du mètre sont structurés selon l'échelle décimale, ce qui permet d'exprimer une longueur dans une unité ou dans une autre par simple glissement des chiffres par rapport à la virgule: 7,125 m = 712,5 cm

Les principaux multiples et sous-multiples du mètre sont:

le décimètre (dm) qui vaut 0,1 m
le centimètre (cm) qui vaut 0,01 m
le millimètre (mm) qui vaut 0,001 m

le kilomètre (km) qui vaut 1000 m
l'hectomètre (hm) qui vaut 100 m
le décamètre (dam) qui vaut 10 m

Ces deux dernières unités, peu utilisées, tendent actuellement à disparaître et à être remplacées par les termes plus courants « 100 m » et « 10 m ».

Sur l'abaque, chaque unité de longueur vaut dix fois celle qui est située à sa droite:

x 10 x 10 x 10 x 10 x 10 x 10

	1000 **m** 1 **km**	100 **m**	10 **m**	1 **m**	0,1 **m** 1 **dm**	0,01 **m** 1 **cm**	0,001 **m** 1 **mm**
1 m				1			
10 m			1	0			
100 m		1	0	0			
1 km	1	0	0	0			
1 mm				0	0	0	1
1 cm				0	0	1	
1 dm				0	1		

Mieux vaut ne pas écrire de virgule dans l'abaque, afin de faciliter les changements d'unité.

Exemple d'utilisation : (dernière ligne du tableau) 1 dm = 0,1 m.

Suggestion didactique

Une vision concrète des unités de longueur

L'ensemble de l'apprentissage ayant trait aux unités de longueur devra impérativement tenir compte des objectifs poursuivis par le cours de mathématiques, notamment ceux qui visent à réagir par rapport à des situations de vie.

Il faudra surtout apprendre à l'enfant:

1. à pouvoir **interpréter** des indications rencontrées dans la vie de tous les jours (lire et écrire les mesures);
2. à **se représenter concrètement** la grandeur de chaque unité de mesure et à choisir l'**unité la plus adéquate** à une mesure;
3. à **estimer** la mesure d'une longueur dans l'unité choisie.

Ces comportements sont ceux qui serviront plus tard à l'enfant dans sa pratique quotidienne. Lui faire transformer des mesures, dans l'abaque ou non, exiger de lui d'opérer sur des mesures ne servira à rien tant que les trois objectifs précités n'auront pas été préalablement atteints.

4.2.4. La longueur d'un contour ou périmètre

1 2 3 **4**

On appelle ***périmètre*** d'une surface la longueur de la ligne qui délimite le contour de la surface, ou plus simplement, la longueur du contour (cependant, certains dictionnaires assimilent également la notion de périmètre à celle de contour).

Le périmètre des polygones

Le périmètre d'un polygone vaut la somme des longueurs de ses côtés:

périmètre = long [AB] + long [BC] + long [CD] + long [DE] + long [EA]

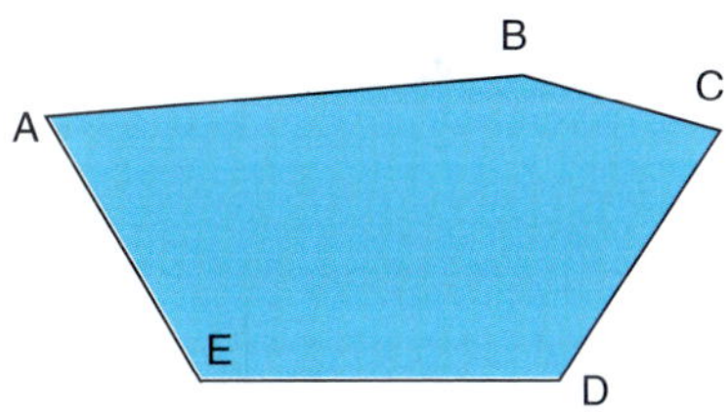

Le périmètre d'un polygone peut être visualisé par le développement du contour, c'est-à-dire l'extension sur une droite du contour du polygone

P = longueur de ce segment = 11,3 cm

On peut ranger les polygones en trois colonnes, selon que le calcul du périmètre

1. est général (la somme des longueurs des côtés);
2. s'établit à partir du demi-périmètre;
3. s'établit en multipliant la longueur du côté par n, n étant le nombre de côtés du polygone.

1.

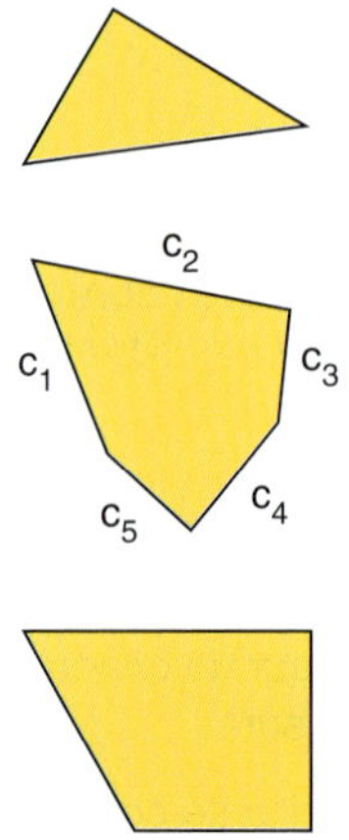

$P = c_1 + c_2 + c_3 + c_4 + \ldots$

cas général

2.

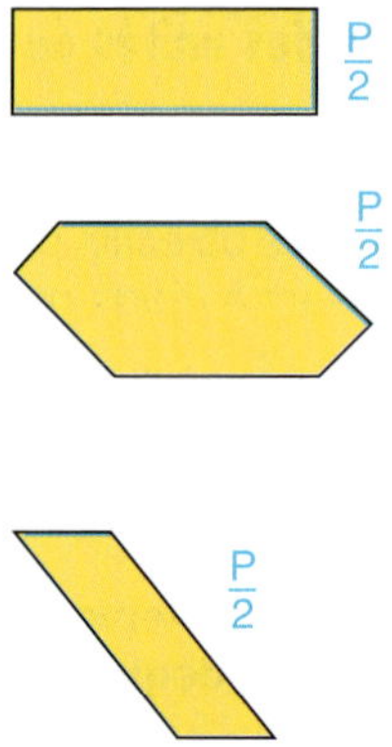

$P = \frac{P}{2} \times 2$

avec $\frac{P}{2}$ le demi-périmètre du polygone.
Cette formule s'applique principalement aux polygones possédant un centre et/ou un axe de symétrie.

EXEMPLE
pour le rectangle

$P = (L + l) \times 2$

3.

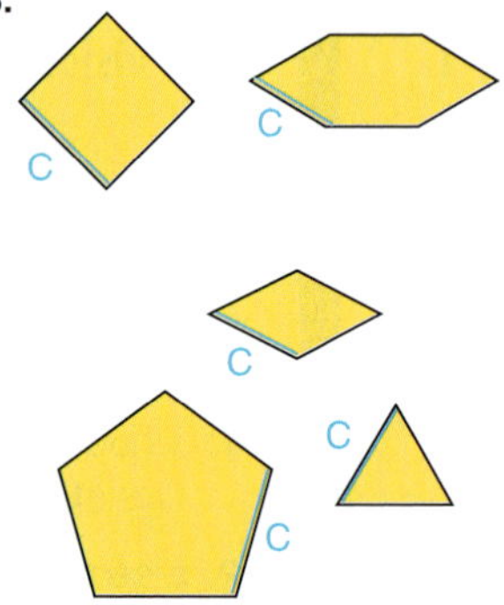

$P = C \times n$

avec C la longueur du côté et n le nombre de côtés.
Cette formule s'applique :
- à tous les polygones réguliers (3.6.2)
- aux polygones qui ont tous les côtés de même longueur, même si les angles ne sont pas tous isométriques, tel un losange non-carré.

La longueur du cercle ou périmètre du disque

Les expressions «longueur du cercle» et «périmètre du disque» sont équivalentes. En effet, on obtient l'une ou l'autre selon que l'on regroupe les deux premiers ou les deux derniers termes de l'expression détaillée «la longueur du contour du disque»:

cercle ⟶ longueur du cercle

longueur du contour du disque ||

périmètre ⟶ périmètre du disque

En mesurant avec une ficelle les contours de plusieurs disques, on peut constater que le diamètre est compris un peu plus de trois fois dans la longueur du cercle.

Autrement dit, la longueur du cercle et le diamètre sont deux grandeurs proportionnelles (4.9.1): si le diamètre double, la longueur du cercle double. On a:

$$\frac{\text{longueur du cercle 1}}{\text{diamètre 1}} = \frac{\text{longueur du cercle 2}}{\text{diamètre 2}} = 3,141592653576210$$

La constante de proportionnalité est un nombre réel, appelé ***pi*** (π), dont on peut approcher la valeur par 3,14 (l'approximation 22/7 n'est plus utilisée). Ce nombre exprime le nombre de fois que le diamètre est compris dans la longueur du cercle, ou encore le rapport de la longueur du cercle au diamètre.

On a:

périmètre du disque (ou longueur du cercle) $= \pi \times$ diamètre $= \pi\mathbf{D}$

$= \pi \times$ deux rayons $= \mathbf{2}\,\pi\,\mathbf{R}$

Ceci ne constitue qu'une application particulière de la proportionnalité (voir en 4.9.1)

---

1. Si on ne connaît pas le centre du disque, on peut trouver le diamètre qui est la distance entre deux équerres posées sur une droite qui touche le cercle en un point.
2. La longueur d'un arc de cercle est à la longueur du cercle ce que l'amplitude de l'angle est à 360°

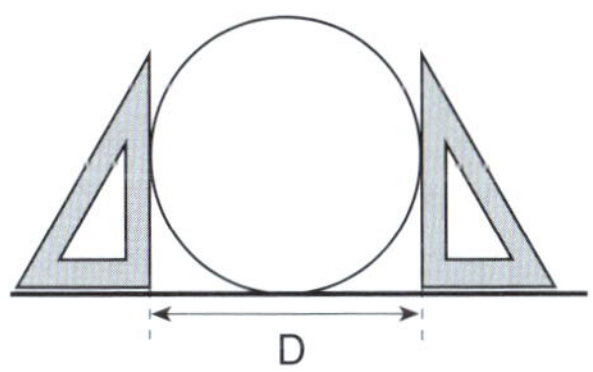

$$\frac{\text{longueur de l'arc}}{\text{longueur du cercle}} = \frac{\alpha}{360°}$$

$$\text{longueur de l'arc} = \frac{\alpha}{360°} \times \pi \times \mathbf{D}$$

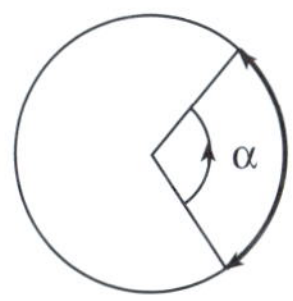

a) La ligne noire est-elle plus longue que la ligne de couleur?

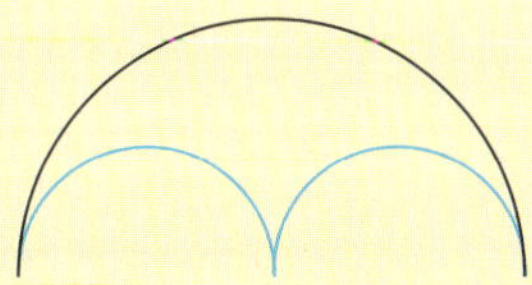

b) Imaginons un moment que la Terre soit une sphère parfaite et qu'avec une première ficelle on en fasse le tour le long d'un méridien par exemple. Si une seconde ficelle était disposée à 1 m du sol parallèlement à la première, de combien de mètres (ou de kilomètres) cette seconde ficelle serait-elle plus longue que la première?

4.3 MESURES D'AIRE

4.3.1. L'aire d'une surface – Plus étendu que, moins étendu que

L'***aire*** d'une surface est l'étendue de celle-ci. L'aire est donc la grandeur de la surface. On dit aussi ***superficie***.

EXEMPLE 1: aire de **A** > aire de **B**

ou encore

A est plus étendu que **B**

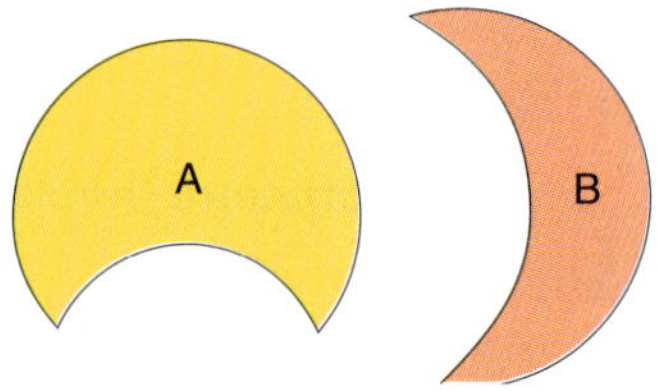

EXEMPLE 2: On dit dans ce cas que les deux surfaces différentes **C** et **D** ont même aire: elles sont en effet superposables par découpage.

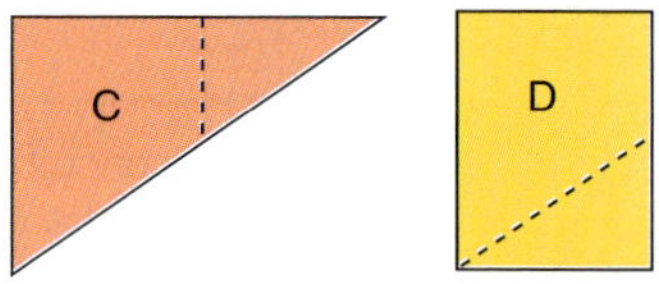

Pour des raisons de précision, le terme «plus étendu que» est préférable au terme général «plus grand que» (s.d. 4.2.1)

Dans certains cas, les surfaces sont comparables par simple superposition:

aire **E** > aire **F**

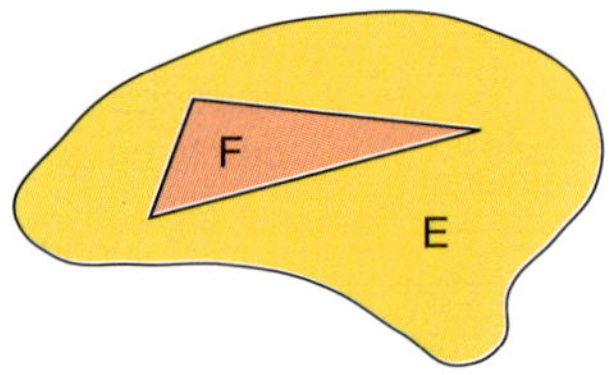

Dans d'autres cas, elles le sont par visualisation:

aire **G** > aire **H**

Dans d'autres cas finalement, seul le recours à la mesure permet de comparer l'étendue de deux surfaces. C'est le cas des surfaces **J**, **L** et **K** qui ont à peu près la même aire.

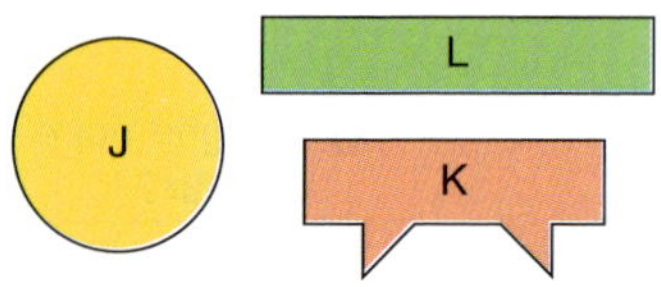

La ***section*** (droite) d'un prisme ou d'un cylindre est l'aire de la base.

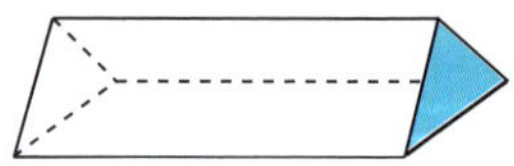

Dans 4 carrés identiques, on fait une seule découpe droite, différente chaque fois; trouver la découpe qui permette de recomposer:

- un rectangle (non-carré);
- un parallélogramme (non-carré);
- un trapèze isocèle (non-rectangle);
- un trapèze rectangle (non-rectangle), de même aire que les carrés de départ.

4.3.2. Les premières mesures d'aire

Lorsque deux surfaces ne peuvent pas être comparables par superposition (parcelles, murs,...), ou par découpage (panneaux, morceaux de tissu,...) ou encore lorsqu'on veut transmettre de façon précise l'aire d'une surface, **le recours à la mesure est indispensable**.

La mesure de l'aire d'une surface en unités d'aire (**ua**) est un nombre qui exprime combien de fois l'unité d'aire est contenue dans l'aire de la surface.

Pour déterminer la mesure de l'aire d'une surface plane, on regarde donc le nombre de fois que l'unité d'aire choisie est contenue dans la surface considérée.

– soit **par superposition**

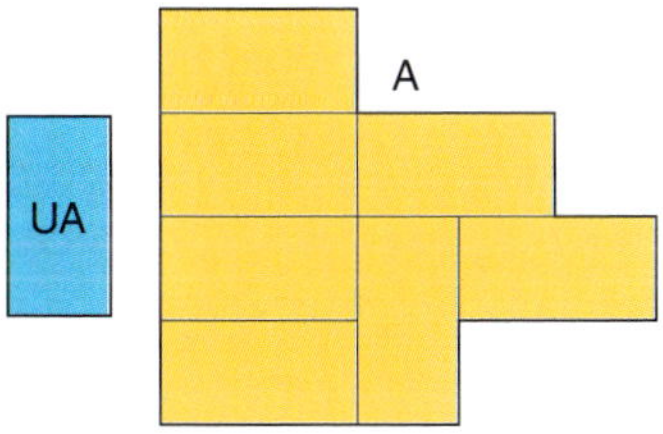

aire **A** = 7 UA

– soit **par quadrillage**

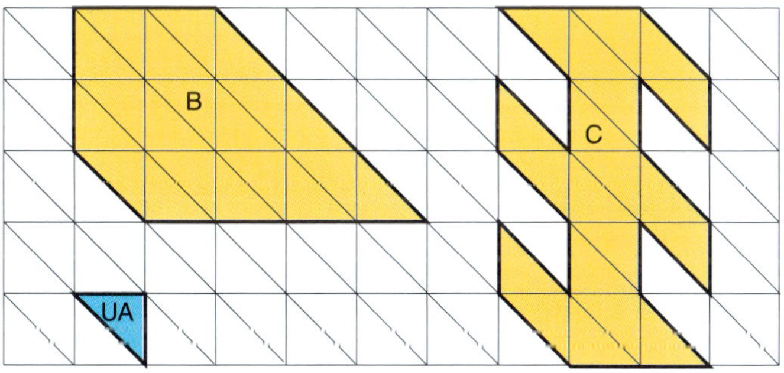

aire **B** = aire **C** = 20 UA

Pour les surfaces irrégulières, il faut trouver une fourchette de mesures:

6 UA < aire **S** < 19 UA

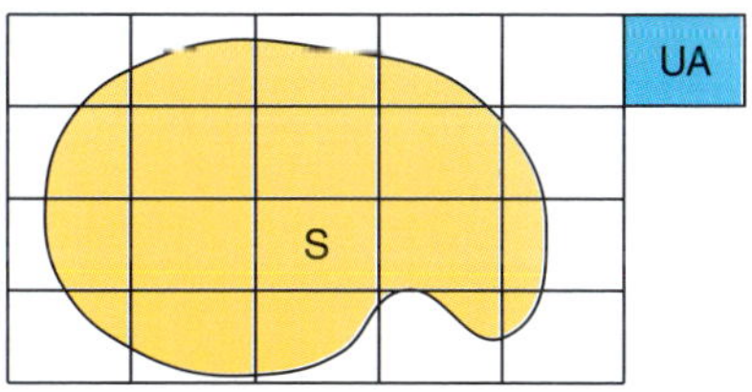

La fourchette devient plus précise si on se donne une unité d'aire plus petite, quatre fois plus petite dans ce cas-ci:

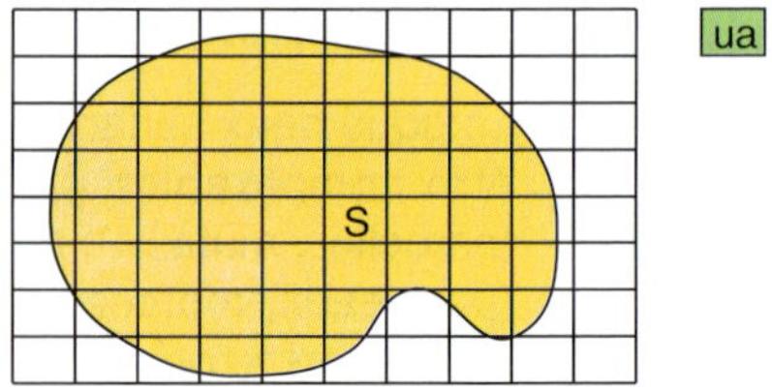

34 ua < aire **S** < 61 ua

ce qui est une fourchette plus précise que la première, équivalente à

24 ua < aire **S** < 76 ua

4.3.3. Les unités conventionnelles de mesures d'aire

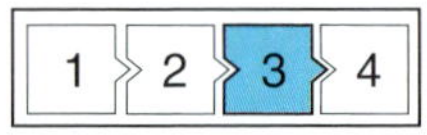

Le système de mesurage présenté ci-dessus présente de multiples inconvénients:

- Difficultés dues **au mesurage lui-même**

  Ce procédé ne permet de trouver l'aire que par comptage, ce qui est peu pratique. C'est la raison pour laquelle, pour les formes suffisamment régulières, on a déterminé des **formules d'aire** qui permettent de trouver l'aire d'une surface par calcul et non plus par comptage. Nous y reviendrons plus tard.

- Difficultés dues **au type d'étalon choisi**:

  1. la forme triangulaire ou rectangulaire est peu pratique à manipuler (dans quel sens les disposer, comment les agencer,...). La seule qui ne présente pas ces inconvénients est la **forme carrée**.
  2. difficulté de transmettre une mesure si les unités varient d'un endroit à l'autre, d'où le choix d'une **unité conventionnelle**: le mètre carré.

Le ***mètre carré*** (m^2) est l'aire, l'étendue, d'un carré d'un mètre de côté.

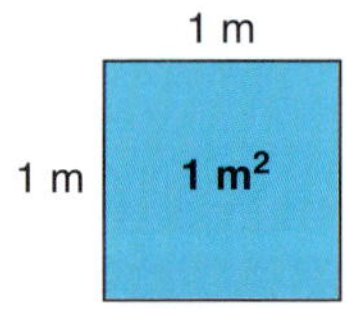

Il ne faut pas confondre **un** carré d'un mètre de côté et **le** mètre carré.

Un carré de 1 m de côté est un objet fixe tandis que le mètre carré est l'étendue d'une ou de plusieurs surfaces qui peuvent revêtir des formes très différentes:

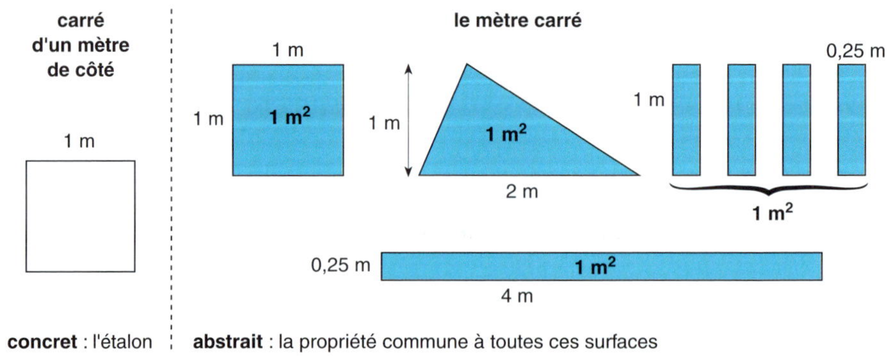

3. les rapports qui permettent de passer d'une unité à une autre ne sont pas simples. Dans le cas précédemment étudié, pour passer d'une mesure de l'aire à une mesure exprimée à l'aide d'une autre unité, il fallait multiplier, (ou diviser) par 4 → 19 **UA** = 76 **ua**, en se référant à l'exemple de la page précédente.

Cette difficulté a provoqué l'introduction de multiples et de sous-multiples du mètre carré **selon le système décimal**, ce qui permet de passer d'une mesure à l'autre par simple déplacement de la virgule: 3,4250 m^2 = 342,50 dm^2.

Dans l'abaque, chaque unité d'aire vaut cent fois celle qui se trouve à sa droite. On dit que les unités conventionnelles d'aire, qui permettent des mesures d'objets à deux dimensions de l'espace, sont structurées selon l'**échelle centésimale**.

x 100 x 100 x 100 x 100 x 100 x 100

unités d'aire unités agraires		km^2		ha		a		m^2 ca		dm^2		cm^2		mm^2
1 m^2								1						
1 a						1	0	0						
1 ha				1	0	0	0	0						
1 km^2		1	0	0	0	0	0	0						
1 mm^2								0	0	0	0	0	0	1
1 cm^2								0	0	0	0	1		
1 dm^2								0	0	1				

EXEMPLE D'UTILISATION : (dernière ligne du tableau): 1 dm^2 = 0,01 m^2.

L'hectare (ha), l'are (a) et le **centiare (ca)** sont les unités de mesures agraires. Elles sont respectivement l'aire:

- d'un carré de 100 m de côté (hectare): 1 ha = 10 000 m^2 (un grand terrain de football)
- d'un carré de 10 m de côté (are): 1 a = 100 m^2 (base d'une maison d'habitation moyenne)
- d'un carré d'1 m de côté (centiare): 1 ca = 1 m^2 (le bureau de l'instituteur/trice)

Suggestion didactique

Une vision concrète des unités d'aire

Comme pour les unités de longueur, l'enfant devra pouvoir se représenter concrètement les différentes unités d'aire c'est-à-dire:

1. choisir l'unité d'aire adéquate à la mesure à effectuer

2. estimer l'aire d'une surface, même à 50% près. L'important est qu'il dispose de repères.

Surface	*Unité choisie*	*Estimation*
pièce d'habitation (moyenne)	m^2	20 à 50 m^2
feuille din A4	dm^2	6 dm^2
timbre-poste	cm^2	6 cm^2
porte	m^2	2 m^2
carte d'identité	cm^2	50 cm^2
piscine olympique	a	10 a
etc.		

L'**abaque**, outil utile en numération et dans certaines opérations écrites, est un outil plus dangereux à ce niveau-ci car il **paralyse** souvent **le raisonnement**. L'enfant raisonne mécaniquement sur abaque sans plus aucune référence concrète aux unités qu'il manipule.

Il ne s'agit pas d'interdire à l'enfant le recours à l'abaque. Le problème est plus large: il s'agit de le rendre **autonome** devant une situation-problème donnée, ce qui implique qu'il puisse utiliser correctement, comprendre, voire même reconstruire un outil de travail.

4.3.4. Les formules d'aire des surfaces planes

1 2 3 4

Une **formule d'aire** est un procédé qui permet de déterminer l'aire d'une surface plane **par calcul** à partir de mesures de longueur, évitant ainsi le recours à un comptage fastidieux ou au transport d'étalons parfois encombrants (le mètre carré étalon par exemple).

Le **rectangle**, surface la plus générale dont tous les angles sont droits, est la figure de base à partir de laquelle pourra être découverte l'aire de toutes les autres figures.

Rectangle

<u>aire du rectangle</u> (en **ua**) = $\mathbf{m_l} \times \mathbf{m_L}$,

avec

ua: unité d'aire choisie, ici le cm^2
$\mathbf{m_l}$: mesure de la largeur, ici en centimètres
$\mathbf{m_L}$: mesure de la longueur, ici en centimètres

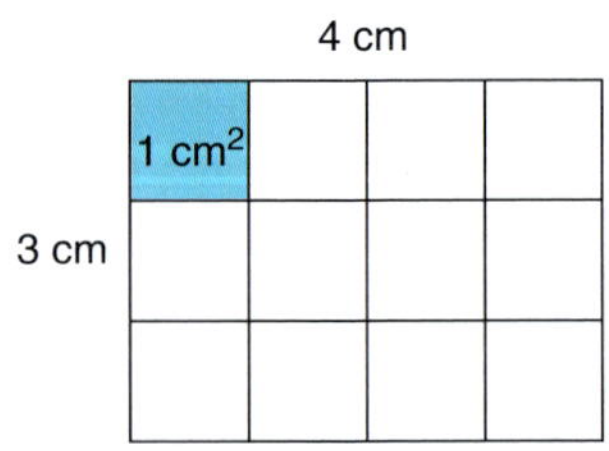

En l'appliquant au rectangle ci-dessus, cette formule est interprétée de la façon suivante:

aire du rectangle (en cm^2) = 3 x 4, ce qui signifie: 1 cm^2 (sous la forme d'un carré) est contenu 3 fois dans la largeur et 4 fois dans la longueur, c'est-à-dire douze fois en tout, ou encore:

1 cm^2 multiplié par la mesure de la largeur en cm (3 ici) **et la mesure de la longueur en cm** (4 ici). 4 cm^2 x 3 = 12 cm^2

Par extension, on écrit souvent $l \times L$, expression dans laquelle **l et L représentent la mesure** de la largeur et de la longueur dans l'unité choisie.

Suggestion didactique

L'approche des formules d'aire

1. Il y a d'autres interprétations de la formule d'aire du rectangle, plus concrètes et souvent plus accessibles aux enfants :

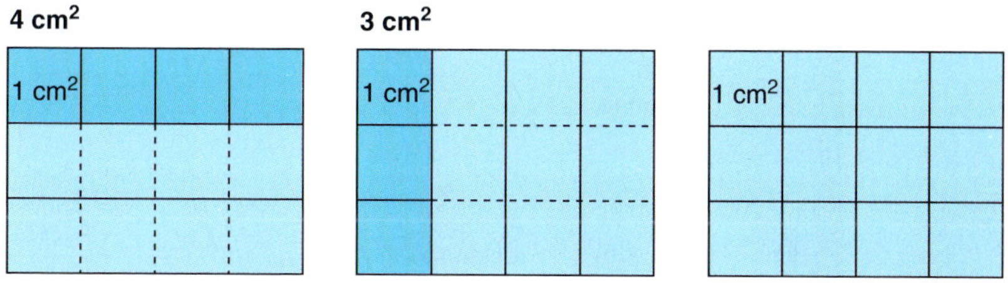

$4\ cm^2 \times 3 = 12\ cm^2$ (3 lignes de $4\ cm^2$ ou 3 bandes de $4\ cm^2$)	$3\ cm^2 \times 4 = 12\ cm^2$ (4 colonnes de $3\ cm^2$ ou 4 rangées de $3\ cm^2$)	« mesure en centimètres carrés : $3 \times 4 = 12$ »

Il faut en tout cas éviter des formulations telles que « 4 cm x 3 cm » ou « 3 cm x 4 cm ». En effet, elles ne font pas apparaître l'unité de mesure, l'unité d'aire. Elles se situent par conséquent à un niveau d'abstraction inacceptable, pour un enfant en début d'apprentissage.

2. Cette formule simple permet des applications fort variées. Citons :

- la recherche de rectangles de même aire

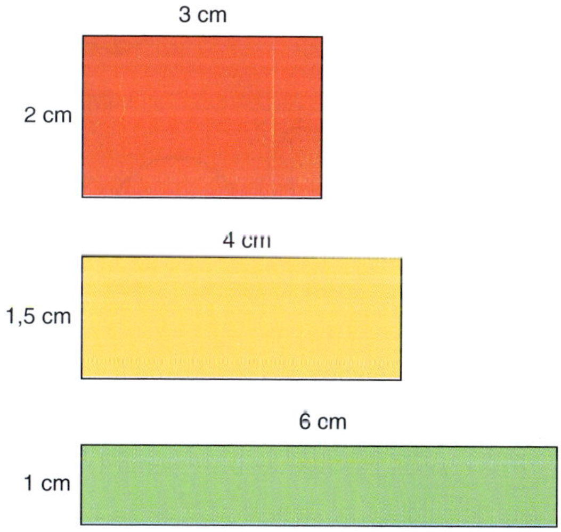

- la recherche de rectangles ayant pour aire la moitié, le double de celle d'un rectangle donné.

3. L'organigramme suivant met en évidence les liens entre les différentes formules d'aire des surfaces planes et suggère des pistes d'approche successives de celles-ci. Il ne faut pas confondre ce tableau avec le tableau similaire établi au chapitre « géométrie » pour l'étude des surfaces planes et des caractéristiques de ces dernières. L'optique était différente, l'ordre d'approche est par conséquent lui aussi différent.

L'ordre de construction des formules d'aires

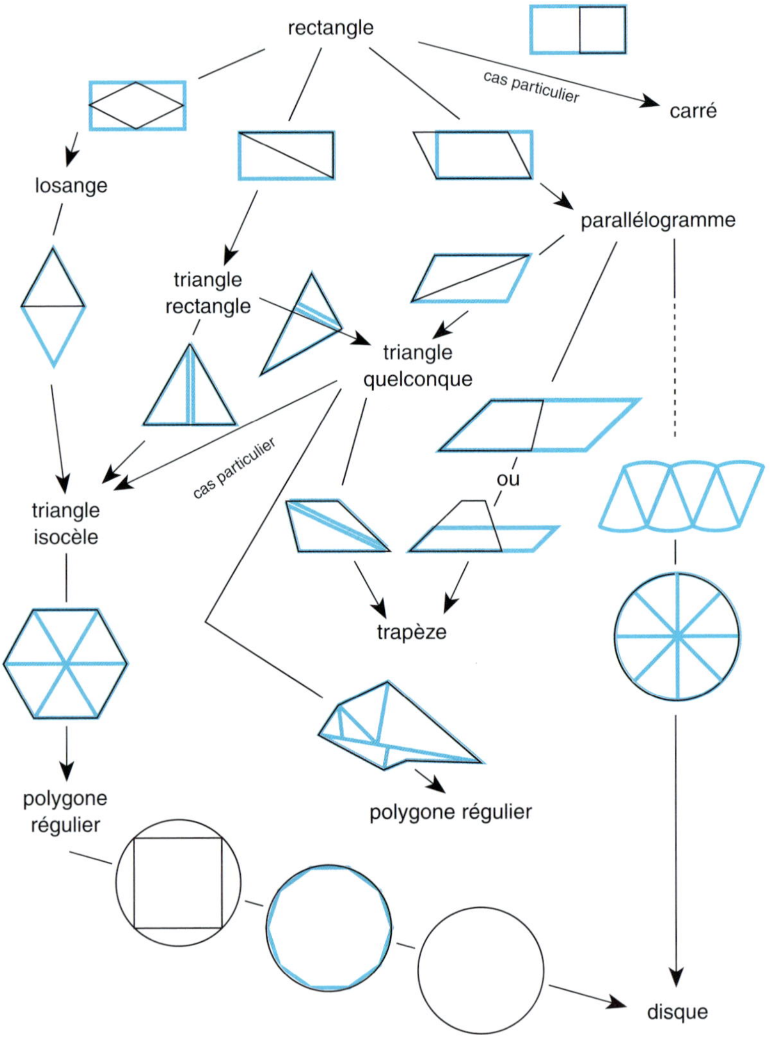

La plupart des étapes de passage de la formule d'aire d'une figure à une autre sont des démarches de découverte, de construction, permettant l'**induction**: à partir de ce qu'il connaît, l'enfant combine, recherche et construit la formule d'aire qu'il ne connaît pas (voir en 0.1.4, tome 1).

Deux démarches seulement sont déductives. Elles sont signalées par les mots « cas particuliers », car elles appliquent la formule trouvée à un cas particulier: la formule d'aire du carré, cas particulier de rectangle et la formule d'aire du triangle isocèle, triangle particulier.

Cet organigramme met en évidence la possibilité de «court-circuiter» certaines formules. Si par exemple on désire rapidement découvrir la formule d'aire du disque en n'ayant établi que celle du rectangle, le seul passage par la formule d'aire du parallélogramme permet d'arriver directement à celle du disque.

Il est intéressant d'utiliser le géoplan pour travailler sur les aires des polygones.

Il faut garder à l'esprit l'objectif de l'école primaire: rendre l'enfant capable d'utiliser un formulaire. Il ne s'agit donc pas de transformer ces activités en séances de calcul formel.

Loin de constituer un contenu à transmettre tel quel aux enfants, le but des pages qui suivent est de proposer à l'enseignant quelques pistes et points de repère pour construire les formules d'aire. Il en existe d'autres, à rechercher avec les enfants.

Combien de morceaux rectangulaires de 45 cm sur 25 cm pourrait-on découper dans un panneau de 188 cm sur 120 cm?

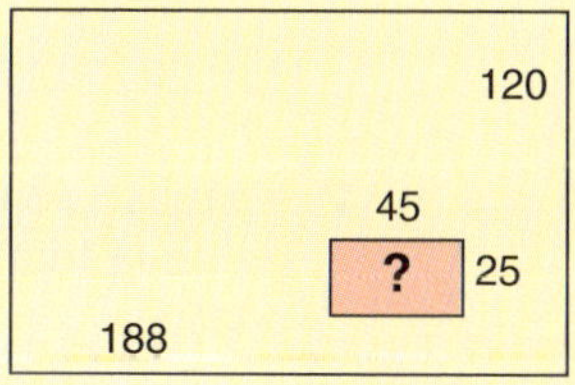

Parallélogramme

Ce parallélogramme a même aire qu'un rectangle de longueur **B** et de hauteur **H** (par translation ou découpage du triangle $\mathbf{T_1}$).

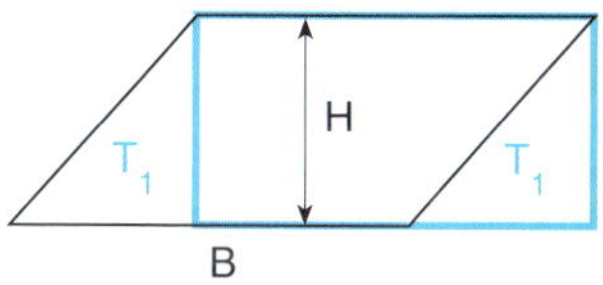

aire du parallélogramme = **B × H**

Il résulte de cette formule que tous les parallélogrammes de même base **B** et de même hauteur **H** ont même aire.

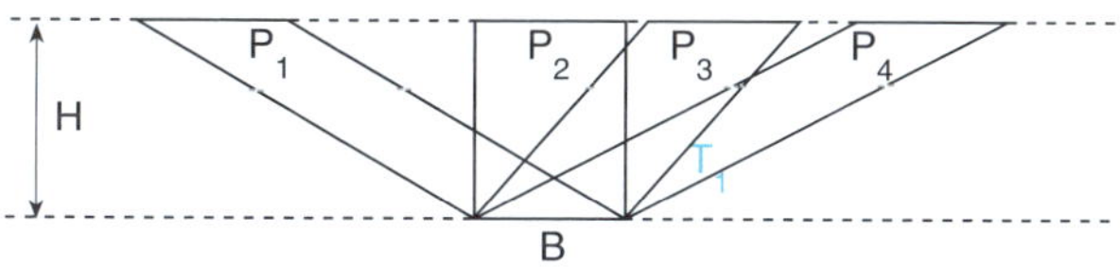

aire $(\mathbf{P_1})$ – aire $(\mathbf{P_2})$ = aire $(\mathbf{P_3})$ = aire $(\mathbf{P_4})$ = **B x H**

Carré

Le carré est un rectangle particulier, dont la largeur est égale à la longueur.

aire du carré = $\mathbf{C^2}$ ou **C × C**

C étant le côté du carré

Que vaut la diagonale d'un panneau carré de 2 m^2?

Triangle rectangle

Le triangle rectangle peut être considéré comme la moitié d'un rectangle de longueur **B** et de hauteur **H**.

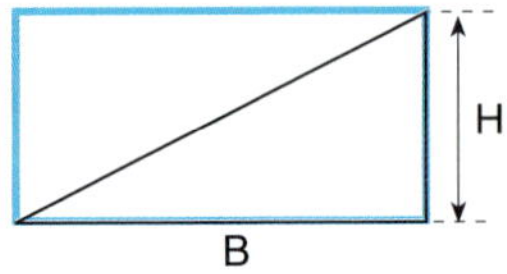

aire du triangle rectangle = $\dfrac{\mathbf{B \times H}}{\mathbf{2}}$

Dans cette formule, **B** représente la longueur de la base et **H** la hauteur (3.7.3).

Triangle quelconque

1. Un triangle quelconque peut être considéré comme la moitié d'un parallélogramme de base **B** et de hauteur **H**.

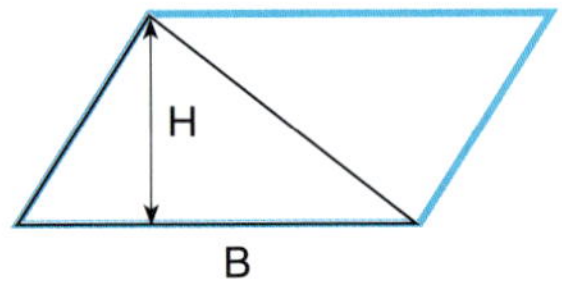

aire du triangle = $\dfrac{\mathbf{B \times H}}{\mathbf{2}}$

2. Il peut également être considéré comme la réunion de deux triangles rectangles $\mathbf{T_1}$ et $\mathbf{T_2}$ d'aires respectives

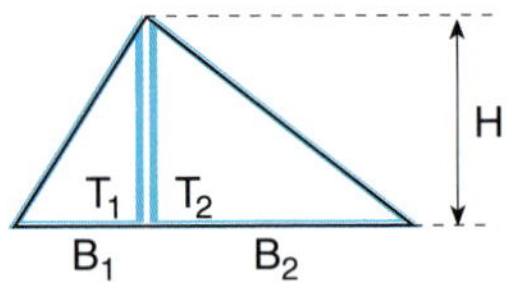

$\dfrac{\mathbf{B_1 \times H}}{2}$ et $\dfrac{\mathbf{B_2 \times H}}{2}$

aire du triangle = $\dfrac{\mathbf{H \times (B_1 + B_2)}}{2} = \dfrac{\mathbf{H \times B}}{2}$

Tous les triangles de même base et de même hauteur ont donc même aire

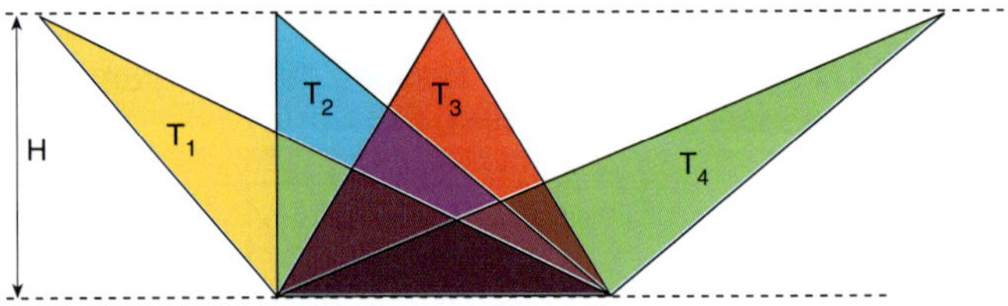

aire ($\mathbf{T_1}$) = aire ($\mathbf{T_2}$) = aire ($\mathbf{T_3}$) = aire ($\mathbf{T_4}$) = $\dfrac{\mathbf{B \times H}}{\mathbf{2}}$

Losange

On peut considérer le losange comme la moitié d'un rectangle de longueur **D** et de largeur **d**

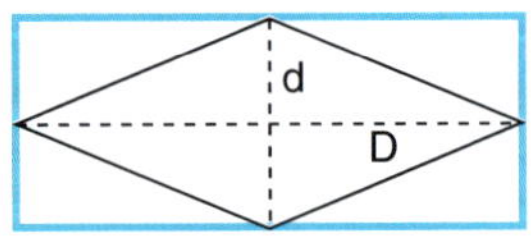

aire du losange = $\dfrac{\mathbf{d \times D}}{\mathbf{2}}$

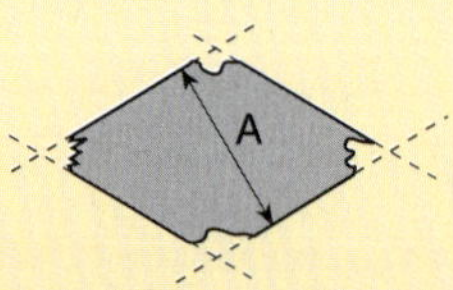

Ce losange a les quatre coins déchirés.
Sans en prolonger les côtés, comment est-il possible de déterminer l'aire du losange entier?

(On connaît la distance A entre 2 côtés opposés).

Trapèze

Il peut être considéré comme la moitié d'un parallélogramme de hauteur **H** et de base (**B** + **b**)

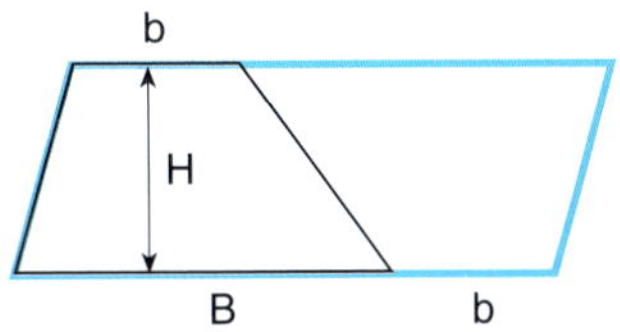

$$\underline{\text{aire du trapèze}} = \frac{\mathbf{H}\times(\mathbf{B}+\mathbf{b})}{2} = \mathbf{H}\times\frac{(\mathbf{B}+\mathbf{b})}{2}$$

$\frac{(\mathbf{B}+\mathbf{b})}{2}$ étant la moyenne arithmétique des longueurs des deux bases **B** et **b** (3.7.8).

Polygone régulier

De façon générale, on calcule l'aire d'un polygone en le décomposant en figures dont on peut facilement calculer l'aire, le plus souvent en triangles.

Appliquons ce principe à la recherche de la formule d'aire d'un polygone régulier.

1. L'aire du polygone régulier est égale à la somme des aires des triangles qui le composent. L'aire de chacun de ces triangles isocèles (équilatéraux dans ce cas-ci) vaut 1

$$\frac{(\mathbf{A}\times\mathbf{C})}{2}$$

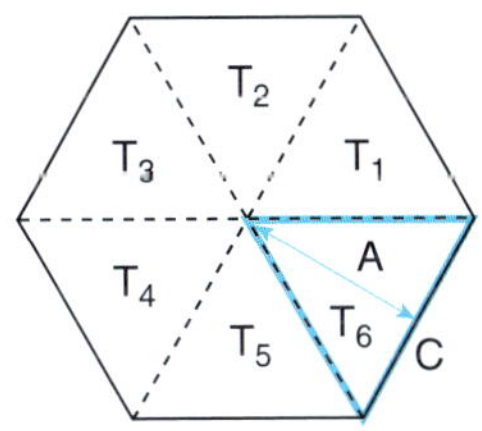

$$\underline{\text{aire du polygone régulier}} = \frac{\mathbf{C}\times\mathbf{A}}{2}\times\mathbf{n}$$

avec

n = nombre de côtés (nombre de triangles)

C = longueur du côté (base du triangle)

A = longueur de l'apothème (hauteur du triangle)

= distance du centre à un des côtés

2. Une seconde démarche consiste en la formation d'un parallélogramme (si le nombre de côtés est pair) en disposant l'un à côté de l'autre tous les triangles. La base de ce parallélogramme est le demi-périmètre du polygone régulier et sa hauteur l'apothème:

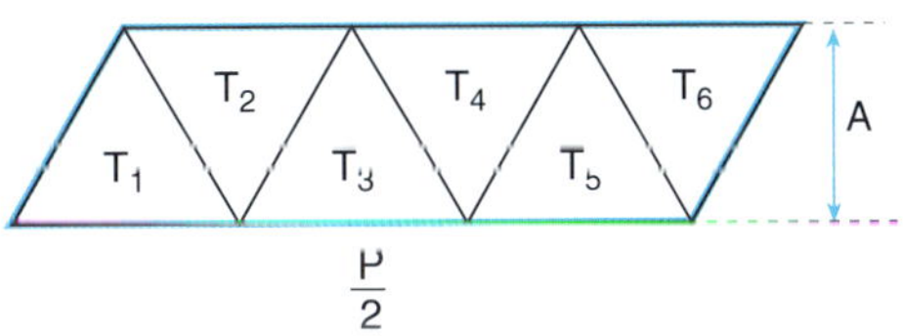

$$\underline{\text{aire du polygone régulier}} = \frac{\mathbf{P}}{\mathbf{2}}\times\mathbf{A}$$

Si le nombre de côtés du polygone régulier est impair, on forme un trapèze, mais le raisonnement et les conclusions sont les mêmes.
Cette formule, plus générale dans la mesure où elle ne fait plus intervenir le nombre de côtés et la mesure du côté, est plus intéressante et servira à établir la formule d'aire du disque. Nous la retenons donc tout spécialement.

Disque

Trois démarches sont possibles.

1. Par approximation

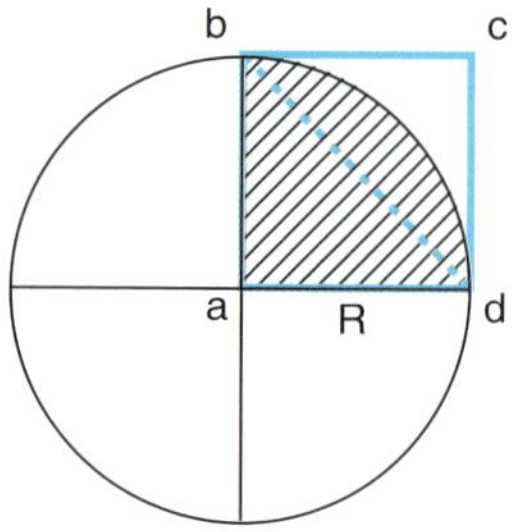

On construit un petit carré autour d'un quadrant.

aire hachurée $\approx \frac{3}{4}$ de l'aire du carré **abcd**

$\approx R^2 \times \frac{3}{4}$

aire du disque $\approx \left(R^2 \times \frac{3}{4}\right) \times 4 = 3R^2$

Plus exactement, aire du disque = $\pi \mathbf{R}^2$ ou $\pi \times \mathbf{R} \times \mathbf{R}$

2. Par passage à la limite d'un polygone régulier

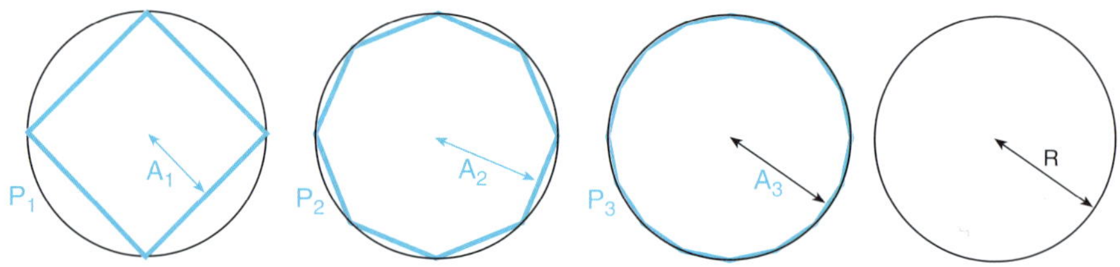

Envisageons successivement les aires des polygones réguliers $\mathbf{P}_1$, $\mathbf{P}_2$, $\mathbf{P}_3$,..., tous inscrits dans le disque dont on veut calculer l'aire.

La formule établie à la page précédente nous donne l'aire de chacun de ces polygones réguliers:

$$\frac{\mathbf{P} \times \mathbf{A}}{2}$$

Cette formule est valable pour tous les polygones réguliers inscrits dans le disque, quel que soit le nombre de côtés.

Si maintenant le nombre de côtés augmente tellement qu'on ne peut plus les compter, l'apothème du polygone tend à se confondre avec le rayon du disque et le périmètre du polygone tend à se confondre avec la longueur du cercle:

$$\mathbf{A} \rightarrow \mathbf{R} \text{ et } \mathbf{P} \rightarrow 2\pi\mathbf{R} \text{ (4.2.4)}$$

Dans ce passage à la limite, la formule se transforme quelque peu:

aire du polygone $= \mathbf{P} \times \frac{\mathbf{A}}{2}$

$\mathbf{n} \rightarrow \infty$ $\quad$ $\mathbf{n} \rightarrow \infty$ $\quad$ $\mathbf{n} \rightarrow \infty$

aire du disque $= 2\pi\mathbf{R} \times \frac{\mathbf{R}}{2}$

aire du disque = $\pi \mathbf{R}^2$ ou $\pi \times \mathbf{R} \times \mathbf{R}$

3. Par décomposition en triangles curvilignes

Décomposons le disque en six triangles curvilignes et disposons ces triangles curvilignes de façon à former une figure proche du parallélogramme.

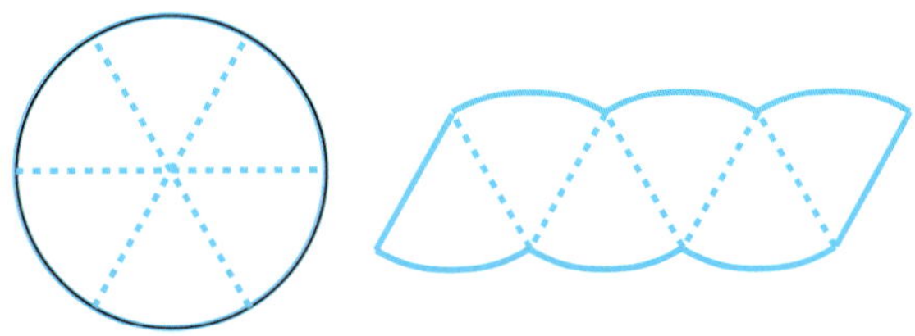

Si on augmente le nombre de triangles curvilignes, la figure obtenue se rapproche de plus en plus d'un parallélogramme dont la base vaut le demi-périmètre et la hauteur le rayon du disque.

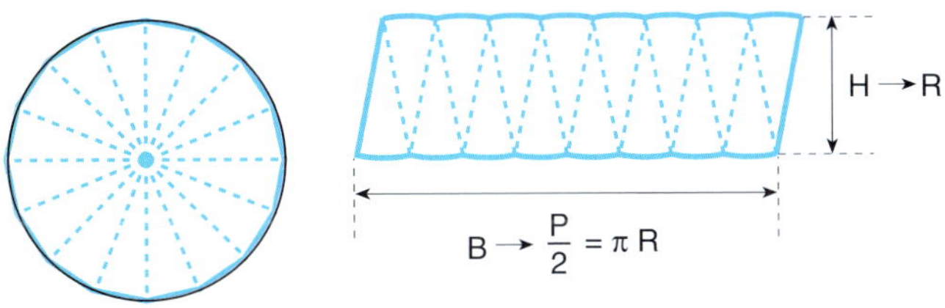

À la limite, on peut lui appliquer la formule d'aire du parallélogramme, à savoir **B** x **H**.

$$\text{aire du disque} = \frac{\text{longueur du cercle}}{2} \times \mathbf{R}$$

$$= \frac{2\pi \mathbf{R}}{2} \times \mathbf{R}$$

$$= \pi \mathbf{R}^2 \text{ ou } \pi \times \mathbf{R} \times \mathbf{R}$$

Cette méthode présente l'avantage de prêter davantage aux manipulations.

On peut par exemple utiliser à cet effet des portions de fromage à tartiner venant de boîtes de dimensions semblables mais qui contiennent un nombre différent de portions : 6, 8 ou 12 portions.

4.4 MESURES DE VOLUME

4.4.1. Le volume d'un solide – Occupe plus / moins de place que

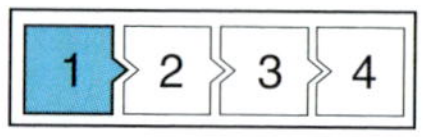

Le ***volume*** d'un solide est la place que celui-ci occupe dans l'espace.

Le solide est donc l'objet physique et le volume sa grandeur essentielle: le solide possède d'autres grandeurs mesurables telles son aire extérieure et sa masse.

Ces définitions mettent en évidence le caractère abusif de certaines expressions, notamment celles où l'on parle de volume pour désigner un objet: on dit parfois «ce volume est...», «regardez ce volume» etc.

Suggestion didactique

La notion de volume

La notion de volume pourra être abordée avec les enfants par une sériation d'objets divers en fonction de la place qu'ils occupent dans l'espace. Cette sériation sera ordonnée par la relation «est plus volumineux que» ou «prend plus de place dans l'espace que».

Cette place qu'occupe un solide dans l'espace peut être matérialisée par la quantité d'eau que fait déborder l'objet quand on le plonge dans un récipient plein à ras bords, ou encore par l'augmentation du niveau dans un récipient gradué et rempli partiellement d'eau, ou encore mieux, d'un liquide coloré. La validité de ces manipulations n'est assurée que pour des objets non poreux qui ne flottent pas.

Une précaution importante à prendre dans cette première approche est d'éviter de choisir des solides qui soient des récipients et dont les enfants pourraient confondre le volume (la place que prennent les «parois») et le volume intérieur ou capacité (ce qu'on peut mettre dedans).

4.4.2. Les premières mesures de volume

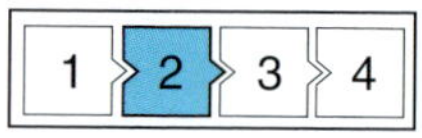

La mesure du volume d'un solide exprime le nombre de fois que l'unité choisie est contenue dans le solide considéré.

La forme optimale de l'étalon sera celle qui permettra à la fois la disposition la plus pratique et le maximum de précision en ne laissant pas de vides.

Cette forme est celle d'un parallélépipède rectangle ou mieux encore d'un cube, pour les mêmes raisons qui avaient amené le choix d'un étalon carré de préférence à celui de forme rectangulaire (4.3.3).

Le calcul du volume d'un parallélépipède rectangle peut être approché lors de l'utilisation d'étalons naturels.

Prenons l'exemple d'une mesure de volume à l'aide de boîtes d'allumettes:

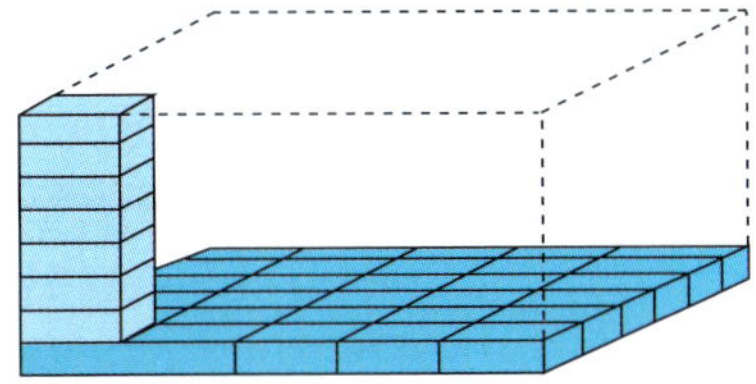

5 dans la longueur × 6 dans la profondeur

30 par couche

8 couches de 30 boîtes = 240 boîtes.

La mesure du carton en boîtes d'allumettes est 240.

Elle résulte du produit de l'unité de volume par trois mesures:

nombre d'**uv** dans la longueur × nombre d'**uv** dans la largeur × nombre d'**uv** dans la hauteur

nombre d'**uv** dans la base

(**uv** est l'unité de volume)

10–12 ans

Suggestion didactique

Construire un solide ou remplir une caisse?

Ici se pose un problème important: on ne peut plus, pour mesurer le volume d'un solide, procéder par recouvrement comme c'était le cas pour les mesures de longueur et les mesures d'aire.

Deux démarches sont possibles:

1. soit construire à côté du solide un solide de même volume, par empilement d'étalons (des boîtes d'allumettes par exemple):

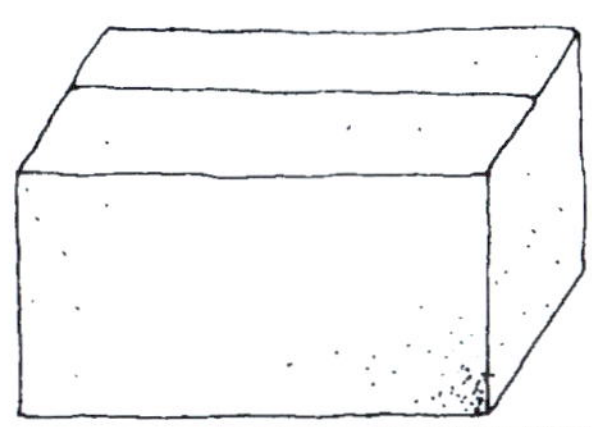

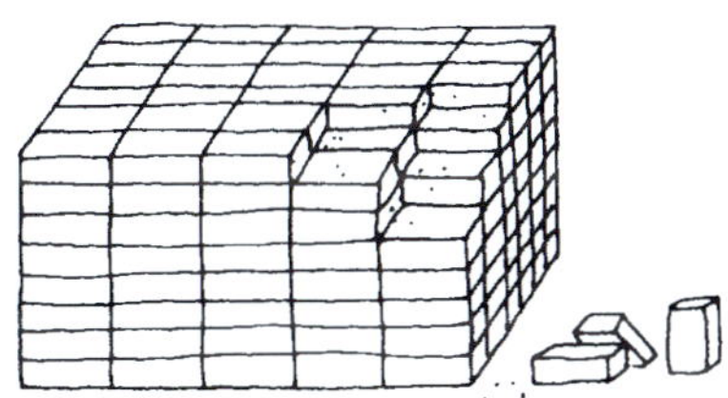

Cette démarche, peu pratique, est cependant la plus rigoureuse car la plus proche de la notion de volume d'un solide.

2. soit remplir une caisse à l'aide d'étalons de volume.

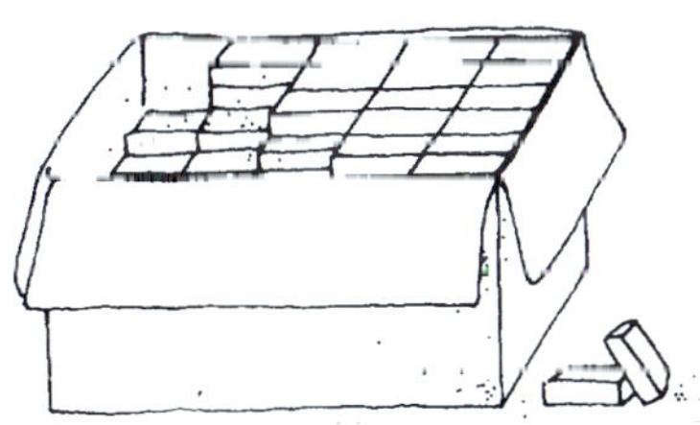

Ce procédé, plus pratique – encore faut-il que tous les enfants puissent voir ce qui se passe dans la caisse –, est cependant moins fidèle à la notion de volume: ce qui est mesuré n'est pas le volume d'un solide mais le volume intérieur du solide, ou capacité du solide (voir en 4.5). Il faut essayer de l'éviter.

Il faut toutefois reconnaître, à la défense de ce procédé, d'une part que les formules de volume sont aussi utilisées pour déterminer la capacité de certains récipients et d'autre part que les unités de volume sont utilisées dans certaines mesures de capacité. On dit par exemple « une habitation de 600 m^3 », « un moteur de 50 cc (50 cm^3) »,...

4.4.3. Les unités de mesures de volume

L'unité principale de mesure du volume est le mètre cube. Le ***mètre cube*** (m^3) est le volume d'un cube d'un mètre d'arête.

Le **mètre cube (m^3)** peut encore être le volume d'un tout autre solide qu'un cube, notamment d'un parallélépipède rectangle dont le produit des dimensions exprimées en mètres est 1.

EXEMPLES :

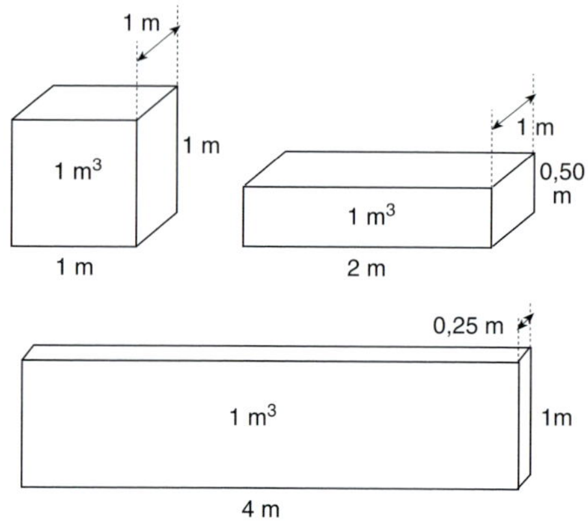

Le ***stère*** est une unité de mesure de volume d'un tas de bois qui occupe 1 m^3 d'espace. L'espace de 1 m^3 est occupé par trois-quarts de mètre cube environ de bois de chauffage.

Les **multiples** du m^3 ne sont pas employés : on dit « 4780 m^3 de gaz »

Les **sous-multiples** du m^3 sont
- **le décimètre cube (dm^3)**
- **le centimètre cube (cm^3)**
- **le millimètre cube (mm^3)**

respectivement le volume des cubes étalons de 1 dm, 1 cm et 1 mm d'arête.

Dans l'abaque, chaque unité conventionnelle de volume, unité à trois dimensions de l'espace, vaut mille fois celle qui se trouve à sa droite. Ces unités suivent l'échelle **millésimale**.

x 1000 x 1000 x 1000

			m^3			dm^3			cm^3			mm^3
1 m^3			1									
1 dm^3			0	0	0	1						
1 cm^3			0	0	0	0	0	0	1			
1 mm^3			0	0	0	0	0	0	0	0	0	1

↑ seul chiffre qui exprime les cm^3

EXEMPLE D'UTILISATION DE L'ABAQUE : (2e ligne) : 1 dm^3 = 0,001 m^3.

Suggestion didactique

Décloisonner les mesures

Décloisonner les mesures, c'est se demander, face à un solide donné, par exemple un cube, « **que puis-je mesurer ?** ». Je peux mesurer l'arête, l'aire d'une face, l'aire extérieure, le volume.

Pour chacune de ces grandeurs, on choisit l'unité adéquate à une, deux ou trois dimensions de l'espace. Inviter les enfants à répondre à cette seconde question « **avec quoi puis-je mesurer ?** », c'est l'occasion unique d'asseoir chez eux la distinction entre les différentes unités de mesures.

4.4.4. Les formules de volume des solides

1 2 3 **4**

1. La formule de volume de tous les solides à deux bases (3.8.5) est unique :

aire de base x **hauteur**,

ou encore plus précisément

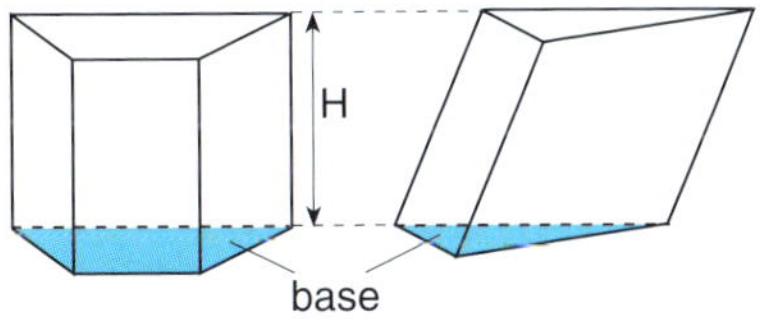

mesure de l'aire de la base x **mesure de la hauteur** (multipliées par l'unité de volume).

Parallélépipède rectangle

Volume du parallélépipède rectangle = **l × L × H** (4.4.2).

Dans l'exemple ci-contre, le volume en m^3 = 5 x 2 x 3, c'est-à-dire que le mètre cube étalon est contenu 5 fois dans la longueur, 2 fois dans la largeur (profondeur ou épaisseur) et 3 fois dans la hauteur.

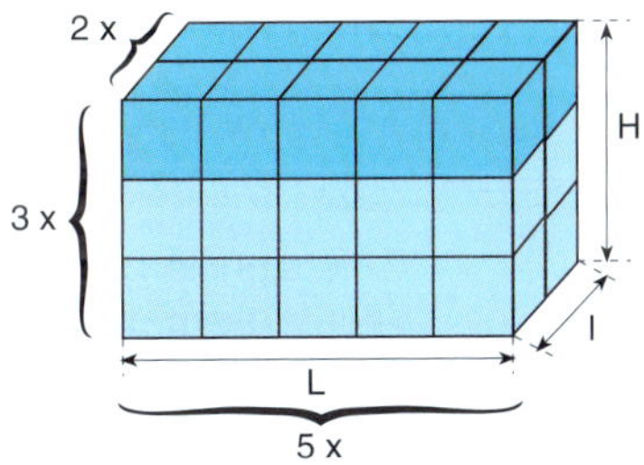

On peut encore exprimer autrement cette formule :

volume du p.r. = **aire base** x **H**,
ce qui revient à considérer le nombre de couches de hauteur unitaire qu'on peut disposer dans la hauteur.

Cube

Le cube est un parallélépipède rectangle particulier dont la largeur, la longueur et la hauteur ont même mesure, celle de l'arête **C** du cube.

Volume du cube = $\mathbf{C^3}$ ou **C × C × C**

Prisme droit

La formule de volume du prisme droit quelconque, et d'un prisme régulier en particulier, est :

aire de la base × H

On établit cette formule en transformant le prisme droit à base polygonale quelconque en la réunion de plusieurs prismes droits à base triangulaire de même hauteur **H** que le prisme de départ. L'aire de la base et le volume de ces prismes à base triangulaire vaut la moitié de ceux de parallélépipède rectangle de même hauteur. La formule «aire de la base x hauteur» reste donc toujours valable.

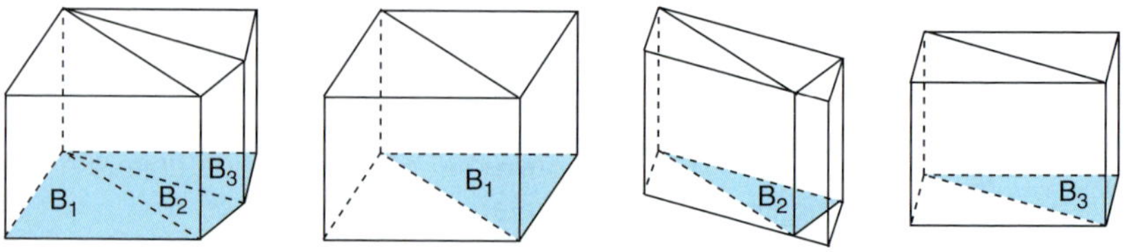

volume du prisme = [aire ($\mathbf{B_1}$) x **H** + aire ($\mathbf{B_2}$) x **H** + aire ($\mathbf{B_3}$) x **H**]
= aire ($\mathbf{B_1} + \mathbf{B_2} + \mathbf{B_3}$) x **H**

Cylindre

On pourrait de même montrer que le volume du cylindre, qui n'est rien d'autre que la limite d'un prisme régulier lorsque la base tend à devenir un disque, est le produit de l'aire de la base par la hauteur **H**.

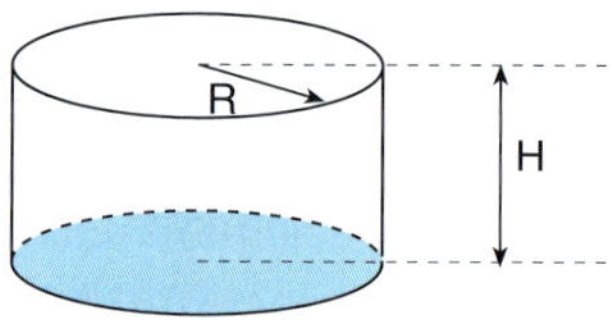

Volume du cylindre = $\pi \mathbf{R}^2 \times \mathbf{H}$

2. La formule générale des solides en pointe (3.8.5) est également unique:

$$\frac{\textbf{aire de la base} \times \mathbf{H}}{\mathbf{3}}$$

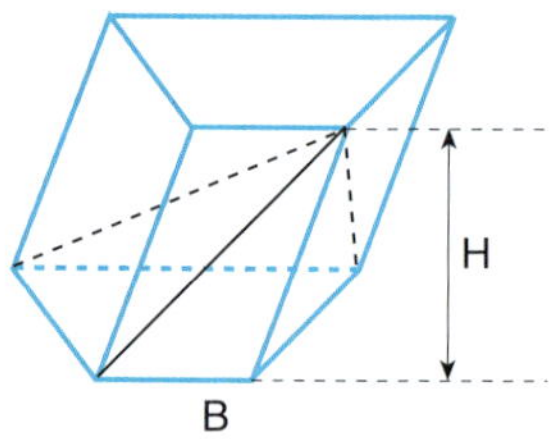

Cela signifie que le volume d'un solide en pointe vaut **le tiers** de celui d'un prisme de même base **B** et de même hauteur **H**.

Cette formule ne sera pas démontrée. Elle sera uniquement visualisée pour quelques solides en pointe.

Pyramide

Volume de la pyramide = 1/3 du volume d'un prisme de même base et de même hauteur.

Volume de la pyramide = $\frac{\textbf{aire de la base} \times \mathbf{H}}{\mathbf{3}}$

(voir aussi la s.d. en 3.8.8)

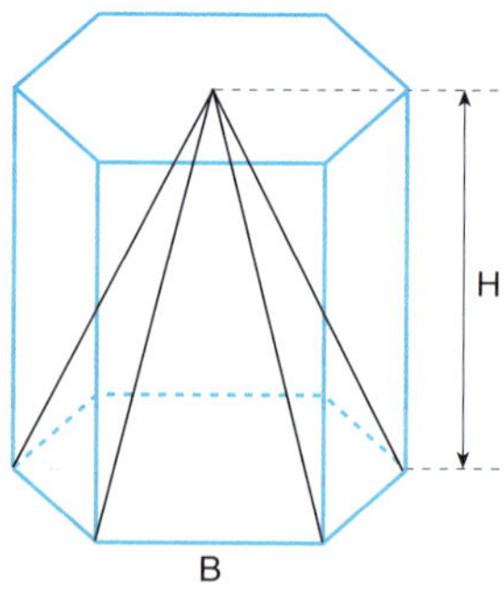

Cône

Volume du cône = 1/3 du volume du cylindre de même base et de même hauteur.

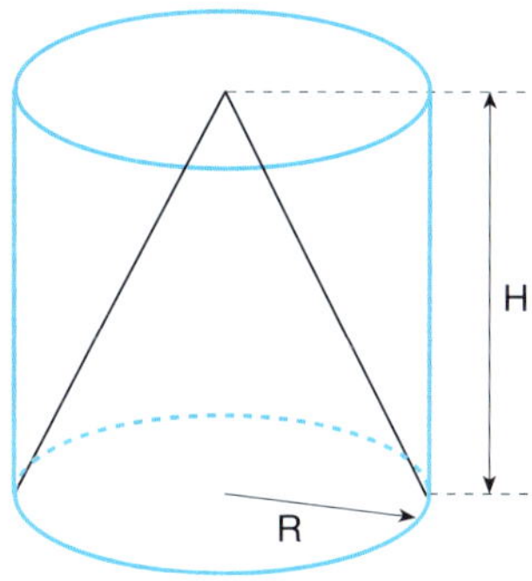

Volume du cône = $\dfrac{\pi \mathbf{R}^2 \times \mathbf{H}}{3}$

Boule

Si on imagine un cylindre de même rayon **R** que la boule et de hauteur **H** = 2 x **R**, la boule en occupe les deux tiers du volume:

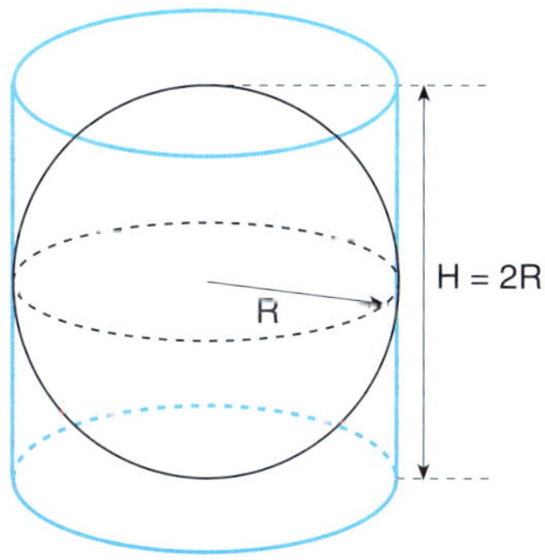

volume de la boule = $\frac{2}{3}$ du volume du cylindre –

$\frac{2}{3}$ $(\pi \mathbf{R}^2 \times \mathbf{H})$

Volume de la boule = $\dfrac{4}{3}\pi \mathbf{R}^3$

La boule, possédant un facteur «un tiers» dans sa formule de volume, figure parmi les solides en pointe. Une méthode de recherche de la formule de volume pourrait consister à considérer celle-ci comme une infinité de petits cônes dont le sommet est situé au centre de la boule, de la même façon qu'on avait considéré le disque comme une infinité de petits triangles curvilignes, lors de l'établissement de sa formule d'aire (4.3.4).

Suggestion didactique

L'approche des formules de volume

Les formules de volume, en particulier celles de la pyramide, du cône et de la sphère, peuvent être, et doivent être visualisées **concrètement.**

Se contenter de les donner aux enfants de façon théorique est vain.

L'idéal est de leur faire comprendre l'origine de la construction d'une formule, de façon à ce qu'ils en aient une image concrète lorsqu'ils iront la rechercher dans leur formulaire.

Il faut également que les enfants aient des occasions d'**utiliser** les formules, pour qu'ils se rendent compte de ce qu'elles impliquent pratiquement.

4.4.5. Formulaire des principales formules d'aire et de volume

	Formules d'aire des surfaces	Formules de volume des solides
figures à bases	rectangle : $L \times l$ carré : C^2 parallélogramme : $B \times H$ trapèze : $\left(\frac{B+b}{2}\right) \times H$ formule générale : $B \times H$	parallélépipède rectangle : $L \times l \times H$ cube : C^3 prisme droit : $B \times H$ cylindre : $\pi R^2 \times H$ formule générale : $B \times H$
figures en pointes et assimilées	triangle : $\frac{B \times H}{2}$ losange : $\frac{D \times d}{2}$ polygone régulier : $\frac{P \times A}{2}$ disque : πR^2 formule générale : $\frac{B \times H}{2}$	pyramide : $\frac{B \times H}{3}$ cône : $\frac{\pi R^2 \times H}{3}$ boule : $\frac{4}{3} \pi R^3$ formule générale : $\frac{B \times H}{3}$

On peut dégager de ce tableau deux observations importantes.

1. Il existe une similitude frappante entre les formules d'aire et de volume des figures à bases(s), à deux et à trois dimensions.

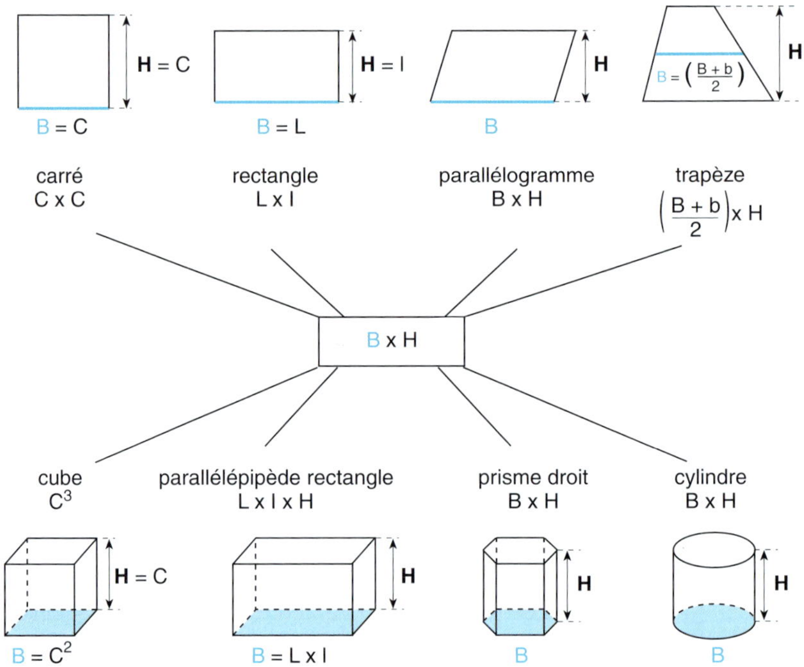

2. Pour les figures en pointe, on applique un facteur **1/2** aux formules d'aire des surfaces (**2** dimensions perpendiculaires) et un facteur **1/3** aux formules de volume des solides en pointe (**3** dimensions perpendiculaires).

4.5 MESURES DE CAPACITÉ

4.5.1. La capacité d'un récipient – Peut contenir plus que, peut contenir moins que

La ***capacité*** d'un récipient, c'est ce qu'il peut contenir. La capacité est donc l'image du volume intérieur d'un récipient.

Par exemple, l'expression « cette cruche a une capacité supérieure à celle de la bouteille » signifie que la cruche **peut contenir une plus grande quantité** (d'eau, de lait,...) que la bouteille (indépendamment de ce qu'elle contient effectivement à un moment donné).

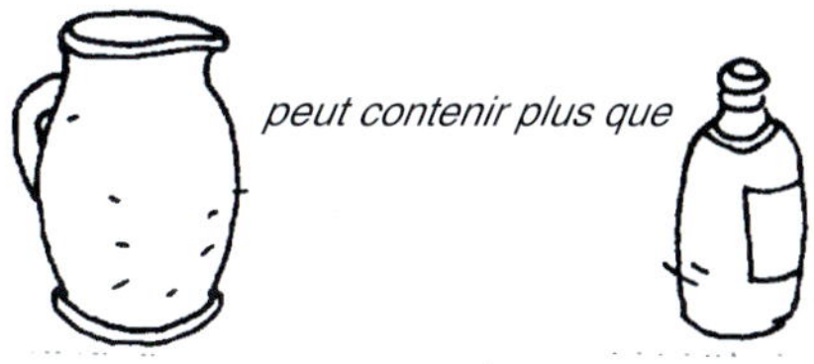

Il ne faut pas confondre le volume et la capacité: la capacité d'un récipient est ce qu'il peut contenir tandis que son volume est le volume de ses parois.

4.5.2. Premières mesures de capacité

La mesure de la capacité d'un récipient est le nombre d'unités de capacité pouvant être contenues dans ce récipient. L'étalon est lui-même un récipient. La recherche de ce rapport entre la capacité du récipient et celle du récipient étalon peut s'effectuer par un transvasement de l'un à l'autre au moyen d'un liquide quelconque.

Suggestion didactique

Mesures naturelles de capacité

En suivant la même démarche que pour les premières mesures de longueur et d'aire, l'enfant sera amené à effectuer des mesures de capacité de récipients à l'aide d'étalons naturels non conventionnels: tasses, verres,...; avec telle cruche, on peut remplir autant de verres, autant de tasses, etc.

4.5.3. Les unités conventionnelles de mesures de capacité

L'unité principale de mesure de capacité est le ***litre*** (**l**).

À l'origine, le litre est un récipient dont le volume intérieur est d'un décimètre cube (« le litre en étain »).

Par la suite, le terme « litre » a également désigné:

1. ce que peut contenir un litre, c'est-à-dire la **contenance du récipient**
2. **le contenu même**: utilisé dans ce sens, le litre désigne la quantité de liquide déplacée par un solide dont le volume est de **1 dm³**.

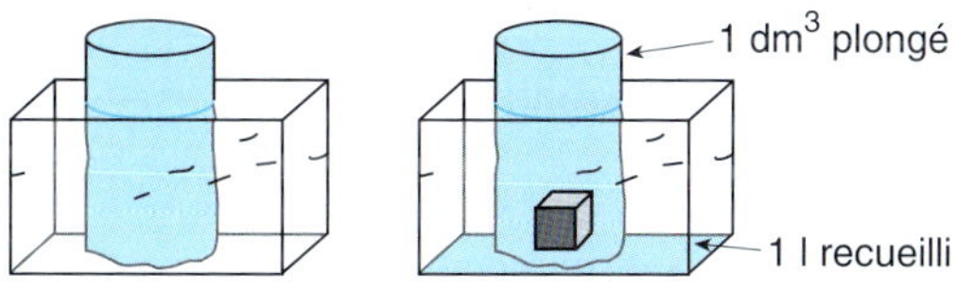

C'est dans ce sens-là qu'il faut interpréter l'**équivalence entre le litre et le décimètre cube** (on ne peut pas écrire le signe «égal» entre ces deux unités (0.2.4).

Ces définitions mettent en évidence l'ambiguïté continuelle dans laquelle on se situe lorsqu'on manipule des unités de capacité puisque celles-ci désignent à la fois:

1. **le volume intérieur d'un récipient**, ce que peut contenir ce récipient, indépendamment de tout liquide qu'il contient ou qu'il pourrait contenir.
   «un récipient d'un demi–litre»
2. **le volume d'un liquide** (ou d'une matière sèche: grain,...) c'est-à-dire la place que celui-ci occupe dans l'espace, indépendamment de tout récipient dans lequel il est contenu ou pourrait être contenu.
   «j'ai bu un demi–litre de lait».

Cette ambiguïté tient au fait que, si les notions de volume et de capacité sont des notions bien distinctes, en revanche on utilise souvent des unités de volume pour exprimer la capacité d'un récipient. (exemple: «c'est un moteur de 250 cc», ce qui signifie «il a une capacité de 250 cm^3»; autre exemple: «une habitation de 400 m^3) ou, à l'inverse, des unités de capacité pour exprimer le volume d'un solide ou une quantité de liquide (exemples «un litre de lait», «une boîte de 2 l de crème glacée»).

Les sous-multiples du litre sont:
- le **décilitre** (**dl**)
- le **centilitre** (**cl**)
- le **millilitre** (**ml**)

Le seul multiple de litre utilisé couramment est l'**hectolitre** (**hl**). Il vaut 100 litres.

Les unités de capacité sont structurées selon **l'échelle décimale**. On peut les mettre en correspondance avec les unités de volume:

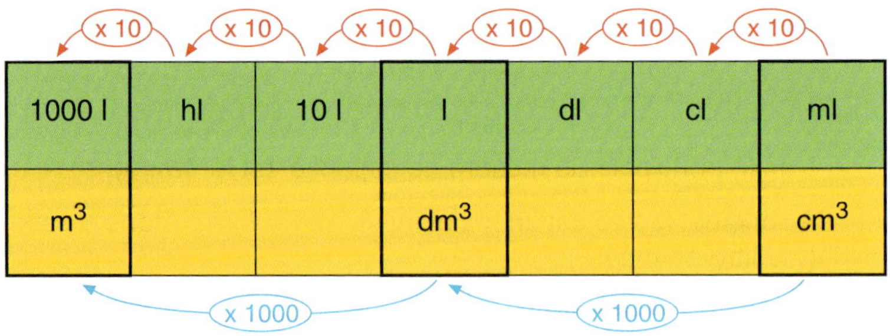

Le centilitre est donc dix fois «plus grand» que le centimètre cube.

Un centilitre: la moitié d'un verre à alcool
une cuiller à soupe

Un millilitre: la moitié d'un dé à coudre.

Suggestion didactique

Une vision concrète des unités de capacité

Insistons une fois de plus sur l'importance à accorder aux points de repère. Transformer une mesure exprimée en litres en une mesure exprimée en centilitres, oui, mais surtout que l'enfant puisse **se représenter un litre**, **un centilitre**, et puisse **choisir l'unité adéquate** lorsqu'il est amené à effectuer une mesure.

D'autre part, il n'est pas inutile de préciser que l'utilisation de **récipients gradués** ne constitue que l'**étape ultime** dans l'ensemble de l'apprentissage. Le récipient gradué, faisant intervenir l'ensemble des unités de capacité, est un procédé de mesure de capacité qui permet d'éviter le comptage. Il est donc à placer sur le même pied qu'une formule d'aire ou de volume.

Enfin, la correspondance entre les unités de capacité et de volume devra être expérimentée concrètement avant d'être consignée dans un tableau.

4.6 MESURES DE MASSE

4.6.1. La masse d'un objet – Plus lourd que, moins lourd que

1 2 3 4

La **masse** d'un objet est une notion qu'il n'est pas facile de cerner sans entrer dans les notions de physique que sont force et accélération.

La définition intuitive la plus fidèle est celle-ci: la ***masse*** d'un objet est son aptitude à résister à une modification de sa position. C'est un peu la propriété de l'objet d'avoir une inertie plus ou moins grande.

Elle dépend:

1. du volume de l'objet
2. de l'état plus ou moins compact de la matière dont est formée l'objet (4.6.5).

La masse d'un objet **ne varie pas** avec le lieu dans lequel l'objet se trouve.

À ne pas confondre avec la masse, le *poids* d'un objet est la grandeur de la force avec laquelle cet objet est attiré vers le centre de la Terre. Il dépend:

1. de la masse de l'objet
2. de l'accélération **g** communiquée à un corps par la gravité.

g varie légèrement selon:

- qu'on se trouve au pôle (9,83 m/s^2) ou à l'équateur (9,78 m/s^2). La valeur de **g** à Paris est de 9,81 m/s^2
- l'altitude: en montagne, **g** diminue parce que la distance qui sépare l'objet du centre de la Terre augmente.

g varie également en fonction de la force d'attraction de la planète sur laquelle on se trouve. Sur la Lune, un objet est six fois moins pesant que sur la Terre.
La confusion fréquente entre poids et masse vient de ce que le même terme «gramme» est utilisé pour désigner l'unité de masse (gramme-masse) et l'unité de poids (gramme-poids).

La **mesure de la masse** d'un objet exprime le rapport entre la masse de l'objet et celle de l'étalon choisi.

Suggestion didactique

Les mesures de masse

Le parcours méthodologique établi en (4.1.3) est une fois de plus valable pour l'ensemble de l'apprentissage des mesures de masse: notion de masse (plus lourd, moins lourd que), suivie par des prises de mesures de la masse d'un objet à l'aide d'étalons naturels, etc...

L'outil de comparaison est la balance à plateaux, (balance de Roberval). Cependant, il faut garder à l'esprit que la balance est déjà une abstraction en soi.

L'enfant est trompé par la visualisation dans l'estimation de la masse d'objets se trouvant devant lui, et ce jusqu'à l'âge de 10 ans au moins, voire jusqu'à l'âge de 14-15 ans pour certains enfants. Piaget a mis ces difficultés en évidence :

Vous présentez à l'enfant deux boulettes de pâtes à modeler de 3 ou 4 centimètres de diamètre. L'enfant vérifie qu'elles ont le même volume, le même poids, qu'elles sont pareilles en tout, et vous demandez à l'enfant de transformer en saucisse une des boulettes, ou bien de l'aplatir en galette, ou de la partager en petits morceaux. Puis, vous lui posez trois questions.

Première question: est–ce que la quantité de matière est restée la même?

Bien entendu vous emploierez le langage de l'enfant; vous direz par exemple: est–ce qu'il y a la même quantité de pâte une fois qu'on a changé la boulette en saucisse? ou bien: y a-t-il plus ou moins de pâte qu'auparavant?

Quantité de matière conservation de la matière … chose extraordinaire, ce n'est que vers 8 ans en moyenne que ce problème est résolu, par 75% des enfants. Ce n'est donc qu'une moyenne. Si vous faites l'expérience sur vos propres enfants, vous aurez naturellement un âge plus précoce car vos enfants sont certainement avancés par rapport à la moyenne. Mais pour la moyenne, c'est 8 ans …

Seconde question: est-ce que le poids est resté le même?

Et vous présentez au sujet une petite balance. Si je mets la boulette sur un plateau et sur l'autre la saucisse, étant entendu qu'elle est issue de la boulette par un simple changement de forme, est–ce que le poids va être le même?

La notion de conservation du poids n'est acquise que vers 9 ou 10 ans; vers 10 ans par 75% des enfants, c'est–à–dire à 2 ans de décalage par rapport à l'acquisition de la notion de substance.

Troisième question: est–ce que le volume est resté le même?

Pour le volume, comme le langage est une affaire difficile, vous emploierez un procédé indirect. Vous allez immerger la boulette dans un verre d'eau; faire constater que l'eau monte; parce que la boulette prendra sa place. Vous demanderez ensuite si la saucisse immergée dans un verre d'eau va prendre la même place; c'est–à–dire fera monter l'eau de la même façon.

Ce problème-là n'est résolu qu'à 12 ans; c'est-à-dire qu'il y a de nouveau un décalage de 2 ans par rapport à la solution du problème de la conservation du poids.

Voyons rapidement les arguments de ceux qui n'ont pas la notions de la conservation ou de la substance, ou du poids, ou du volume. L'argument est toujours le même. L'enfant vous dira: avant, c'était rond, mais vous avez allongé la pâte. Du moment que vous l'avez allongée, il y en a plus. Il regarde une des dimensions, il oublie l'autre; ce qui est frappant dans ce raisonnement, c'est qu'il considère la configuration du départ, la configuration d'arrivée, mais il ne raisonne pas sur la transformation elle-même. Il oublie qu'une chose a été transformée en une autre; il compare la boulette, témoin au départ, l'état d'arrivée, et il répond: mais non, c'est plus long par conséquent il y en a plus.

Il découvre ensuite que c'est la même substance, la même quantité de matière. Mais il vous dira: c'est plus long et c'est quand même plus lourd – avec les deux ans de décalage dont je vous parlais, et avec les mêmes arguments

(PIAGET, 1972.)

S'il manipule **avec les mains**, il pourra accepter qu'un objet en frigolite par exemple, puisse être moins lourd qu'un autre moins volumineux, en métal par exemple. L'enfant doit soupeser les objets pour arriver à dépasser les difficultés de la visualisation.

L'utilisation de la balance doit venir dans un second temps seulement, car elle demande une décentralisation par rapport à soi dont l'enfant n'est capable que s'il a eu auparavant une expérience «corporelle» de la pesée. De plus, son utilisation n'est justifiée que lorsque l'enfant ne peut plus discriminer entre deux masses voisines.

La balance, elle, n'est à introduire qu'en fin d'apprentissage, lorsque les unités de masse et leurs rapports entre elles sont connus. Elle joue, au niveau des masses, le même rôle que les formules d'aire et de volume, ou que les récipients gradués pour les mesures de capacité, qui permettent une lecture directe de la mesure.

4.6.2. Les unités conventionnelles de mesures de masse

1 > 2 > 3 > 4

L'unité de base **théorique** de mesures de masse est le gramme (**g**).

L'unité **pratique** et officielle de mesures de masse est le ***kilogramme*** (**kg**). Le **kilo** (gramme) est la masse d'un litre d'eau pure (distillée) à 4°C sous une pression de 760 mm de mercure. Un kilo vaut mille grammes.

Les autres multiples et sous-multiples du gramme qui sont couramment utilisés sont:

- **le milligramme** (**mg**) qui vaut 0,001 g
- **la tonne** (**t**) qui vaut 1000 kg ou 1 000 000 g.

Pour de l'**eau pure** à 4° C sous pression normale, on peut mettre en correspondance les unités de mesures de volume et de capacité d'une part avec celles de mesures de masse d'autre part. En effet:

- un litre occupe **toujours** un volume de 1 dm^3 et 1 litre d'**eau pure** pèse 1 kg
- 1000 litres occupent **toujours** un volume de 1 m^3 et 1000 litres d'**eau pure** pèsent 1 t.
- 1 millilitre occupe **toujours** un volume de 1 cm^3 et 1 millilitre d'**eau pure** pèse 1 g.

La correspondance entre les unités de capacité et de volume est donc absolue: un solide de 1 dm^3 de volume déplace toujours un litre d'eau, qu'il pèse 1 kg, 2 kg ou 10 kg.

Ces équivalence permettent d'établir le tableau suivant:

pour de l'eau pure

		1 m^3			1 dm^3			1 cm^3			1 mm^3
		1000 l	1 hl	10 l	1 l	dl	1 cl	1 ml			
		1 t	100 kg	10 kg	1 kg	100 g	10 g	1 g	0,1 g	0,01 g	1 mg

toujours

pour de l'eau pure seulement

Toutes les unités de mesure rencontrées jusqu'ici, c'est-à-dire les unités de mesure de

longueur
aire
volume
capacité
masse,

ont une origine commune: **le mètre**.

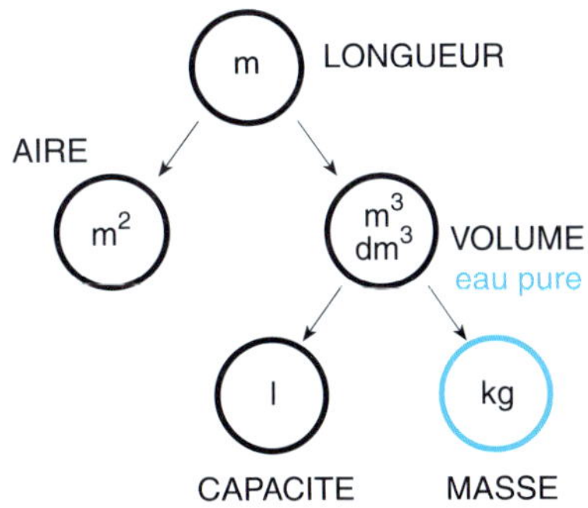

En effet,

- le m^2 et le m^3 sont directement issus du mètre;
- le litre a un volume de 1 dm^3;
- le kilo est la masse d'un dm^3 **d'eau pure**.

Suggestion didactique

Combien de zéros faut-il écrire après la virgule?

Dans le domaine des nombres, écrire 1,4 ou 1,40 ou 1,400 est strictement équivalent.

Mais dans le domaine des **grandeurs**, si par exemple 1,4 représente en kilos la masse d'un morceau de fromage, l'écriture « 1,4 kg » ne facilite pas la lecture et, pour les enfants, la fixation du rapport entre kg et g.

Bien que ces écritures soient toutes deux correctes, l'écriture « 1,400 kg » convient mieux dans ce cas-ci, car on peut lire « un kilo quatre cents (grammes) ».

De façon générale, le nombre de chiffres après la virgule dépendra de la grandeur dont il est question:

2,80 m (le dm est peu utilisé): deux mètres quatre-vingts (centimètres)
4,40 ha: quatre hectares quarante (ares)
5,300 m^3: cinq mètres cubes trois cents (décimètres cubes)
3,2 cm: trois centimètres deux (millimètres)
7,2 l ou 7,20 l: sept litres deux (dl) ou sept litres vingt (cl)
1,300 kg/dm^3: un kilo trois cents (grammes) par décimètre cube

On peut se permettre une exception à cette règle quand on a une demi unité en plus: « 2,5 m » se lit « deux mètres et demi »: l'ensemble de la lecture se fait par rapport à la même unité, le mètre ici.

4.6.3. Tare, masse brute, masse nette

L'inscription «poids net égoutté 800 gr», sur une boîte à conserve de petits pois par exemple, signifie que la boîte contient en réalité 800 g de légumes, c'est-à-dire la masse obtenue en déduisant de la masse totale de la boîte la masse de la boîte vide et celle de l'eau.

D'une façon générale, la ***masse nette*** (ou poids net) **PN** est la masse de la marchandise elle-même, déduction faite de la masse de l'emballage au sens large du terme.

On parle parfois aussi de ***tare*** (**T**) qui est la masse de l'emballage, et de ***masse brute*** (ou poids brut) **PB** qui est la masse totale.

Ces trois grandeurs, **PN**, **PB** et **T** sont liées par la relation suivante:

PB = PN + T

PB	
PN	T

Quand il y a des déchets, la masse de ceux-ci doit également être déduite de la masse brute pour connaître la masse nette.

PB		
PN	T	Déchets

En fait, dans l'idée de masse nette, il y a l'idée de ce qui est effectivement «consommable» (point de vue consommateur) et de ce qui est «vendable» (point de vue commerçant).

La tare s'exprime parfois **en % de la masse brute**.

EXEMPLE: **T** = 6% signifie que si **PB** = 10 kg, alors **T** = 600 g et **PN** = 9,400 kg.

4.6.4. La notion de masse volumique

La ***masse volumique*** d'un corps est la masse de l'unité de volume.

Elle s'exprime en **kg/dm^3**. C'est bien une **grandeur**.

Si par exemple, on a mis 1 dm^3 de plomb sur le plateau de gauche, il faut pour l'équilibrer 11 kg et 300 g sur le plateau de droite. Le bloc de plomb pèse 11,300 kg, sa masse volumique est de 11,300 kg/dm^3.

La masse volumique de l'eau étant par définition 1 kg/dm^3, un objet dont la masse volumique est inférieure à 1 kg/dm^3 flotte sur l'eau, et un objet dont la masse volumique est supérieure à 1 kg/dm^3 coule, sauf s'il se présente sous un forme particulière, comme un bateau en acier.

On n'a pas toujours à sa disposition un décimètre cube de matière.

Dans ce cas, quand c'est possible, on détermine le volume de l'objet en l'immergeant dans un récipient rempli à ras bords d'eau. Le volume est égal à celui de l'eau qui a été recueillie suite au débordement.

Le **principe d'Archimède** revient à ceci: on rempli d'eau un seau à ras bords. Si on met dans ce seau d'eau un objet et si ce dernier **flotte**, la masse de l'eau qui va déborder est la même que celle de l'objet quel que soit le volume de celui-ci.

Tableau de masse volumique des principaux corps

Pour obtenir la masse volumique, il suffit d'adjoindre au nombre donné « **kg/dm^3** ».
Il faut noter l'importance de l'**eau** par rapport à laquelle se fait tout le classement.

Liquides		*Bois (secs)*		*Métaux*		*Autres*	
		sciure	0,150				
		chêne-liège	0,240				
		peuplier	0,400				
		sapin	0,500				
		acajou	0,600				
		bouleau	0,600				
		hêtre	0,700				
alcool	0,800						
mazout	0,810						
pétrole brut	0,830						
		chêne	0,850	↑ flottent dans l'eau			
huile	0,915						
glace	0,930						
vin	0,990						
				↑ (se mélangent)			
eau pure à 4°C	1,000						
				↓ (se mélangent)			
eau de mer	1,026						
lait	1,030						
		chêne vert	1,100				
		ébène	1,100				
				↓ coulent			
						charbon	1,400
						sable sec	1,500
						brique	1,600
						sel de cuisine	2,100
						béton	2,400
						verre	2,500
				aluminium	2,700		
						granit	2,700
						marbre	2,700
						chaux	3
						ciment	3
						diamant	3,500
				fonte	7,000		
				zinc	7,100		
				acier	7,800		
				fer	7,880		
				bronze	8,300		
				argent	10,500		
				plomb	11,300		
				mercure	13,600		
				uranium	18,500		
				or	19,260		
				platine	21,300		
				osmium	22,500		

Suggestion didactique

L'approche de la masse volumique

Il existe principalement deux méthodes permettant de déterminer la masse volumique d'un corps:

1. Calculer le volume de l'objet (par formules), peser l'objet et exprimer le **rapport masse/volume**.

   Cette méthode est à éviter lors d'un premier apprentissage en raison de son aspect théorique et de la part importante qu'y prennent les calculs.

   L'enfant risque de consacrer toute son énergie à l'aspect «calcul», au détriment de la compréhension de la notion.

2. Délimiter **1 dm^3** du corps et le **peser**. C'est certainement la méthode la plus simple. Cependant, on ne peut l'appliquer qu'à des matières dont on peut facilement prendre 1 dm^3 (sable, sucre, sel, bois, huile, ...)

   Il est cependant important d'avoir à l'esprit que ceci ne constitue qu'un procédé de calcul, qui doit être **précédé d'une approche intuitive de la notion de masse volumique**.

   Approcher intuitivement la notion signifie:

   – découvrir **l'idée de référence à un même volume** pour pouvoir déterminer si une matière est ou non plus «lourde» qu'une autre. Un bloc de frigolite (objet) peut peser plus lourd qu'un livre; ce n'est pas pour cela que la frigolite (matière) pèse plus lourd que le papier.

   – utiliser **l'eau comme point de repère** pour avoir une première idée de la masse volumique: la matière coule quand on la plonge dans l'eau, alors sa masse volumique est supérieure à 1kg/dm^3; elle flotte, alors sa masse volumique est inférieure à 1 kg/dm^3; elle se mélange ou flotte entre deux eaux, alors sa masse volumique est proche de 1kg/dm^3.

   – se donner quelques autres points de repère et de comparaison, comme par exemple la masse volumique du sel de cuisine (environ 2 kg/dm^3) et du fer (environ 8 kg/dm^3).

   Il ne faut pas oublier non plus, dans la démarche même du calcul de la masse volumique:

   – de tenir compte, lors de la pesée, d'une tare éventuelle;

   – d'effectuer de nombreuses variations de volume pour éviter que l'enfant soit uniquement capable d'appliquer cette notion de volumes de 1 dm^3: «500 cm^3 du corps pèsent... », «quel est le volume d'une quantité de matière dont la masse est de 10 kg? etc...

   De toute façon, c'est une notion difficile que l'enfant ne maîtrisera souvent que plus tard. Elle est notamment liée de façon très intime à la conservation du volume qui, selon PIAGET, n'intervient pas avant 12 ans pour la majorité des enfants (voir à ce sujet l'extrait en 4.6.1).

4.7 LA MESURE DU TEMPS

Introduction

Apprendre à calculer et à structurer l'espace (géométrie, mesures de longueur, d'aire,...) ne sont pas les seuls objectifs poursuivis en mathématiques. Apprendre à l'enfant à structurer le temps constitue un autre volet des mathématiques à l'école primaire.

Apprendre à structurer le temps signifie à la fois:

1. Apprendre à se repérer dans le temps qui passe.

Il faudra surtout amener l'enfant à:

- connaître la succession des jours de la semaine, des saisons, des mois de l'année, ...
- lire l'heure
- se servir d'un calendrier
- découvrir les relations complexes qui relient entre elles les unités de temps: la seconde, la minute, l'heure, la journée, la semaine, le mois, l'année, ...
- déchiffrer un indicateur de chemins de fer, un horaire d'autobus, un programme TV, ...
- calculer la durée qui sépare deux moments, additionner deux durées.

Toutes les activités qui entrent dans le cadre de ces apprentissages devront être menées au départ de situations de vie, de façon à ce que l'enfant puisse réinvestir dans ce qu'il rencontre quotidiennement, en dehors de l'école, les notions abordées dans un cadre scolaire.

2. Apprendre à organiser son temps.

Apprendre à organiser son temps peut vouloir dire beaucoup de choses et déborde largement le cadre du cours de mathématique. Il s'agira par exemple d'apprendre à l'enfant à établir un horaire de journée, un plan de travail, ...

Cet objectif doit davantage faire l'objet d'une préoccupation continuelle de l'enseignant que d'activités organisées et systématiques. Par exemple, au moment de planifier un voyage scolaire ou une sortie, on pourra amener les enfants à participer à son élaboration plutôt que de leur présenter un programme tout fait.

4.7.1. Le temps et la durée

1 › 2 › 3 › 4

Tout comme dans l'approche des nombres, on peut distinguer deux aspects quand on parle de temps:

- l'aspect **ordinal** du temps: le moment précis et unique où se passe tel fait ponctuel, l'instant, l'heure qu'il est. C'est le **temps**.

EXEMPLES: «elle est née le 15 juin 1955», «il est 17 h» etc ...

- l'aspect **cardinal** du temps: l'intervalle de temps qui s'écoule entre deux moments. C'est la ***durée*** (d'un événement).

EXEMPLES: «le film a duré 3 h», ils font la grève de la faim depuis 23 jours».

C'est le second aspect, l'aspect cardinal, c'est-à-dire l'aspect «durée», qui permet des mesures par exemple, la mesure du nombre de secondes qui se sont écoulées entre l'arrivée du gagnant et du second dans une course cycliste, la mesure du nombre de semaines qui séparent la rentrée des classes des grandes vacances, etc.

C'est pour cette raison que, quand il s'agira de mesures, nous parlerons plutôt de «mesure de durées» que de «mesure de temps».

Suggestion didactique

«Vient avant, vient après» et «dure plus ou moins longtemps que»

Étant donné que l'on se situe dans la première étape du parcours méthodologique, (la notion de temps qui passe, et de durée qui s'écoule entre deux événements), il s'agira d'abord de faire prendre conscience aux enfants de deux notions:

1. La première est iée à l'aspect ordinal, l'aspect du temps qui passe. Elle va provoquer des activités liées à la succession d'événements, de façon à amener l'enfant à identifier si un événement se passe **avant ou après** un autre. Il sera donc surtout question de successions d'événements. On lui proposera en ce sens:

   – des successions temporelles. L'enfant devra par exemple remettre en ordre des événements qui lui sont donnés dans le désordre.

EXEMPLE

ou encore imaginer la suite à donner à un événement:

EXEMPLE

avant	en ce moment	après

?		?

   – un travail sur la succession des jours (hier, aujourd'hui, demain, ...), sur l'identification des jours de la semaine, des mois de l'année, des saisons,... On lui proposera par exemple de retrouver le jour qui suit le vendredi, le mois qui précède le mois de juin, etc.

2. La seconde est liée à l'aspect cardinal. Il s'agira d'amener l'enfant à comparer deux durées (« **dure plus ou moins longtemps que** »), sans avoir recours aux unités de mesure. Par exemple, on lui demandera de déterminer si un cours d'éducation civique, ou d'arts plastiques, dure plus ou moins longtemps qu'une demi-journée de classe, ou encore si une semaine de vacances dure plus ou moins longtemps que les grandes vacances.

Il faudra veiller à ne lui faire comparer que des durées d'événements inclus les uns dans les autres. Il est beaucoup trop complexe et trop abstrait de comparer par estimation la durée de deux événements qui se passent à deux moments différents. En outre, l'estimation d'une durée comporte une composante affective importante. Ne nous arrive-t-il pas couramment à nous, adultes, d'avoir une mauvaise estimation du temps qui passe ? Nous estimons qu'est passée « comme un éclair » une activité qui nous passionne, et par contre nous enrageons de voir la lenteur avec laquelle se déroule un moment, même très court, qui nous ennuie…

Signalons ici que la deuxième étape de l'apprentissage (au sens où elles ont été définies en 4.1.3), à savoir les premières mesures de durées à l'aide d'étalons non conventionnels, ne trouve pas plus d'application dans le cadre de l'école primaire. Tout au plus pourrait-on évoquer la mesure d'une durée à l'aide d'un sablier, ou encore des activités rythmiques, certes fort importantes mais qui rentrent davantage dans le cadre d'activités psychomotrices que dans celui d'un cours de mathématiques.

Nous passerons directement à la troisième étape de l'apprentissage, à savoir l'approche des unités conventionnelles de mesures de durée.

4.7.2. Les unités de mesures de durée

1 2 3 4

Les unités employées pour la mesure des durées sont **le jour** (**d**, du latin « dies »), **l'heure** (**h**), **la minute** (**min**), **la seconde** (**s**), **le dixième** de seconde et **le centième** de seconde, plus les unités multiples du jour: **semaine**, **mois**, **année** et **siècle**.

Les nombres qui expriment des mesures de durée sont appelés **nombres complexes** car ces nombres ne suivent pas toujours l'échelle décimale.

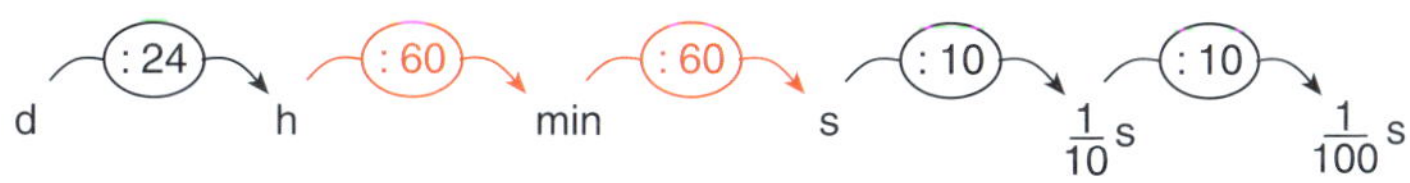

Les rapports entre multiples du jour sont encore moins simples:

Une année commerciale comprend 12 mois de 30 jours ou 24 quinzaines

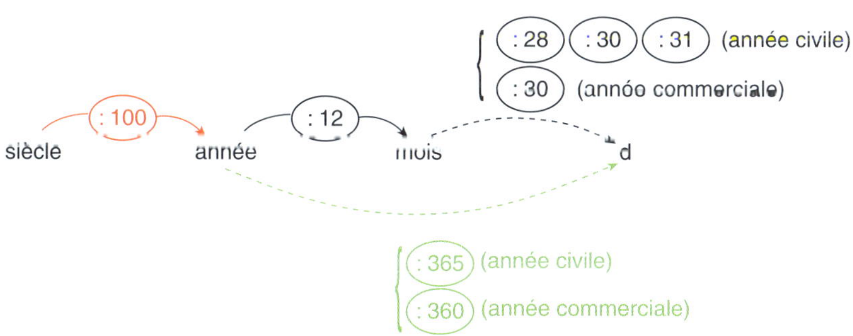

Par exemple, les intérêts perçus sur un livret d'épargne pour une même somme sont identiques, que la somme soit restée du 1er au 15 mars (15 jours), du 16 au 31 mars (16 jours) ou du 1er au 25 mars (25 jours, mais une seule quinzaine entière).

Enfin, les fonctions numériques «x 28» (mois de février) et «x 365» se transforment en «x 29» et «x 366» pour les années ***bissextiles***, années «multiples» de 4 et siècles «multiples» de 4: 1988, 1992, 2000, 2400, mais non 1989, 1990, 2100, 2200, ...

La complexité de ce système tient au fait que toutes ces unités de mesure proviennent de deux systèmes différents de repérage du temps qui passe.

1. Un premier groupe d'unités est lié à la durée de rotation de la Terre autour du Soleil (unité de base: l'année).
2. Le second groupe d'unité est lié à la durée de rotation de la Terre autour d'elle-même (unité de base: le jour).

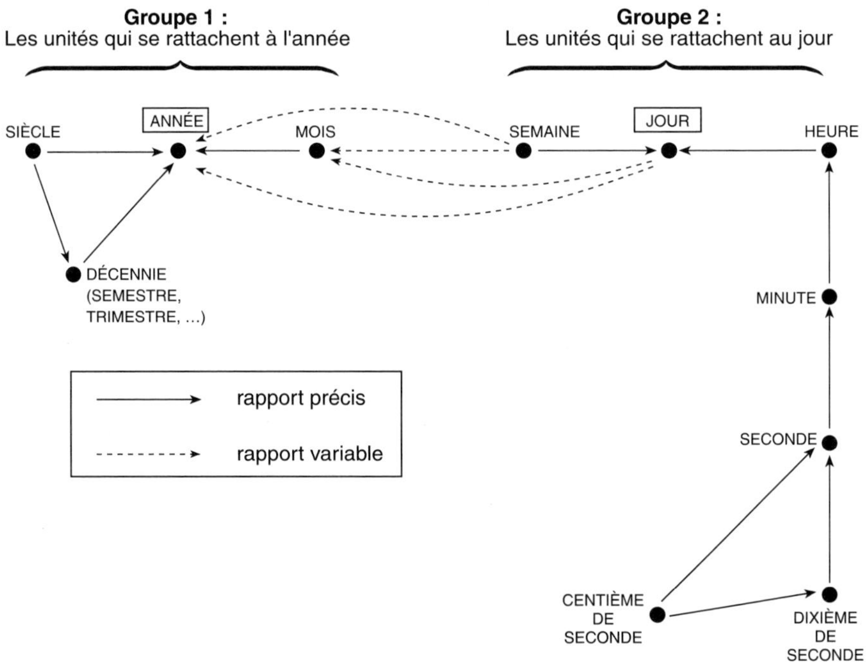

Il y a des rapport clairs, précis et des rapports variables. Tous les rapports qui relient les unités d'un même groupe sont précis:

Exemples :
- il y a 24 heures dans un jour
- il y a 7 jours dans une semaine
- il y a 12 mois dans une année

Par contre, tous les rapports qui établissent un lien entre les deux groupes sont des rapports variables, imprécis:

Exemples :
- il y a entre 4 et 5 semaines dans un mois
- il y a la plupart du temps 30 ou 31 jours dans un mois
- une année compte environ 52 semaines, et 365 jours.

Tout cela (de même que les années bissextiles) vient du fait qu'on a essayé de rendre compatible deux groupes d'unités de mesure,

le groupe 1	le groupe 2
Chef de file**Année**	Chef de file**Jour**
Mois	MoisSeconde
Décennie	Heure $\frac{1}{10}$ s
Siècle	Minute $\frac{1}{100}$ s

N.B. : Il y a encore d'autres unités, mais moins importantes, à l'intérieur de chaque groupe, par exemple la saison ou le trimestre.

Le **calendrier** est une autre conséquence de cette discordance entre les deux systèmes: au lieu d'avoir un instrument de mesure unique et universel, il faut chaque année reconstruire un nouveau calendrier.

Suggestion didactique

L'approche du calendrier

On peut distinguer plusieurs étapes dans l'approche du calendrier à l'école primaire:

1. dans un premier temps, on trouve l'approche de la succession des jours et des mois (voir s.d., en 4.7.1).
2. dans un deuxième temps, on amène les enfants à établir le lien qui existe entre le jour et le mois, ainsi qu'entre le mois et l'année: identifier les mois de 28, de 30 et de 31 jours, le nombre de mois que dure une année civile, une année scolaire, etc.
3. une troisième étape consistera en le repérage d'un jour sur un calendrier: le 15 juin est un …, le deuxième mercredi du mois est le …, etc.
4. enfin, les enfants vont découvrir les lois de construction d'un calendrier.

L	M	M	J	V	S	D
					1	2
3	4	5	6	7	8	9
10	11	12	13	14	15	16
17	18	19	20	21	22	23
24	25	26	27	28	29	30

Ils utiliseront cette connaissance pour anticiper: par exemple retrouver le jour que nous serons dans une semaine; dans une quinzaine, les dates du week–end prochain etc.

À ce sujet, rappelons l'occasion de travailler la table de multiplication de 7 en relation avec le calendrier: on recherche par exemple le nombre de jours que représentent 5 semaines, ou encore le nombre de semaines que comptent 2 mois etc.

4.7.3. Les instruments de mesure de la durée

Le principal instrument de mesure d'une durée est la montre: montre à aiguilles, montre digitale, chronomètre,...

Sur une montre à aiguilles ou sur un chronomètre, une durée s'exprime par la longueur du déplacement d'une aiguille, ou encore par un nombre de tours de rotation et l'amplitude d'un angle.

Sur une montre digitale, une durée s'exprime par un comptage d'unités. On parle de digitalisation du temps, comme on parle de la digitalisation d'une image ou d'un son: cela signifie que leur identification se fait à l'aide de nombres.

Dans un cas comme dans l'autre, on représente toujours une mesure de durée par une mesure d'une autre grandeur (la mesure d'un longueur, la mesure de l'amplitude d'un angle, un comptage).

Dans le même ordre d'idées, on lie aussi la mesure du temps à une mesure de radioactivité (carbone 14) ou encore à une mesure de volume ou de masse (pollens, sédimentations,...) pour déterminer l'époque à laquelle se sont produits certains événements: transformations de continents, formation d'une vallée, apparition et disparition de certaines espèces animales sur la Terre, etc.

Suggestion didactique

La complexité des mesures de durée

Les mesures de durée présentent plusieurs difficultés cumulées par rapport aux autres mesures rencontrées jusqu'ici:

1. l'absence d'un vocabulaire spécifique. Pratiquement tous les termes utilisés pour désigner des durées sont empruntées au vocabulaire des longueurs: «ce match est trop court», «les jours s'allongent» ... jusqu'à la durée mesurée par la longueur d'un arc de cercle sur la montre.
2. le niveau d'abstraction qui ne permet pas la manipulation d'étalons naturels. La durée d'un événement ne peut se manipuler que mentalement.

   Le seul apprentissage «naturel» de la mesure d'une unité consiste en des exercices ryhmiques (voir s.d, en 4.7.1).

   Ici aussi, une prise de conscience vécue des unités se révèle indispensable; on peut par exemple demander aux enfants de se taire pendant une minute et de signaler chacun le moment où ils estiment que la minute s'est écoulée; ou encore de compter le nombre de battements du cœur en une minute, etc.

3. la multiplicité de bases utilisées pour exprimer une mesure de durée. Cette difficulté est déjà présente lors de l'apprentissage de la lecture de l'heure sur une montre où, en plus, les mêmes traits servent à repérer à la fois les heures et les minutes.

Une double graduation du cadran permet d'effectuer cette différenciation lors d'un premier apprentissage.

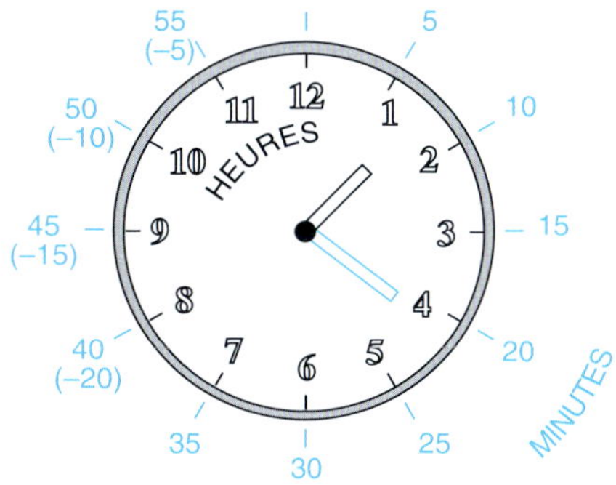

À ce niveau-là, l'introduction sur le marché des montres digitales n'arrange rien, au contraire. L'enfant n'a plus le moindre recours à une visualisation de la durée, comme sur une montre à aiguilles où la durée se visualise par un arc de cercle.

4.7.4. Les nombres complexes

1 2 **3** **4**

Un nombre complexe est un nombre qui permet d'exprimer un temps à partir d'un moment donné (Exemple: « il est 10 h 35 min », sous-entendu « depuis minuit ») ou une durée (Exemple: 18 h 35 min 46 s $^3/_{10}$). Un nombre complexe est formé de plusieurs nombres exprimés en base dix: 18, 35, 46, $^3/_{10}$ dans le second exemple.

Cependant, les rapports de transformation entre deux parties voisines ne sont pas tous décimaux. Ils sont:

- **10** (seconde → dixième de s, dixième de s, → centième de s)
- **60** (heure → minute, minute → seconde)
- **24** (jour → heure)
- **30** ou **31** (mois → jour) etc.

Le second nombre de l'exemple ci-dessus ne pourra par exemple jamais être 40.

Ceci peut être mis en rapport avec le travail en bases non décimales (1.2.4).

Ces particularités entraînent une grande difficulté au niveau de la transformation de nombres complexes et des opérations sur ceux-ci.

1. Transformation d'un nombre complexe : exprimer un nombre complexe en unités d'un ordre inférieur.

EXEMPLE:

x 24 (Heures → Jours) ; x 60 (Minutes → Heures)

Jours	Heures	Minutes
25	8	20
24 h x 25 →	+600 608 60 min x 608 →	+ 36480 36500

25 j 8 h 20 min = 36 500 min.

On fait la transformation inverse en divisant successivement par 60 et 24 les restes de la division euclidienne donnant le nombre d'unités de chaque ordre.

2. Opérations sur les nombres complexes

Addition

1 h 25 min 28 s + 3 h 40 min 46 s

h	min	s
(1) 1 + 3	(1) 25 40	 28 46
5	66 (60) + 6 6	74 (60) + 14 14

5 h 6 min 14 s

Soustraction

14 h 21 min 22 s – 12 h 46 min 57 s

h	min	s
 14 – 12	(60) 21 46	(60) 22 57
1	34	25

Multiplication

1 h 17 min 36 s
x 4
4 h 68 min 144 s
soit 5 h 10 min 24 s

Division

13 h 10 min 30 s	3
12 h	4 h 23 min 30 s
1 h 10 min ou 70 min – 69 min	
1 min 30 s ou 90 s – 90 s	
0	

N.B.: Les symboles ' et "sont réservés aux minutes et secondes **d'angles**.

Suggestion didactique

Jusqu'où faut-il aller dans les opérations sur les nombres complexes?

En mathématiques comme dans dans d'autres disciplines, il ne faut pas développer certains contenus uniquement parce que le veut une certaine culture scolaire. Le cas des opérations sur les nombres complexes en est un bon exemple. Non pas que l'approche de cette matière soit inutile, mais il faut bien reconnaître que l'enfant n'en a la pratique que dans des situations bien précises et limitées; citons entre autres:

- les compétitions sportives (écart entre deux athlètes, amélioration de records,...) → additions/soustractions
- consulter un indicateur de chemin de fer (calcul d'un temps mis pour un trajet) → additions/soustractions
- la gestion d'un programme → additions/ soustraction
- le calcul du prix d'une communication téléphonique → multiplications/divisions
- etc.

Il s'agirait donc moins de pouvoir effectuer des opérations très compliquées que d'être capable de résoudre des opérations simples (par écrit seulement si vraiment l'enfant n'en sort pas mentalement), ainsi que de pouvoir en estimer de résultat, plus par bon sens que par calcul.

On pourrait par exemple présenter aux enfants des opérations de la vie de tous les jours et, avant qu'ils ne les effectuent, leur demander ce que pourraient représenter ces opérations.

EXEMPLES :

- 45 min + 15 min + 45 min (la durée d'un match de football)
- 5 h 12 mn 15 s – 5 h 10 min 45 s (l'écart entre les deux premier du classement de telle étape du Tour de France)
- 10 min + 1/4 h + 25 min (le temps que je dois prévoir pour arriver à l'école).

etc.

Les enfants seraient alors invités à sélectionner les opérations qu'ils sont capables de résoudre mentalement. Pour les autres, les procédés opératoires par écrit pourraient être suggérés, mais en mettant davantage l'accent sur le « bon sens opératoire » que sur un mécanisme rigide à mettre en place à tout prix et qu'il n'utilisera peut être nulle part ailleurs qu'à l'école.

4.7.5. Tableau synthèse des principales unités de mesures

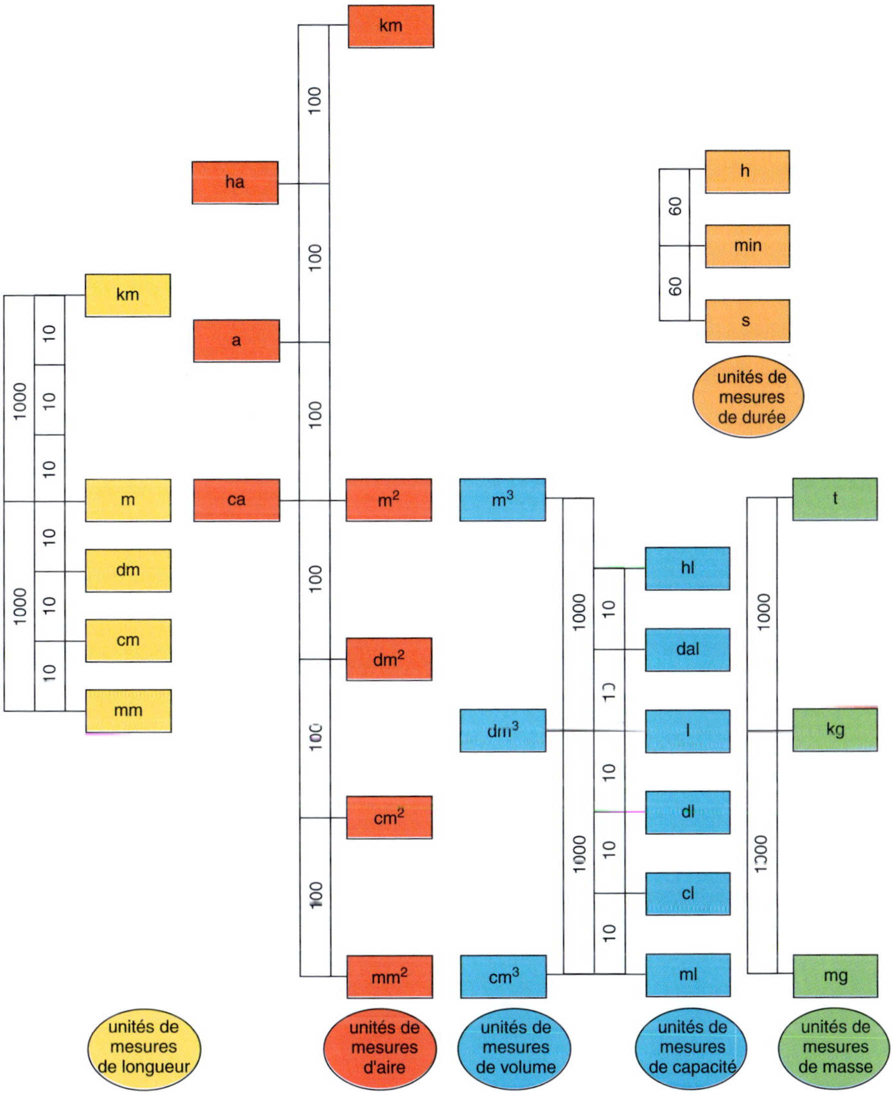

Si un jour la valeur du mètre doublait, quelles seraient les unités dont la valeur changerait?

Dans quelles proportions changerait cette valeur?

4.8 LES MESURES D'AUTRES GRANDEURS

4.8.1. La mesure de l'amplitude d'un angle

La mesure de l'ouverture (ou amplitude) d'un angle s'exprime en **degrés**.

La minute (') vaut le soixantième du degré et la seconde (") le soixantième de la minute.

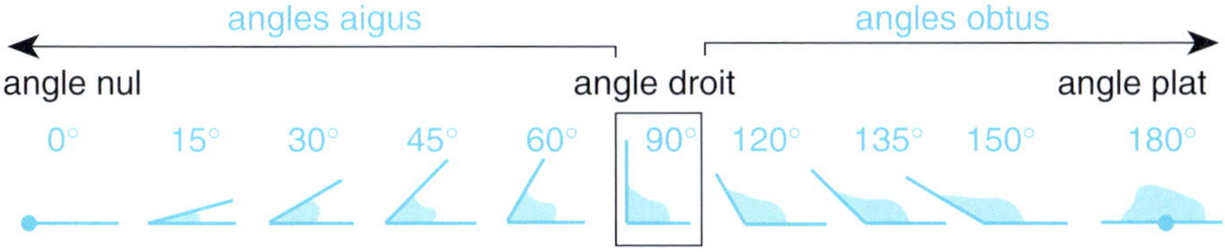

L'angle de référence est **l'angle droit** (3.4.6), dont la mesure en degrés est 90.

L'amplitude de l'angle plein est donc de 360°.

L'amplitude d'un angle se mesure à l'aide d'un **rapporteur**. L'**équerre** permet de tracer soit des angles de 45° et 90° (équerre symétrique), soit des angles de 30°, 60° et 90° (équerre asymétrique), soit encore en angle quelconque mesuré au rapporteur (fausse équerre, ou équerre à un bras mobile).

4.8.2. Les mesures de prix

L'unité de mesures de prix est, en Europe, l'**euro**.

Il est symbolisé par la lettre **€**.

Le **cent** est un sous-multiple de l'euro et en vaut le centième.

L'étalon des mesures de prix est la ***monnaie***. On distingue:

- les pièces de monnaie;
- les billets;
- les chèques, de valeur variable.

Plusieurs notions commerciales se sont développées et définies à partir d'un point de vue bien précis: celui du commerçant, du revendeur non celui du consommateur ou du producteur, telles les notions suivantes:

- le ***prix d'achat*** (**PA**) d'une marchandise est le prix que le commerçant a payé au producteur ou au grossiste;
- le ***prix de revient*** (**PR**) d'une marchandise est le prix que lui coûte réellement la marchandise parvenue en sa possession. C'est le prix d'achat plus les différents frais (**F**) de transport, taxes, douanes,...

- le ***prix de vente*** (**PV**) d'une marchandise est le prix auquel elle est cédée à l'acheteur. C'est le prix que le consommateur paie pour acquérir la marchandise.
- le ***bénéfice*** (**B**) ou ***gain*** est la différence entre le prix de vente et le prix de revient. Il s'appelle ***perte*** lorsqu'il est négatif.

Les grandeurs définies ci-dessus sont liées par les relations suivantes:

PR + Bénéfice = PV

PR – Perte = PV

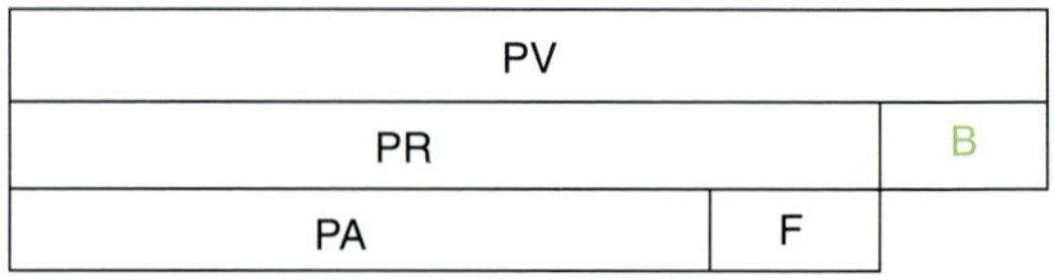

Le bénéfice et la perte s'expriment **en %** et se calculent toujours par rapport au **prix d'achat**.

EXEMPLES: 28% de bénéfice signifie qu'une marchandise achetée 100 € (**PA**) est revendue à 128 € (**PV**).

100% de bénéfice signifie que le prix d'achat est doublé.

Suggestion didactique

La relativité des notions de prix d'achat et de vente

La définition du prix de vente (**PV**) est exactement celle du prix que l'enfant paie lorsqu'il achète dans la vie de tous les jours. Ces notions sont donc toutes relatives.

Qui est l'acheteur? Qui est le vendeur?

Il faut bien partir du point de vue de quelqu'un, et ce n'est généralement pas celui de l'enfant qu'on prend, comme dans ce cas-ci. Il faut donc se rendre compte qu'en manipulant ces notions on demande à l'enfant, lui qui est toujours acheteur, de se mettre dans la peau d'un commerçant, et qu'il faut **jouer** souvent la situation pour avoir une chance de la faire comprendre par tous les enfants qui n'ont pas des parents commerçants.

4.9 LES GRANDEURS PROPORTIONNELLES

4.9.1. Ce que sont des grandeurs (directement) proportionnelles

Deux grandeurs sont dites directement ***proportionnelles*** lorsqu'elles deviennent simultanément 2, 3, 4,... fois plus grandes ou plus petites.

On peut aussi dire que deux grandeurs sont proportionnelles lorsque le rapport entre deux valeurs correspondantes des variables est constant:

«plus on est de fous, plus on rit»

Dans cette expression, le nombre de rires (ou l'intensité de ceux-ci) serait proportionnel au nombre de fous si un nombre de fous trois fois plus grand par exemple entraînait un nombre de rires exactement trois fois plus grand.

EXEMPLES:

1. l'allongement du ressort est proportionnel à la masse:
- si la masse double, alors l'allongement double
- si la masse, triple, alors l'allongement triple

etc.

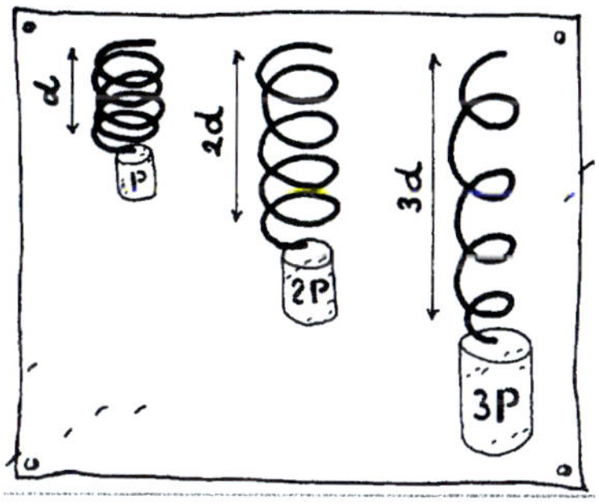

2. la longueur du cercle est proportionnelle au rayon de celui-ci.

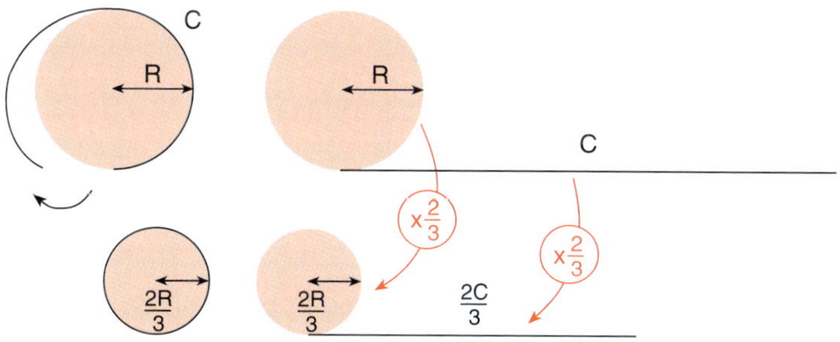

Deux grandeurs proportionnelles sont toujours reliées par une égalité du type «**y** = **k** x **x**», k étant appelé **constante de proportionnalité**. Dans le dernier exemple développé ci-dessus, la grandeur **R** et la grandeur **C** sont liées par la relation «**C** = **2**π x **r**». La constante de proportionnalité est «**2**π».

Il y a de multiples façons de représenter des grandeurs proportionnelles. Nous évoquerons ici les représentations:

- par un tableau
- par un diagramme cartésien.

La représentation de grandeurs proportionnelles à l'aide d'un tableau est la représentation la plus courante. Elle consiste à faire apparaître les grandeurs proportionnelles sur deux lignes ou sur deux colonnes.

Il en existe deux types principaux:

- les tableaux de proportionnalité;
- les tableaux de correspondance.

Selon la nature de la situation à représenter, et les calculs qu'elle nécessite, il sera plus intéressant de recourir à l'un ou à l'autre tableau.

Tableau de proportionnalité

Ce type de tableau repose sur l'utilisation de la constante de proportionnalité pour résoudre une situation donnée.

EXEMPLES:

Nombre de kilos	1	2	3	4	6
Prix en €	4	8	12	16	24

(x 4)

Prix initial en €	4000	180	6500	145	3150
Ristourne en €	800	36	1300	29	630

(: 5)

Distance parcourue en km	Consommation en litres
100	10
300	30
150	15

(:10)

Les calculs relatifs aux grandeurs sont effectués directement à partir de la constante de proportionnalité:

- le prix de 4 kg est calculé en multipliant 4 par 4, le prix de 6 kg est calculé en multipliant 6 par 4, etc.;
- la consommation en litres est calculée en divisant le nombre de kilomètres parcourus par 10;
- le montant de la ristourne s'obtient en divisant le prix initial par 5, etc.

L'utilisation de ces tableaux ne permet pas de faire apparaître les grandeurs elles-mêmes, mais **uniquement la mesure** (**nombre**). Dans le premier tableau par exemple, les **nombres** 3 et 12 sont liés par la fonction numérique « x 4 », mais **pas les grandeur**s 3 kg et 12 €. Il y a toutefois une exception à cette règle: lorsque les deux grandeurs sont de même nature (par exemple des longueurs), on peut leur appliquer la fonction numérique (voir la remarque à ce sujet en 2.1.1., tome 1).

L'intérêt de ce type de tableaux est évident. Ils permettent de calculer rapidement un grand nombre de grandeurs. Il faut toutefois que le rapport de départ (la constante de proportionnalité) se dégage clairement et permette des calculs simples: dans l'exemple de la consommation d'une voiture, si celle-ci était de 9 litres aux 100 km et non 10, la constante de proportionnalité (0,09) serait beaucoup plus difficile à dégager et à mettre en œuvre. On a intérêt dans ce cas à recourir à un tableau de correspondance.

Tableau de correspondance

Ce type de tableau est construit à l'occasion de situations qui mettent en œuvre la correspondance entre les grandeurs.

EXEMPLES :

Quantité	1 kg	2 kg	3 kg	4 kg	6 kg
Prix	4 €	8 €	12 €	16 €	24 €

Distance parcourue	Consommation
100 km	10 l
300 km	30 l
150 km	15 l

Les tableaux sont les mêmes mais leur utilisation est différente. Ici, le calcul se fait de la façon suivante :

- « si 1 kg coûte 4 €, 2 kg coûteront 2 fois plus, c'est-à-dire 8 € ; 3 kg coûteront 3 fois plus, c'est-à-dire 12 € etc ».
- « si la voiture consomme 10 litres de carburant aux 100 kilomètres, elle consommera trois fois plus pour parcourir 300 kilomètres, etc ».

Les grandeurs peuvent dans ce cas figurer dans le tableau, puisque la fonction numérique utilisée ne relie entre elles que des grandeurs de même nature.

Dans certaines situations, comme l'exemple de la ristourne de 20% à la page précédente, un tableau de correspondance est tout à fait inadéquat. Il est beaucoup plus facile de recourir à la constante de proportionnalité. En revanche, la résolution de la situation-problème de la voiture, avec une consommation de 9 litres aux 100 km, est beaucoup plus simple en faisant jouer la correspondance que la constante de proportionnalité : « si la voiture consomme 9 litres aux 100 km, elle consommera 27 litres pour 300 km ».

Ces tableaux sont également très utiles pour résoudre des situations-problèmes dans lesquelles on part d'un rapport complexe qui nécessite le recours à une règle de trois.

EXEMPLE : Prenons la situation-problème suivante :
« ***Un train parcourt 225 km en 3 heures. Quelle distance couvrira-t-il en 5 heures s'il garde la même vitesse ?*** »

Durée	3 h	5 h
Distance	225 km	?

Durée	3 h	1 h	5 h
Distance	225 km	75 km	375 km

AUTRE EXEMPLE : « ***24 œufs coûtent 3,2 €. Calcule le prix de 18 œufs.*** »

Nombre d'œufs	Prix
24	3,2
6	0,8
18	2,4

(: 4, x 3)

Nombre d'œufs	24	6	18
Prix	3,2	0,8	2,4

(: 4, x 3)

L'utilisation de la correspondance donne un résultat rapide : « si 24 œufs coûtent 3,2 €, 6 œufs coûtent 4 fois moins, c'est-à-dire 0,8 €, et 18 œufs coûtent 2,4 € ».

Pour trouver le prix de 6 œufs, il est bien plus facile de diviser 3,2 € par 4 que de trouver le rapport entre 24 et 3,2 et d'appliquer ensuite ce rapport à 4.

De plus, cette façon de procéder met bien en évidence la proportionnalité des grandeurs, ce qui n'est pas négligeable sur le plan didactique.

Cet exemple illustre aussi la raison pour laquelle il faut relativiser la notion de « **règle de trois** » : passer par l'unité pour résoudre un calcul de proportionnalité n'est pas toujours le plus simple. Dans le cas de l'exemple ci-dessus, le passage par le prix d'un œuf complique les choses plus qu'il ne les simplifie, d'autant plus que les œufs se vendent en général par 6.

Un autre exemple le montre encore de façon plus évidente : « ***6 bics (vendus trois par trois) m'ont coûté 8 €. Combien coûtent 9 bics ?*** » L'application stricte d'une règle de trois réserve des surprises, alors que la réponse est évidente !

En résumé, on aura avantage à recourir à un tableau de correspondance plutôt qu'à un tableau de proportionnalité dans les deux cas suivants :

- la constante de proportionnalité est difficile à dégager et nécessite le recours à une règle de trois ;
- la constante de proportionnalité est complexe à mettre en œuvre dans les calculs.

Diagramme cartésien

Dans un diagramme cartésien, la relation entre deux grandeurs proportionnelles est représentée par une droite passant par l'origine. L'équation de cette droite est « **y** = **k** x **x** ». Dans l'exemple ci-contre, **x** est la longueur du cercle et **y** le diamètre.

x double ⇒ **y** double
x triple ⇒ **y** triple etc.

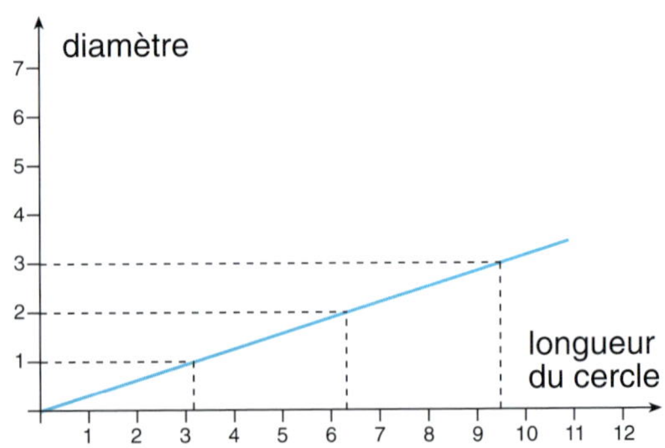

AUTRES EXEMPLES DE GRANDEURS (DIRECTEMENT) PROPORTIONNELLES :

- le prix d'une marchandise et la masse de celle-ci (à condition qu'il n'y ait pas de réduction pour des grandes quantités);
- la durée et l'amplitude de l'angle décrit sur une montre par la petite ou par la grande aiguille;
- le prix de vente et le prix d'achat d'une marchandise (à marge bénéficiaire constante);
- la somme d'euros donnée et la somme d'argent étranger reçue lors d'un échange de devises à la banque;
- le montant d'une facture de gaz (moins la location du compteur) et le nombre de mètres cubes consommés;
- une distance réelle et la distance sur carte correspondante;
- la distance parcourue et le temps mis pour un déplacement à vitesse constante;
- l'intérêt perçu et le capital, le taux ou la durée d'un placement en banque (intérêts simples).

Étant donné leur importance, ces trois derniers exemples seront détaillés dans les pages qui vont suivre.

Suggestion didactique

Les grandeurs proportionnelles et le réel

Les grandeurs dites proportionnelles sont souvent une vue de l'esprit: il est rare que si l'on achète 8 F un kg de pommes l'on doive payer 800 F pour 100 kg; une vitesse constante n'existe éventuellement que dans un laboratoire; une distance sur carte n'est proportionnelle à une distance réelle que si l'inclinaison du terrain (ou même la courbure de la Terre) est nulle, etc.

Ceci ne doit pas être une raison pour taire la notion; c'est au contraire l'occasion d'une réflexion sur la distinction entre la réalité et un modèle mathématique qu'on essaie de rendre le plus fidèle possible à une réalité souvent complexe. C'est là un des aspects de l'ouverture à une démarche expérimentale.

Deux grandeurs sont dites ***inversement proportionnelles*** lorsque la première devenant 2, 3,… fois plus grande, la seconde devient 2, 3, fois plus petite, et inversement.

Par exemple la durée d'une vaisselle essuyée par 3 personnes est trois fois moindre que celle de la même vaisselle essuyée par une personne, si toutefois on suppose que le plongeur arrive à suivre la cadence. On dit que le nombre de personnes et la durée de la vaisselle sont deux grandeurs inversement proportionnelles.

Autre exemple: variation relative des deux dimensions d'un rectangle dont l'aire est donnée.

La longueur et la largeur des rectangles de même aire sont des grandeurs inversement proportionnelles.

Cet exemple montre la courbe obtenue par la représentation de deux grandeurs inversement proportionnelles sur un diagramme cartésien: une hyperbole équilatère.

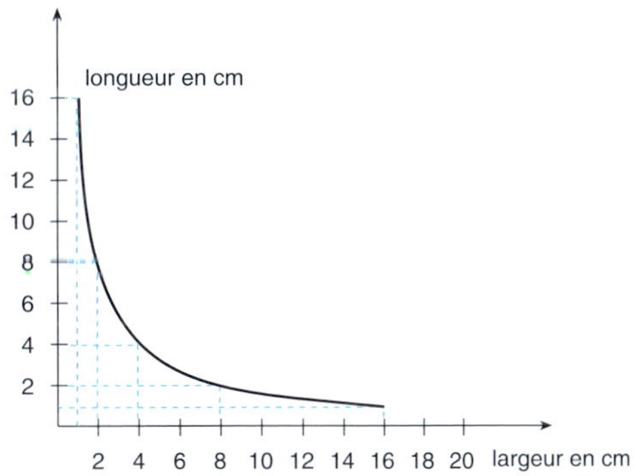

Si deux poules pondent 2 œufs en deux jours, combien pondront 10 poules en 10 jours? (Pour autant qu'elles continuent à pondre au même rythme).

4.9.2. Distance réelle et distance sur carte: l'échelle

Une représentation à l'échelle d'une ville, d'une maison, d'une région, d'un objet,… est une représentation proportionnelle.

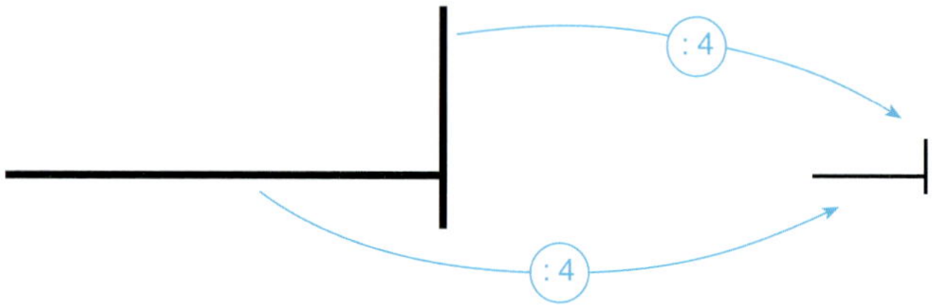

Dans ce cas-ci, chaque dimension, chaque longueur de la figure de gauche a été réduite 4 fois: la constante de réduction est de $^1/_4$.

Cette constante s'appelle ***échelle*** du dessin, de la carte ou de la représentation.

EXEMPLE : **A**, **B**, **C** et **D** représentent des longueurs réelles et **a**, **b**, **c** et **d** des longueurs correspondantes d'une représentation à l'échelle 1/10 000.

On a: **a/A** = **b/B** = **c/C** = **d/D** = 1/10 000

«**1/10 000**», l'échelle de la représentation, se lit «au dix-millième» et se traduit de la façon suivante: **1 cm sur la carte représente 10 000 cm dans la réalité**, c'est-à-dire que 1 cm sur carte représente 100 m dans la réalité.

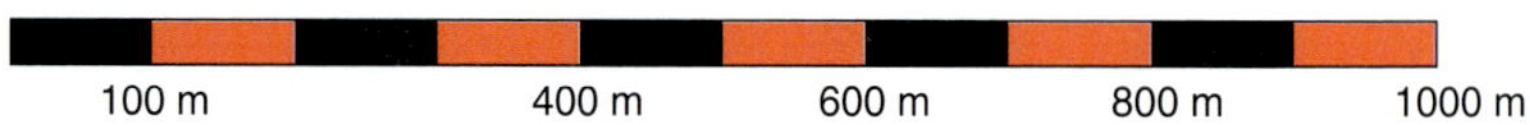

On peut, ici encore, construire un tableau de correspondance entre un ensemble de grandeurs à l'échelle et un ensemble de grandeurs réelles.

La recherche d'une grandeur s'exprime de la façon suivante: «si 1 cm sur carte correspond à 100 m en réalité, une distance huit fois plus grande sur carte (8 cm) correspondra à une distance réelle huit fois plus grande aussi (800 m)».

x 10 000

grandeurs à l'échelle	grandeurs réelles
1 cm	10 000 cm = 100 m
8 cm	80 000 cm = 800 m

x 8 (à gauche et à droite)

$\times \frac{1}{10\,000}$

Une grande échelle signifie un grand rapport et donne lieu à une représentation relativement grande.

Une petite échelle signifie un petit rapport et donne lieu à une représentation relativement petite.

Suggestion didactique

Une échelle de longueurs, non une échelle d'aires

Une petite précaution est à prendre lors de l'introduction de la notion d'échelle.

Les échelles étant par définition des échelles de longueurs, il faudra partir d'un exemple de longueur à agrandir ou à réduire (un parcours, une ligne de métro, de chemin de fer,...):

représentation correcte et perception correcte: $^1/_2$ (rapport des longueurs)

En effet, si l'on part d'une surface, son **aire** sera réduite **au carré de l'échelle**, puisque chacune de ses dimensions est réduite à l'échelle.

L'enfant sera troublé parce qu'il percevra une forme quatre fois plus petite alors qu'on lui parle d'un rapport d'échelle de $^1/_2$.

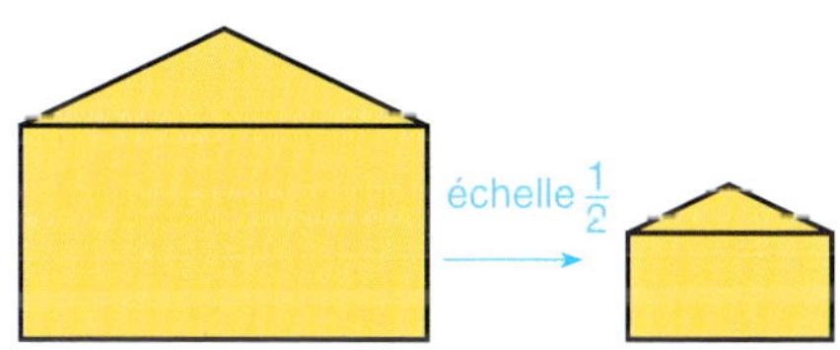

représentation correcte mais perception faussée: $^1/_4$ (rapport des aires)

Que vaut le côté d'un carré qui, à l'échelle $\frac{1}{100}$ est représenté par un carré de 4 m^2?

4.9.3. Distance parcourue et durée: vitesse

Selon que le parcours effectué se déroule ou non à vitesse constante, on parlera plus volontiers de

1. vitesse constante

2. vitesse moyenne

1. Vitesse constante

C'est une vue de l'esprit, mais qui permet une première approche de la notion: à chaque intervalle donné de durée correspond un espace parcouru invariable. La vitesse est le rapport entre un espace parcouru et la durée correspondante:

Distance parcourue	Durée
60 km	1 h
120 km	2 h
150 km	2 h 30

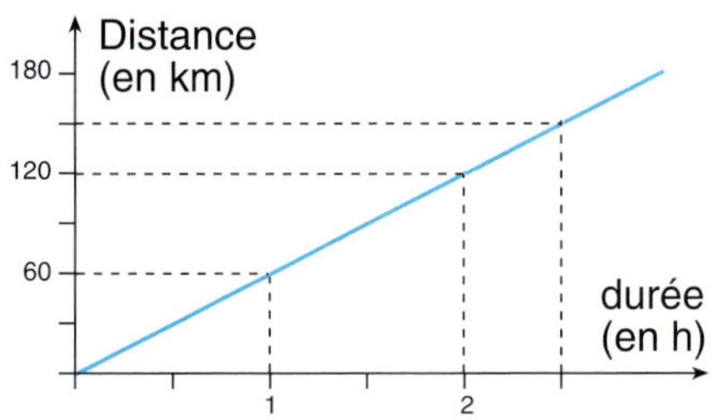

Sur le diagramme cartésien, la vitesse en km/h est donnée par l'ordonnée du point d'abscisse 1. Dans le cas-dessus, la vitesse est de 60 km/h.

2. Vitesse moyenne

En réalité, la vitesse varie très souvent. Il suffit pour s'en convaincre d'observer le compteur d'une voiture pendant un trajet. L'aiguille bouge souvent. On ne peut plus parler de vitesse constante, mais de vitesse instantanée, ou vitesse à chaque moment. C'est une notion difficile à développer dans le cadre de l'école primaire. Par contre, on peut établir le rapport entre la distance totale parcourue et la durée du déplacement: c'est la **vitesse moyenne**.

Sur un diagramme cartésien, elle est déterminée par la droite joignant les deux points extrêmes du déplacement.

Dans ce cas-ci, la vitesse moyenne est de 40 km/h, vitesse qui tient compte des pointes de vitesse comme des arrêts aux feux rouges par exemple s'il s'agit du déplacement d'un autobus en ville.

Ici, il n'y a donc plus proportionnalité entre la distance parcourue et le temps mis pour la parcourir.

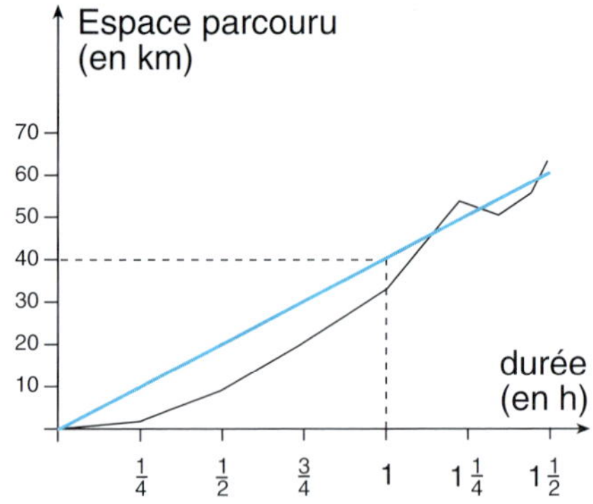

Suggestion didactique

Une vision réaliste de la vitesse

Ici une nouvelle fois, l'important est de donner à l'enfant les outils nécessaires pour estimer une vitesse et pour lui permettre de disposer de repères familiers tirés de l'expérience :

EXEMPLE : «associe à chaque déplacement un moyen de locomotion».

1500 km en 2 h •	• piéton
40 km en 2 h •	• vélo
3 km en 1/2 h •	• mobylette
390 km en 5 h •	• avion
15 km en 25 min •	• poids lourd

Cet exercice peut également être proposé dans le but d'amener la notion de «**km/h**» dont un aspect important est la référence à une unité de durée commune, l'heure, afin de pouvoir comparer des choses comparables.

4.9.4. Intérêt et capital, durée, taux

Avant de donner un sens à ces termes, il faut distinguer d'emblée deux cas qui peuvent se présenter :

1. je prête ou je place une somme d'argent

2. j'emprunte une somme d'argent

1. Prêt ou placement

EXEMPLES : livret d'épargne, placement à terme, prêt à un ami, souscription à un emprunt d'État,...

Le ***capital*** est la somme prêtée ou placée pendant une **durée** déterminée.

L'***intérêt*** est le bénéfice produit par le capital prêté ou placé (le «loyer» de l'argent).

Le ***taux*** d'intérêt est l'intérêt de 100 € pendant une durée de 1 an.

2. Emprunt

EXEMPLES : prêt personnel, prêt hypothécaire (pour l'achat d'une maison), achat à crédit, crédit de caisse,...

Le ***capital*** est la somme empruntée pendant une **durée** déterminée.

L'***intérêt*** est l'indemnité à payer en échange du service rendu.

Le ***taux*** d'intérêt est l'intérêt de 100 € pendant un an.

L'intérêt est une grandeur directement proportionnelle

- au capital
- à la durée
- au taux

Proportionnel **au capital** | Proportionnel **à la durée** | Proportionnel **au taux**

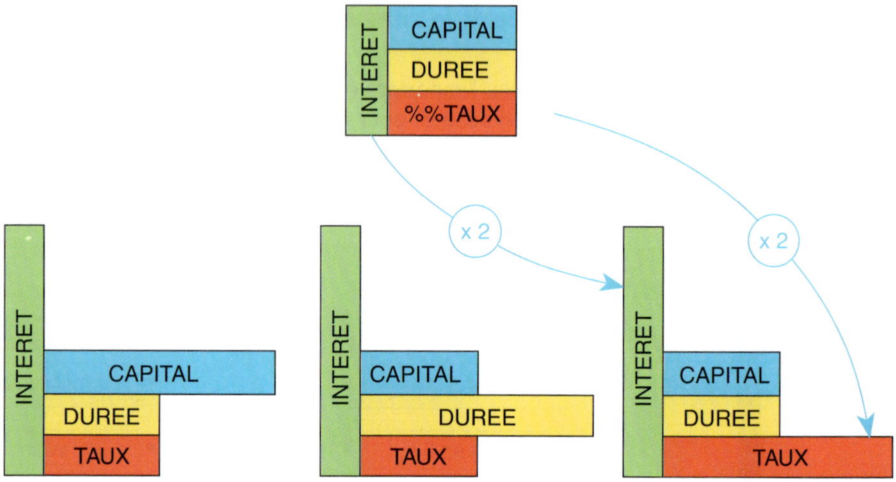

Si le capital double, la durée et le taux restant constants, l'intérêt double également

Si la durée double, le capital et le taux restant constants, l'intérêt double

Si, plaçant une même somme à terme de 3 ans par exemple, plutôt qu'en la laissant sur mon livret d'épargne pendant 3 ans, le taux double, l'intérêt perçu double également.

Calcul de l'intérêt

EXEMPLE : Calcul de l'intérêt d'un capital de 12 000 € placé à 10 % pendant deux ans :

capitaux	intérêts	durées
100 €	10 €	(1 an)
(x 120) 12 000 €	(x 120) **1 200 €**	1 an
(12 000 €)	(x 2) **2 400 €**	(x 2) 2 ans

L'intérêt que rapporte ce capital est de 2 400 €. Si le capital avait doublé ou si la durée du placement avait doublé, l'intérêt perçu aurait été de 4 800 €.

Calcul : $$\text{intérêt} = \frac{12\ 000 \text{ ?Eurosign? } \times 2 \times 10}{100} = 2400 \text{ ?Eurosign?}.$$

En fait, l'exemple ci-dessus ne retranscrit pas tout à fait la réalité. En effet, si la somme est placée à terme d'un an renouvelable, les intérêts tombent chaque année. Après un an, le capital est donc plus élevé que 12 000 € :

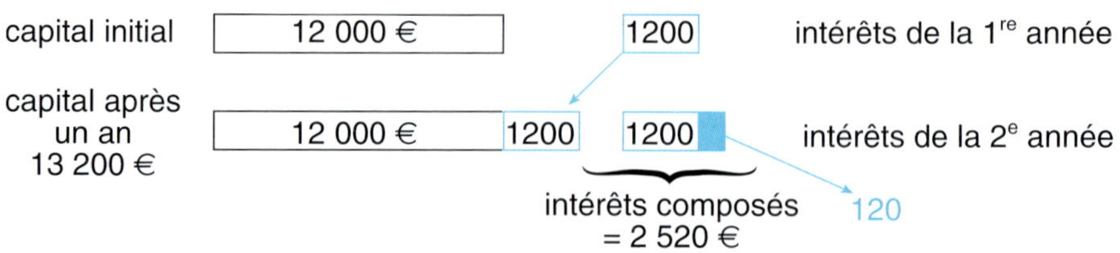

4.9.5. Les partages de grandeurs

Deux familles occupent ensemble une maison. Le ménage **A** n'a pas d'enfant et occupe le premier étage. Le second ménage **B**, a deux enfants et occupe le rez-de-chaussée et le second étage. Le jardin et les caves sont occupés et gérés en commun. Le loyer est de 1 800 €.

Le problème est de répartir ce loyer entre les deux ménages. Voici trois possibilités de partage:

1. on décide que **B** paiera forfaitairement 450 € de plus que **A**. Le partage est dit **inégal:** une part est d'une quantité **x** plus grande que l'autre.
2. les quotes-parts sont calculées en fonction du nombre d'enfants, un enfant comptant pour la moitié d'un adulte. Le partage est dit **proportionnel** au nombre de personnes.
3. les quotes-parts sont fonction du nombre d'étages occupés. Le partage est **proportionnel** au nombre d'étages occupés.

Dans le premier cas, la différence sera toujours de 450 €, quelle que soit la façon dont évolue le loyer par la suite. Dans les deuxième et troisième cas, les augmentations de loyer seront réparties proportionnellement au partage initial.

Calculons les quotes-parts respectives pour les deux premiers partages.

1. Partage inégal

1 800 € à répartir entre **A** et **B**, la part de **B** étant supérieure à celle de **A**.

Résolution schématique

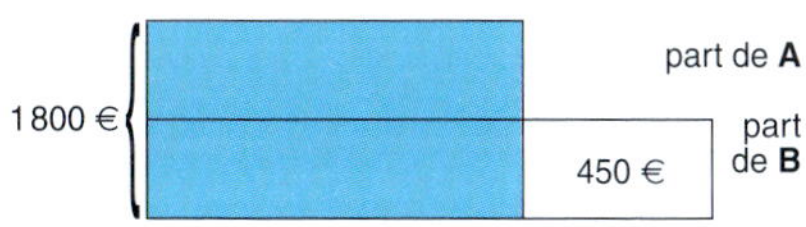

La valeur de la bande de couleur est donnée en soustrayant 450 € de 1 800 € et en divisant par deux cette différence:

part de A

$$= \frac{1800\ € - 450\ €}{2}$$

$$= 675\ €$$

La part de **B** vaut donc 1 125 €

La somme de ces deux parts vaut bien 1 800 € et leur différence 450 €.

2. Partage proportionnel

1 800 € à répartir entre **A** et **B**, proportionnellement aux nombres 2 (2 adultes) et 3 (2 adultes et 2 «demi-adultes»).

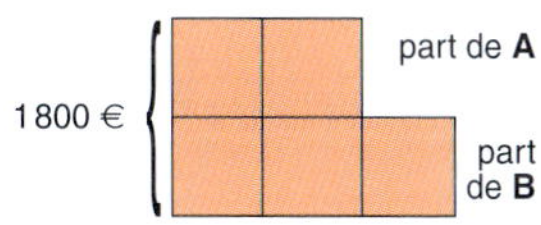

La valeur d'un carré de couleur est le cinquième de la somme totale, c'est-à-dire 360 €. On a:

part de **A** = 360 € x 2 = 720 €

part de **B** = 360 € x 3 = 1 080 €

La somme de ces deux parts vaut bien 1 800 € et celles ci sont situées dans un rapport de 2 à 3.

Le mode de résolution par équation est aussi possible. Nous nous contenterons de l'évoquer pour l'enseignant.

Résolution par équation

Soit **a** la part de **A** en euros et **b** la part de **B** en euros.

$\mathbf{a} + \mathbf{b} = 1\,800$ (1)

$\mathbf{b} - \mathbf{a} = 450$ (2)

En remplaçant, dans (1), **b** par sa valeur dans (2), c-à-d. (**a** + 450), on a:

$\mathbf{a} + (450 + \mathbf{a}) = 1\,800$

$\mathbf{a} \times 2 = 1\,800 - 450 = 1350$

$\mathbf{a} = 675$ et $\mathbf{b} = 1125$

$\mathbf{a} + \mathbf{b} = 1\,800$ (1)

$\frac{\mathbf{a}}{\mathbf{b}} = \frac{2}{3}$ (2)

En remplaçant dans (1) **a** par sa valeur dans (2), c-à-d. ($\frac{2}{3}$ de **b**), on a:

$\frac{2}{3}$ de $\mathbf{b} + \mathbf{b} = 1\,800$

$\frac{5}{3}$ de $\mathbf{b} = 1\,800$

donc $\mathbf{b} = 1\,080$ et $\mathbf{a} = 720$

CHAPITRE 5

Typologie des situations-problèmes

Dans les pages qui suivent, c'est l'ensemble des situations-problèmes qui seront envisagées, quelle que soit la fonction à laquelle elles servent. Celles-ci recouvrent à la fois les situations qui peuvent être utilisées comme (1) des **situations-problèmes pour des apprentissages** de ressources, (2) des **applications** d'une notion, une règle, une formule, et (3) des situations **d'intégration** qui amènent l'élève à mobiliser plusieurs ressources en vue de sa résolution (ROEGIERS, 2003, 3e éd. 2011; ROEGIERS, 2010). C'est dans ce sens que le terme «situation-problème» est plus adéquat que le terme «problème».

Le niveau de difficulté qu'éprouve un enfant pour résoudre une situation-problème est lié à un grand nombre de paramètres, ou de variables. Parmi ces variables, nous ne retiendrons que les variables liées à la situation-problème elle-même, indépendamment des autres variables, personnelles, interpersonnelles et de contexte, que l'on ne peut pas anticiper dans un tel ouvrage.

Il est difficile d'établir une véritable classification des situations-problèmes tant il y a de variables sont il faudrait tenir compte. La vie elle-même nous met en présence d'une grande variété de problèmes: problèmes pratiques et problèmes psychologiques, problèmes exprimés et problèmes non exprimés, problèmes d'organisation et problèmes de compétence, problèmes de lecture et problèmes d'expression, etc.

C'est justement dans la confontration avec cette variété de situations rencontrées que l'enfant acquerra le plus d'atouts pour faire face à une situation nouvelle qui se présente à lui. Les situations-problèmes scolaires ne vont pas lui permettre de résoudre toutes les situations-problèmes de vie, loin s'en faut, mais au moins l'enfant aura développé un savoir-faire et un savoir-être face à des situations nouvelles.

Nous regrouperons ces variables en 3 grandes catégories.

1. Les variables d'identification.
2. Les variables mathématiques.
3. Les variables d'habillage.

1. Les **variables d'identification** de la situation-problème sont des variables qui décrivent **la nature de la situation-problème**.
   Elles répondent à la question: «de quel type de situation-problème s'agit-il?», sans présumer de sa difficulté relative, ni de la façon dont il est présenté aux enfants.

Elles donnent des indications sur le type de comportement que l'on veut susciter auprès de l'enfant.

Ce sont:
1.1 Le répertoire cognitif
1.2 Le produit attendu
1.3 Le niveau d'ouverture de la situation-problème

2. Les **variables mathématiques** sont des variables de contenu: elles décrivent la **structure mathématique** de la situation-problème et précisent son **dégré de complexité**.
   Une stucture mathématique définie peut toujours donner lieu à des situations-problèmes de types différents, et habillés façons très diverses.

   Ce sont:
   2.1 Les concepts et opérations mis en œuvre.
   2.2 Le nombre d'étapes élémentaires et la hiérarchisation de ces étapes.
   2.3 Le dégré de continuité du processus de résolution minimal.

3. Les **variables d'habillage** de la situation-problème sont relatives à la présentation de la situation-problème d'un type donné et d'une structure mathématique donnée.
   Elles donnent des indications sur l'accessibilité de l'énoncé par l'enfant: ce sont des facteurs inhibiteurs ou facilitateurs qui influencent la façon dont l'enfant identifie ce qu'on lui demande et dégage la structure mathématique de la situation-problème.

   Ce sont:
   3.1 La présentation de la situation-problème.
   3.2 La place de la question.
   3.3 L'ordre de présentation des données.
   3.4 L'existence de données parasites.
   3.5 L'existence d'indices facilitateurs.
   3.6 Le niveau d'évidence de la réponse.
   3.7 Le cadre.

REMARQUES

1. Les catégories proposées ne se présentent pas exhaustives, ni mutuellement exclusives: les variables citées sont constamment en interaction les unes avec les autres et se recoupent parfois.
   Cette typologie se veut opérationnelle avant tout. Elle permet à l'enseignant d'indentifier facilement les types de situations-problèmes qu'il pose aux enfants, et par là de détecter l'un ou l'autre paramètre qu'il ne fait jamais varier.

2. Nous n'avons pas intégré à cette typologie l'activité cognitive exercée par l'enfant, ceci pour la raison suivante: l'objectif est de rester simple et opérationnel dans la typologie proposée. Le respect de ces deux critères devient difficile, sinon impossible, quand on s'engage dans les taxonomies du domaine cognitif:

   – soit on cherche à rester simple, et on doit rester au niveau des généralités (à la limite, toutes les situations-problèmes entreraient par exemple dans une même catégorie «résolution de situation-problèmes»)
   – soit on veut opérationnaliser les taxonomies et cela demande nécessairement de longs et complexes développements qui débordent le cadre de cet ouvrage.

À titre d'information, nous proposons toutefois en annexe

- la taxonomie des opérations cognitives de D'HAINAUT;
- la taxonomie des capacités et habiletés intellectuelles de BLOOM.

Nous les évoquerons ponctuellement au cours du développement de cette typologie.

Les exemples illustrant les différentes catégories sont tirés d'une banque de situations-problèmes proposée à la page 203.

Chaque modalité d'une variable sera illustrée par trois ou quatre situations-problèmes. Ce ne sont que des exemples. D'autres situations-problèmes de la banque de situations-problèmes pourraient compléter cette liste.

1. LES VARIABLES D'IDENTIFICATION

1.1 Le répertoire cognitif

Le répertoire cognitif définit le type de contenu mathématique dont il est question. On peut dire que cette variable peut prendre 6 modalités principales :

1.1.1 *Situation-problème numérique*

Il met essentiellement en œuvre des nombres, des grandeurs et des opérations sur ceux-ci.

EXEMPLES: Les situations-problèmes 1 2 4 5 6 10 de la banque de situations-problèmes.

1.1.2 *Situation-problème logique*

Il met essentiellement en œuvre des opérations logiques (voir en 0.2.9).

EXEMPLES: Les situations-problèmes 35 36 40 de la banque de situations-problèmes.

1.1.3 *Situation-problème géométrique*

Il met essentiellement en œuvre des figures géométriques et leurs propriétés.

EXEMPLES: Les situations-problèmes 15 22 26 de la banque de situations-problèmes.

1.1.4 *Situation-problème logico-numérique*

Il combine des propriétés du 1.1.1 et 1.1.2

EXEMPLES: Les situations-problèmes 19 25 37 de la banque de situations-problèmes.

1.1.5 *Situation-problème géométrico-numérique*

Il combine des propriétés du 1.1.1 et du 1.1.3

EXEMPLES: Les situations-problèmes 7 8 9 11 27 de la banque de situations-problèmes.

1.1.6 *Situation-problème logico-géométrique*

Il combine des propriétés du 1.1.2 et du 1.1.3.

EXEMPLES: Les situations-problèmes [14] [23] [38] de la banque de situations-problèmes.

La variable « répertoire cognitif » n'est qu'une sous-variable d'un ensemble plus vaste que le champ disciplinaire de la situation (D'HAINAUT). Il envisage si la situation-problème est une situation-problème :

« – **monodisciplinaire**, où la situation de départ ou les données se situent à l'intérieur d'une seule discipline;

– **pluridisciplinaire**, dans lequel la situation de départ appartient à plusieurs disciplines;

– **interdisciplinaire**, où la situation de départ concerne ou met en jeu des principes organisateurs communs à plusieurs disciplines. La différence entre cette catégorie et la précédente réside dans le fait que, dans le premier cas, les données appartenant à plusieurs disciplines sont juxtaposées, tandis que dans les situations-problèmes interdisciplinaires, elles sont intégrées dans une structure commune à plusieurs disciplines. »(D'HAINAUT, 1983, p. 321)

Nous renvoyons également le lecteur à la notion de « **situation d'intégration** » (ROEGIERS, 2003, 3e éd. 2011; ROEGIERS, 2010), évoquée en 0.1.2 (tome 1).

1.2 Le produit attendu

Le type de produit attendu est extrêmement varié. Les produits proposés ci-dessous ne sont que des exemples. Ils ont été choisis pour leur fréquence d'apparition à l'école primaire ou pour l'intérêt qu'ils suscitent.

1.2.1 *Un nombre ou une grandeur (des nombres ou des grandeurs)*

C'est le produit classique. Il résulte souvent d'un énoncé structuré sur base d'une question « combien ».
D'autres consignes ou questions peuvent susciter un tel produit:

- « calcule... »;
- « quel est (le prix, le volume de...) »;
- « quand (à quelle heure...) »;
- etc.

EXEMPLES: Les situations-problèmes [2] [4] [6] [18] [41] de la banque de situations-problèmes.

1.2.2 *Un choix à poser*

Ce produit résulte souvent d'une situation-problème structurée sur une question « quel? », ou une consigne « trouve », « choisis parmi... », invitant à poser un choix en fonction de critères déterminés.

EXEMPLES: Les situations-problèmes [1] [15] [16] [33] [36] de la banque de situations-problèmes.

Souvent, ce type de consigne ou de question se superpose avec une question « comment »: on attend un produit déterminé qui est un objet particulier, mais ce produit est intimement lié à une procédure de travail (voir ci-dessous).

1.2.3 *Une construction géométrique*

La construction géométrique peut recouvrir des formes très diverses :
- forme géométrique ;
- itinéraire ;
- patron ;
- solide ;
- maquette, etc.

EXEMPLES : Les situations-problèmes [7] [14] [36] [38] de la banque de situations-problèmes.

1.2.4 *Une organisation de données*

Ce sont les situations-problèmes dans lesquelles on demande à l'enfant de structurer des éléments. Deux cas peuvent se présenter.

a) Les éléments sont donnés.
- réaliser un classement ;
- réaliser une sériation ;

etc.

EXEMPLES : Les situations-problèmes [23] [33] [34] de la banque de situations-problèmes.

b) Il faut rechercher des possibilités, des combinaisons.
- construire un arbre des possibilités ;
- construire un tableau à double entrée ;
- etc.

EXEMPLES : Les situations-problèmes [19] [37] [40] de la banque de situations-problèmes.

1.2.5 *Un produit conceptuel*

Ce sont les situations-problèmes dans lesquelles l'enfant est amené à une réflexion sur des concepts mis en œuvre.
Ils sont souvent structurés sur une question « pourquoi », ou « quand » ? (« dans quels cas ? »).

EXEMPLES : « ***Quand doit-on écrire un report dans une addition écrite ?*** »
« ***Quand peut-on supprimer des zéros dans l'écriture d'un nombre sans que sa valeur ne change ?*** »

Les situations-problèmes [17] [26] de la banque de situations-problèmes.

Bien que faisant appel à l'analyse, ces situations-problèmes se situent la plupart du temps à un niveau cognitif de synthèse (voir annexe).

1.2.6 *Une procédure*

Pratiquement toutes les situations-problèmes font appel à la mise en œuvre d'une procédure. Nous faisons ici allusion à ceux qui débouchent sur **l'explication d'une procédure**.
Ils sont souvent structurés sur une question « comment ? ».

EXEMPLES : Les situations-problèmes [9] [25] [27] de la banque de situations-problèmes.

Par rapport aux situations-problèmes où l'on demande à l'enfant d'appliquer la procédure, ces situations-problèmes peuvent présenter un double avantage:
- ils mettent l'accent sur la procédure utilisée, et non sur le produit concret obtenu, ce qui peut susciter une confrontation entre différentes procédures ;
- ils permettent de traiter des situations-problèmes que le contexte ne permet pas d'aborder pratiquement.

1.2.7 *Une argumentation*

Ce sont souvent les situations-problèmes structurées à partir d'une question «pourquoi?»

EXEMPLES: Les situations-problèmes 12 13 39 de la banque de situations-problèmes.

N.B.: La situation-problème 13 est intéressante, comme situation-problème fermée, mais surtout comme situation-problème semi-ouverte présentant plusieurs solutions, à sélectionner selon certains critères: je fais moi-même mon pain tous les jours ou je fais une tarte occasionnellement, la farine se conserve pendant autant de temps, je dispose d'autant d'argent etc.

1.2.8 *Une contribution à un projet*

Il peut s'agir de l'élaboration d'un projet, de sa réalisation ou encore d'une contribution à la réalisation.
L'intérêt de ce type d'activités n'est plus à démontrer. Non seulement elles présentent un caractère d'intégration, mais elles jouent un rôle social de renforcement de la communication entre différents enfants.

EXEMPLES: Les situations-problèmes 21 30 45 de la banque de situations-problèmes.

1.2.9 *Une question ou un savoir-faire relatif à la résolution de situations-problèmes*

Ce sont tous les situations-problèmes dont le but est de familiariser l'enfant avec les situations-problèmes, en lui apprenant
- à poser une (des) question(s);
- à résoudre une situation-problème.

EXEMPLES: Les situations-problèmes 2 3 5 28 34 de la banque de situations-problèmes.

1.3 Le degré d'ouverture de la situation-problème

1.3.1 *Situation-problème fermée*

Une ***situation-problème fermée*** est une situation qui possède les deux caractéristiques suivantes.

A. Toutes les données sont présentes dans l'énoncé
B. La solution est unique.

Il fait appel à la mobilisation convergente (voir annexe)

EXEMPLES: Les situations-problèmes 1 4 5 6 26 28 de la banque de situations-problèmes.

Une ***opération habillée*** est une situation-problème fermée (ou plutôt une application) qui ne comprend qu'une seule opération, présentée dans un contexte analogue à celui dans lequel elle pourrait être rencontrée pratiquement.

Les opération habillées constituent un sous-ensemble des situations-problèmes fermées.

EXEMPLES: Les situations-problèmes 4 43 de la banque de situations-problèmes.

1.3.2 Situation-problème semi-ouverte

Une ***situation-problème semi-ouverte*** est une situation-problème qui ne présente qu'une des deux caractéristiques d'une situation-problème fermée.

Il existe donc deux sortes de situations-problèmes semi-ouvertes.

- Situation-problème semi-ouverte de **type A** : toutes les données sont présentes dans l'énoncé mais la solution n'est pas unique.

EXEMPLES: Les situations-problèmes 7 10 32 36 38 de la banque de situations-problèmes.

- Situation-problème semi-ouverte de **type B**: la solution est unique mais toutes les données ne sont pas présentes dans l'énoncé.

EXEMPLES: Les situations-problèmes 8 12 42 de la banque de situations-problèmes.

1.3.3 Situation-problème ouverte

Une ***situation-problème ouverte*** est une situation-problème qui ne présente aucune des deux caractéristiques qui définissent une situation-problème fermée.

Dans une situation-problème ouverte,
- les données ne sont pas toutes présentes dans l'énoncé;
- la solution n'est pas unique.

Ce type de situations-problèmes fait appel à la mobilisation divergente (voir annexe)

EXEMPLES: Les situations-problèmes 9 21 27 30 de la banque de situations-problèmes.

2. LES VARIABLES MATHÉMATIQUES

2.1 Les opérations mises en œuvre

N.B.: Cette catégorie n'est pertinente que pour les situations-problèmes à composante logique ou numérique.

Il s'agit essentiellement:
- des opérateurs et opérations logiques élémentaires;
- des opérations et structures arithmétiques élémentaires.

La liste suivante énonce les principales opérations et structures élémentaires que l'on peut trouver dans une situation. Les situations-problèmes qui les illustrent mettent nécessairement en œuvre l'opération, mais pas de façon exclusive.
Nous n'envisagerons pas toutes les combinaisons d'opérations entre elles. Ce serait très long et peu utile.

2.1.1 *Négation (ne ... pas)*

EXEMPLES: Les situations-problèmes [19] [35] [44] de la banque de situations-problèmes.

2.1.2 *Conjonction (et)*

EXEMPLES: Les situations-problèmes [19] [35] [36] de la banque de situations-problèmes.

2.1.3 *Disjonction (au moins ... ou ...)*

EXEMPLES: Les situations-problèmes [13] [37] [40] [46] de la banque de situations-problèmes.

2.1.4 *Exclusion (soit ... soit)*

Elle comprend la comparaison de deux ou plusieurs éléments en vue d'un choix. En effet, un choix n'est rien d'autre que la mise en œuvre de l'opération logique d'exclusion.

EXEMPLES: Les situations-problèmes [1] [2] [19] [28] [48] de la banque de situations-problèmes.

2.1.5 *Implication (si ... alors)*

EXEMPLES: Les situations-problèmes [14] [16] [23] [25] de la banque de situations-problèmes.

Ce type de situation-problème apprend à l'enfant à poser des hypothèses.

2.1.6 *Addition*

EXEMPLES: Les situations-problèmes [1] [20] [34] [37] de la banque de situations-problèmes.

2.1.7 *Soustraction*

EXEMPLES: Les situations-problèmes [2] [4] [6] [11] de la banque de situations-problèmes.

2.1.8 *Multiplication*

EXEMPLES: Les situations-problèmes [7] [18] [19] [20] de la banque de situations-problèmes.

2.1.9 *Division*

EXEMPLES: Les situations-problèmes [6] [12] [13] [47] de la banque de situations-problèmes.

2.1.10 *Proportionnalité*

EXEMPLES: Les situations-problèmes [9] [24] [25] [32] de la banque de situations-problèmes.

2.2 Le nombre d'étapes élémentaires et la hiérarchisation de ces étapes

N.B.: Cette catégorie, de même que la suivante, n'est pas pertinente pour les situations-problèmes ouvertes.

Outre les concepts et opérations mis en œuvre dans une situation-problème, le niveau de difficulté de celui-ci est fortement lié au nombre d'étapes nécessaires à sa résolution, ainsi qu'à la façon dont ces étapes se structurent entre elles.
Le mode de résolution d'une situation-problème donnée est certes très différent d'un enfant à l'autre. Celui que nous mentionnerons ici est le mode de résolution minimal, c'est-à-dire celui de l'« expert ».

On peut le représenter par un arbre de résolution. C'est un graphe qui tient compte à la fois du **nombre d'opérations** nécessaires à la réalisation du **but**, et du **degré de dépendance** entre ces opérations (AUDIGIER, M.-N., COLOMB, J., GUILLAUME, J.-C., RICHARD, J.-F. – s. d.). Chaque carré représente une opération élémentaire à effectuer, et chaque trait droit représente un lien de dépendance.

Par exemple, l'arbre élémentaire suivant symbolise la résolution d'une situation-problème qui met en œuvre deux opérations dépendantes l'une de l'autre: l'opération (**a**) de premier niveau doit être effectuées avant celle de second niveau (**b**).

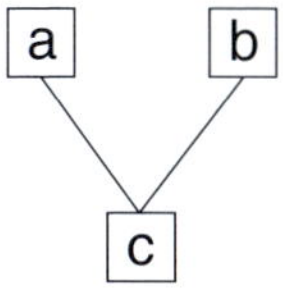

L'arbre suivant comporte trois opérations: les deux premières (**a** et **b**) sont indépendantes et peuvent être effectuées dans un ordre quelconque; la troisième (**c**) est une opération de second niveau qui dépend de la réalisation préalable des deux autres.

Les opérations dont il est question sont principalement des opérations arithmétiques. Toutefois, le modèle pourait être étendu aux opérations logiques. Par exemple, le dernier arbre présenté pourrait être celui de la résolution de la situation-problème:
«***Ai-je davantage de limonade dans un casier de 24 boutellles de 33 cl. ou dans un casier de 12 bouteilles de 1 litre?***».

L'opération **a** est l'opération «33 cl x 24», l'opération **b** est l'opération «1 l x 12», et l'opération **c** est une comparaison, c'est-à-dire une opération logique d'exclusion: on choisit soit une solution soit l'autre.

Le degré de dépendance entre les opérations peut être plus ou moins fort.

Dans la structure de gauche, le degré de dépendance est important: l'opération **a** doit nécessairement être effectuée avant les deux autres: par contre, dans la structure de droite, le degré de dépendance est faible: on peut indifféremment commencer par résoudre l'opération **a**, **b** ou **c**.

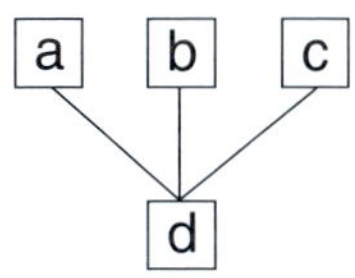

Les cas les plus couramment rencontrés sont les suivants:

2.2.1

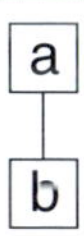

2.2.2

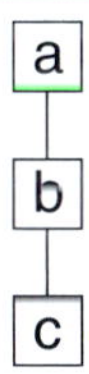

2.2.3

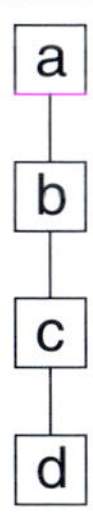

EXEMPLES 6 19 — 11 18 — 29 39

2.2.4

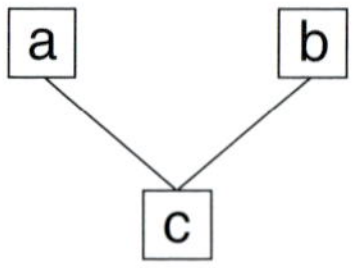

2.2.5

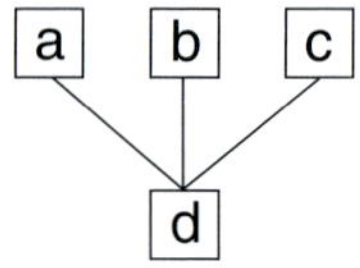

EXEMPLES 4 — 1 10

2.2.6

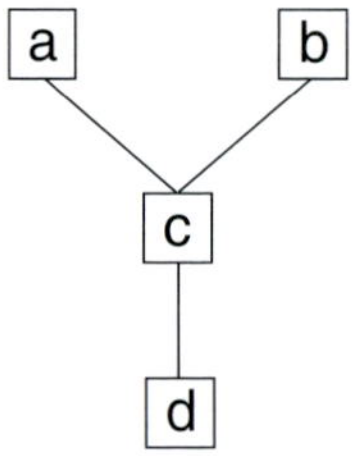

2.2.7

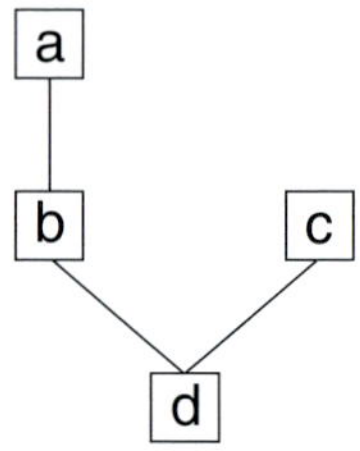

EXEMPLES 47 — 20

Une fois de plus, notre but n'est pas d'être exhaustif, mais de présenter les cas les plus courants.

2.3 Le degré de continuité du processus de résolution minimal

Dans les arbres à un nœud au moins, tels les arbres 2.2.4 à 2.2.7, il existe au moins une discontinuité dans le raisonnement: il faut provisoirement abandonner un résultat (**a**), et en calculer un autre, éventuellement un troisième, avant d'utiliser à nouveau le résultat obtenu en **a**.

De telles structures sont dites **discontinues**.

Une structure mathématique linéaire, telles les structures 2.2.1 à 2.2.3 peut selon les cas, être continue ou non.

Prenons les deux situations-problèmes suivantes, dont l'arbre de résolution est le même (le 2.2.1)

SITUATION-PROBLÈME 1: *« Tu achètes deux chocolats à 0,45 € et un sachet de bonbons à 0,60 €. Combien dois-tu payer ? »*

SITUATION-PROBLÈME 2: *« Tu achètes deux chocolats à 0,45 €. Combien te rend-on sur une pièce de 1 € ? »*

La situation-problème 1 est une situation-problème dont la résolution minimale est continue: on effectue l'opération **a** « 2 x 0,45 € », et on utilise directement le résultat « 0,90 € » pour l'additionner à 0,60 €.

Par contre, la situation-problème 2 présente une discontinuité: une fois que l'on a trouvé le résultat « 0,90 € » de l'opération a, il faut provisoirement écarter ce résultat, prendre une donnée nouvelle (1 €), et seulement reprendre « 0,90 € » à ce moment-là pour le retrancher de 1 €.

La variable «continuité» possède deux modalités.

2.3.1 *Situations-problèmes continues*

EXEMPLES: Les situations-problèmes 6 11 18 39 de la banque de situations-problèmes.

On peut les représenter par une chaîne de fonctions numériques.

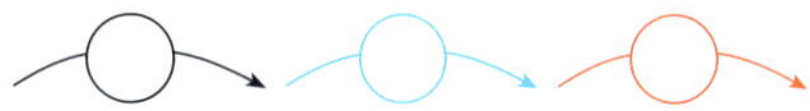

2.3.2 *Situations-problèmes discontinues*

EXEMPLES: Les situations-problèmes 1 10 23 29 42 de la banque de situations-problèmes.

On ne peut pas les représenter par une chaîne de fonctions numériques.

3. LES VARIABLES D'HABILLAGE

3.1 La présention d'une situation-problème

Cette variable prend 4 modalités principales, selon que la situation-problème est présentée à partir d'un:

3.1.1 *Énoncé écrit*

EXEMPLES: Les situations-problèmes 3 4 5 17 46 de la banque de situations-problèmes.

3.1.2 *Dessin seul*

EXEMPLES: Les situations-problèmes 6 44 de la banque de situations-problèmes.

3.1.3 *Énoncé écrit et dessin*

EXEMPLES: Les situations-problèmes 1 11 13 14 de la banque de situations-problèmes.

3.1.4 *Énoncé écrit et document*

EXEMPLES: Indicateur de chemins de fer, annuaire téléphonique etc.

3.1.5 *Autres présentations*

Ces présentations sont plus exceptionnelles: bande dessinée, énoncé oral, etc.

3.2 La place de la question

Cette variable comprend trois modalités selon que la question se trouve.

3.2.1 *En début d'énoncé*

EXEMPLES: Les situations-problèmes 7 14 15 17 de la banque de situations-problèmes.

3.2.2 *En fin d'énoncé*

EXEMPLES: Les situations-problèmes 1 4 6 9 11 de la banque de situations-problèmes.

3.2.3 *En milieu d'énoncé*

C'est le cas lorsqu'il y a au moins une donnée avant la question et une donnée après la question.

EXEMPLES: Les situations-problèmes [2] [33] [35] [39] [47] de la banque de situations-problèmes.

3.3 L'ordre de présentation des données

L'ordre d'utilisation des données dont il est question ci-dessous est l'arbre d'utilisation dans la résolution de l'expert, c'est-à-dire dans la résolution minimale.

Cette variable possède deux modalités selon que les données sont présentées:

3.3.1 *Dans l'ordre d'utilisation*

EXEMPLES: Les situations-problèmes [1] [6] [19] [39] de la banque de situations-problèmes.

3.3.2 *Dans un autre ordre*

EXEMPLES: Les situations-problèmes [4] [23] [29] [42] [46] [47] de la banque de situations-problèmes.

3.4 L'existence de données parasites

Par ***donnée parasite***, il faut entendre une donnée qui n'intervient pas dans la résolution minimale de la situation-problème (la résolution de l'« expert »). C'est une donnée qui n'a pas sa place dans la structure mathématique de la situation-problème.

Une donnée peut être superflue, et toutefois être présente dans la structure de résolution. C'est le cas lorsqu'une situation-problème présente une redondance, une répétition dans les données. Dans ce cas, il ne s'agit pas d'une donnée parasite, mais d'un indice (voir ci-dessous).

EXEMPLES: « ***Une classe est composée de 26 enfants: 14 garçons et 12 filles. 5 filles ont plus de 10 ans. Quel est le pourcentage de filles dans cette classe ?*** »

La donnée « 5 filles de plus de dix ans » est une donnée parasite. Elle n'a aucun lien avec la structure mathématique de la situation-problème, et ne vient qu'embrouiller la situation-problème.

Par contre, la donnée « 26 enfants » n'est pas une donnée parasite. Bien que non strictement nécessaire, elle est présente dans la structure mathématique de la situation-problème. Elle est considérée comme un indice facilitateur qui évite de devoir poser une opération supplémentaire « 14 + 12 ».

À la différence de l'indice qui peut être utile pour certains et inutiles pour d'autres, une donnée parasite est non pertinente quelle que soit la personne qui résoud la situation-problème posée.

Selon la définition donnée, l'ensemble de « l'habillage » de la situation-problème pourrait être considérée comme donnée parasite, puisqu'il est non pertinent aux yeux de l'« expert ». Cette définition est trop large.

Nous considérerons dès lors qu'il y a donnée parasite lorsque celle-ci est de même nature qu'une donnée nécessaire à la résolution: donnée numérique dans une situation-problème numérique, donnée géométrique dans une situation-problème géométrique etc.

Un prénom donné à un personnage, ou un détail descriptif, ne sera donc pas considéré comme donnée parasite.

La variable « existence de données parasites » possède deux modalités.

3.4.1 *Aucune donnée parasite*

EXEMPLES: Les situations-problèmes 6 18 24 de la banque de situations-problèmes.

3.4.2 *Au moins une donnée parasite*

EXEMPLES: Les situations-problèmes 5 11 31 44 de la banque de situations-problèmes.

3.5 L'existence d'indices facilitateurs

Un indice est une information, une question, une suggestion qui, bien utilisée, devrait aider l'enfant à trouver la solution.

Par exemple, un mot souligné dans un énoncé de situation-problème, un rappel, une question cruciale peuvent constituer des indices.

Nous reprenons à D'HAINAUT (1983) les catégories d'indices facilitateurs. Pour illustrer ces indices, nous partirons de la situation-problème 42:

« ***Stéphanie a reçu 10 € pour son anniversaire. Elle a décidé d'acheter 2 livres à 3,5 € et aussi 3 noeuds pour mettre dans ses cheveux. Combien d'argent lui restera-t-il ?*** »

3.5.1 *Indices focalisateurs*

Ce sont des indices qui attirent l'attention sur les données pertinentes ou sur l'information importante dans la situation de départ ou encore détournent l'attention de l'information non pertinente.

EXEMPLE: « ***Stéphanie <u>a reçu 10 €</u> pour son anniversaire. Elle a décidé d'acheter <u>2 livres à 3,5 €</u> et aussi <u>3 noeuds</u> pour mettre dans ses cheveux. <u>Combien d'argent lui restera-t-il ?</u>*** »

3.5.2 *Indices informatifs*

Ils suggèrent une information manquante

EXEMPLE: « ***Stéphanie a reçu 10 € pour son anniversaire. Elle a décidé d'acheter 2 livres à 3,5 € et aussi 3 nœuds pour mettre dans ses cheveux. Combien d'argent lui restera-t-il ?*** » *(<u>un nœud coûte 0,10 €</u>)*.

3.5.3 *Indices comportementaux*

Ils suggèrent des attitudes et des comportements généraux (relis plusieurs fois la situation-problème, ne réponds pas tout de suite, etc.)

EXEMPLE: « ***Stéphanie a reçu 10 € pour son anniversaire. Elle a décidé d'acheter 2 livres à 3,5 € et aussi 3 noeuds pour mettre dans ses cheveux. Combien d'argent lui restera-t-il ?***

<u>Commence par relire la situation-problème. Vérifie si tu as toutes les données.</u> »

3.5.4 Indices révélateurs

Ils explicitent une donnée, une relation ou une structure implicite dans la situation, ou bien précisent le but.

EXEMPLE : « ***Stéphanie a reçu 10 € pour son anniversaire. elle a décidé d'acheter 2 livres à 3,5 € et aussi 3 noeuds à ... € pour mettre dans ses cheveux. Combien d'argent lui restera-t-il?*** »

3.5.5 Indices régulateurs

Ils permettront de vérifier les étapes ou la solution finale.

EXEMPLE : « ***Stéphanie a reçu 10 € pour son anniversaire. Elle a décidé d'acheter 2 livres à 3,5 € et aussi 3 noeuds pour mettre dans ses cheveux. Montre qu'il lui restera 2,7 €*** ».

3.5.6 Indices organisateurs de processus

Ils donnent des indicateurs sur la structure du processus ou sur la matière d'aborder la situation-problème.

EXEMPLES : « ***Stéphanie a reçu 10 € pour son anniversaire. Elle a décidé d'acheter 2 livres à 3,5 € et aussi 3 noeuds pour mettre dans ses cheveux. Combien d'argent lui restera-t-il ?*** » ***Commence par calculer le prix des 2 livres.***

ou encore

« ***Stéphanie a décidé d'acheter 2 livres à 3,5 € et aussi 3 noeuds pour mettre dans ses cheveux. Elle a 10 €. Combien d'argent lui restera-t-il ?*** »

3.6 Le niveau d'évidence de la réponse

Il est certaines situations-problèmes dont la réponse est inattendue, c'est-à-dire qu'elle présente un décalage par rapport à l'énoncé.

Prenons la situation-problème suivante : ***« 144 personnes doivent être réparties en 20 groupes identiques. De combien de personnes chaque groupe sera-t-il constitué ? »***. La réponse brute à cette situation-problème est « 7,2 ». Cette réponse demande une interprétation, un traitement. Soit on veut absolument 20 groupes : on peut alors former par exemple 16 groupes de 7 personnes et 4 groupes de 8 personnes : soit on désire absolument qu'il y ait le même nombre de personnes dans chaque groupe, et on peut par exemple former 18 groupes de 8 personnes.

Une situation-problème peut aussi sembler demander une réponse « oui » ou « non », et en fait déboucher sur une réponse nuancée : « dans le cas où... », « parfois » etc.
Il peut enfin s'agir de situations-problèmes « à attrape ».

Le décalage peut être d'autant plus important pour certains élèves habitués à ce que tout « tombe toujours juste ». Devant une réponse suspecte, le réflexe est souvent d'agencer les données d'une autre façon. Le niveau d'évidence de la réponse joue donc un rôle certain dans la réussite d'une activité de situation-problème.

Il est difficile de cerner cette idée de façon précise. Nous dirons qu'une réponse n'est pas évidente dans les deux cas suivants :
- lorsque la réponse correcte n'est pas strictement en adéquation avec la question posée dans la situation-problème ;
- lorsque la réponse brute demande un traitement supplémentaire ou une interprétation non prévus explicitement dans l'énoncé.

Cette variable possède deux modalités.

3.6.1 *Réponse évidente*

EXEMPLES: Les situations-problèmes 18 22 39 44 de la banque de situations-problèmes.

3.6.2 *Réponse non évidente*

EXEMPLES: Les situations-problèmes 3 13 41 43 de la banque de situations-problèmes.

3.7 Le cadre

Le cadre est le contexte général de la situation. Il peut être extrêmenent varié. Les modalités proposées ne sont que des exemples.

3.7.1 *Situations d'école*

EXEMPLES: Les situations-problèmes 2 4 8 30 de la banque de situations-problèmes.

3.7.2 *Situations de pratique quotidienne*

EXEMPLES: Les situations-problèmes 3 5 6 10 13 de la banque de situations-problèmes.

3.7.3 *Ouverture scientifique, sociale et culturelle*

EXEMPLES: Les situations-problèmes 33 41 45 de la banque de situations-problèmes.

3.7.4 *Loisirs*

EXEMPLES: Les situations-problèmes 1 44 48 de la banque de situations-problèmes.

3.7.5 *Situations purement mathématiques*

Ce sont des situations dont le cadre est le cadre mathématique.

EXEMPLES: Les situations-problèmes 15 17 26 de la banque de situations-problèmes.

3.7.6 *Situations imaginaires*

Ce sont des situations créées de toutes pièces, et qui n'ont aucune prétention de similarité avec une situation réelle.

EXEMPLES: Les situations-problèmes 14 16 23 25 38 de la banque de situations-problèmes.

3.8 Le caractère significatif de la situation

Le caractère significatif d'une situation-problème est lié à de nombreux facteurs liés aux élèves et au contexte des apprentissages (ROEGIERS, 2010).

Certains facteurs sont cependant liés à la situation-problème elle-même, comme les facteurs suivants:

- le caractère significatif est lié *au contexte*, comme le fait de toucher l'élève dans ce qu'il vit, dans ses centres d'intérêt;

- le caractère significatif est lié *aux informations*, comme le fait de mettre en évidence l'écart entre la théorie et la pratique, ou encore d'avoir accès à des informations intéressantes;
- le caractère significatif est lié *à la fonction*, comme le fait de faire avancer l'élève dans un travail complexe, de déboucher sur une réalisation utile, comme pourrait l'être pour certains élèves la situation-problème 45 de la banque de situations-problèmes;
- le caractère significatif est lié *à la tâche*, comme le fait pour l'élève de percevoir un défi (comme la situation-problème 22 de la banque de situations-problèmes).

On pourrait croiser toutes ces catégories de variables entre elles, de façon à générer un très grand nombre de types de situations-problèmes différentes. Nous ne développerons pas un tel travail. Nous nous contentons d'en donner un exemple, à titre d'illustration de cette grande variété.

	1.1. Répertoire cognitif					
1.2. Produit attendu	Numérique	Logique	Géométrique	Logico-numérique	Géométrico-numérique	Logico-géométrique
Nombre ou grandeur	3			37	11	
Choix à poser	1	16	15		47	
Construction géométrique		36	38		7	14
Organisation de données	33	40		19		23
Produit conceptuel			26		17	
Procédure				25	27	
Argumentation	12			39		
Contribution à un projet	21				45	
Question ou savoir-faire relatif à la résolution de problèmes	34			28		

TYPOLOGIE DES SITUATIONS-ROBLÈMES

1.	**LES VARIABLES D'IDENTIFICATION**
1.1	**Le répertoire cognitif**
1.1.1	Situation-problème numérique
1.1.2	Situation-problème logique
1.1.3	Situation-problème géométrique
1.1.4	Situation-problème logico-numérique
1.1.5	Situation-problème géométrico-numérique
1.1.6	Situation-problème logico-géométrique
1.2	**Le produit attendu**
1.2.1	Nombre(s) ou grandeur(s)
1.2.2	Choix à poser
1.2.3	Construction géométrique
1.2.4	Organisation de données
1.2.5	Produit conceptuel
1.2.6	Procédure
1.2.7	Argumentation
1.2.8	Contribution à un projet
1.2.9	Question ou savoir-faire relatif à la résolution de situations-problèmes
1.3	**Le niveau d'ouverture de la situation-problème**
1.3.1	Situation-problème fermée
1.3.2	Situation-problème semi-ouverte
1.3.3	Situation-problème ouverte
2.	**LES VARIABLES MATHÉMATIQUES**
2.1	**Les opérations mises en œuvre**
2.1.1	Négation
2.1.2	Conjonction
2.1.3	Disjonction
2.1.4	Exclusion
2.1.5	Implication
2.1.6	Addition
2.1.7	Soustraction
2.1.8	Multiplication
2.1.9	Division
2.1.10	Proportionnalité

2.2 Le nombre d'étapes élémentaires et la hiérarchisation de ces étapes

2.2.1

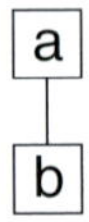

2.2.2

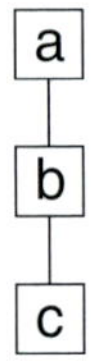

2.2.3

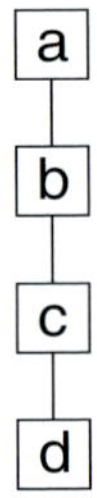

2.2.4

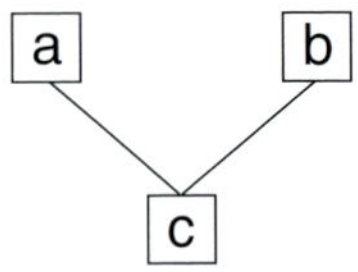

2.2.5

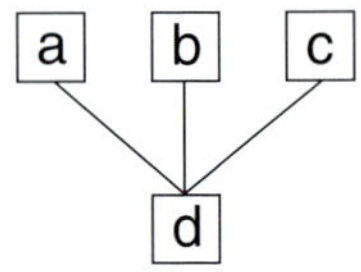

2.2.6

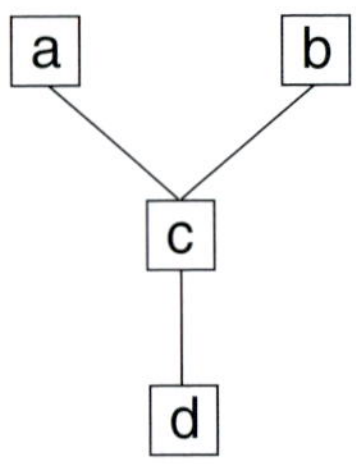

2.2.7

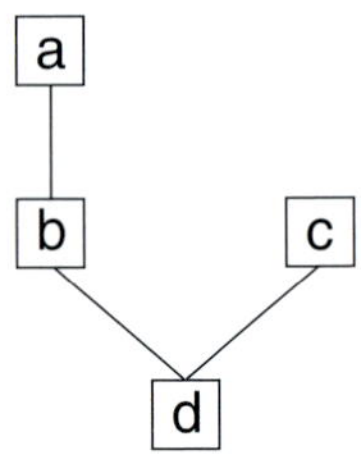

2.3 Le degré de continuité du processus de résolution minimal

2.3.1 Situations-problèmes continues
2.3.2 Situations-problèmes discontinues

3. LES VARIABLES D'HABILLAGE

3.1 La présentation de la situation-problème

3.1.1 Énoncé écrit
3.1.2 Dessin seul
3.1.3 Énoncé écrit et schéma
3.1.4 Énoncé écrit et document
3.1.5 Autre présentation

3.2 La place de la question

3.2.1 En début d'énoncé
3.2.2 En fin d'énoncé
3.2.3 En milieu d'énoncé

3.3 L'ordre de présentation des données

3.3.1 Dans l'ordre d'utilisation
3.3.2 Dans un autre ordre

3.4 L'existence de données parasites

3.4.1 Aucune donnée parasite
3.4.2 Au moins une donnée parasite

3.5 L'existence d'indices facilitateurs

3.5.1 Indices focalisateurs
3.5.2 Indices informatifs
3.5.3 Indices comportementaux
3.5.4 Indices révélateurs
3.5.5 Indices régulateurs
3.5.6 Indices organisateurs de processus

3.6 Le niveau d'évidence de la réponse

3.6.1 Réponse évidente
3.6.2 Réponse non évidente

3.7 Le cadre

3.7.1 Situations d'école
3.7.2 Situations de pratique quotidienne
3.7.3 Ouverture scientifique, sociale et culturelle
3.7.4 Loisirs
3.7.5 Situations purement mathématiques
3.7.6 Situations imaginaires

Annexes

Banque de situations-problèmes

Les taxonomies des opérations cognitives

Solution des exercices

Bibliographie

BANQUE DE SITUATIONS-PROBLÈMES

1. Les enfants sont à la fête et tirent à la carabine. Ils regardent leurs cartons

Qui a gagné ?

2. Stéphane a 42 billes. Il joue avec Jean .

Combien Stéphane a-t-il maintenant de billes ?

Une bille coûte 1 F
Stéphane gagne 19 billes
Philippe gagne 12 billes

Avant de répondre, remets la bonne étiquette à sa place.

3. Alain dit : "Ma grand-mère a 52 ans". Sandrine lui répond : "La mienne a 4 ans de plus".

Qui a la grand-mère la plus gentille ?

4. Hamed est parti à l'école avec 46 billes. Il est revenu avec 53.

Combien en a-t-il gagné ?

5. Quelle histoire !

Dans son sac à provisions, Maman a 5 pommes à 0,3 €, 2 bananes à 0,2 €, 1 ananas à 1,2 €, 1 paquet de bonbons à 0,5 €. Il y a aussi son mouchoir, son porte-monnaie et 2 magazines. Chaque magazine a 48 pages.

Oh ! On allait oublier les 3 paquets de bonbons à 1,2 € pour son petit garçon qui a 5 ans.

Combien y a-t-il de paquets de bonbons ? de magazines ?

Si on te demandait de chercher ce que maman a payé pour ses courses, cherche les renseignements qui ne te serviraient pas.

6.

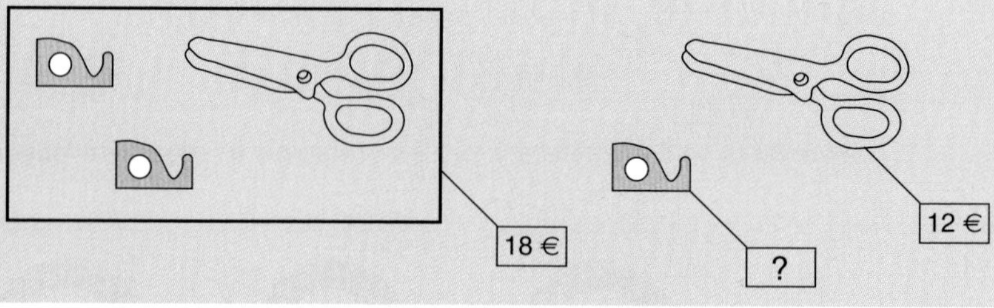

7.

Dessine plusieurs rectangles qui ont une aire de 24 cm^2.

8.

Au fond de la classe se trouve une boîte surprise de 0,50m x 1m50 x 1m.Elle pourrait renfermer des livres folio-junior, des cassettes vidéo, des boîtes de jeux.

Trouve dans quel cas les nombres serait le plus important et pourrait donc contenter le plus d'enfants.

9.

De nouveaux bâtiments seront construits. L'architecte est venu. Nous avons mesuré la parcelle de terrain.

Comment la représenter dans notre cahier ?

10.

Gaëlle a décidé d'acheter des timbres à 0,2 €, des timbres à 0,3 € et des timbres à 0,4 €, pour un total de 3 €. Elle peut acheter 6 timbres à 0,3 €, 2 timbres à 0,4 € et 2 timbres à 0,2 €. Trouve d'autres combinaisons possibles.

11.

Ce terrain trapézoïdal comprend une maison qui occupe 1,35 a.

Calcule l'aire réservée à la pelouse et au jardin.

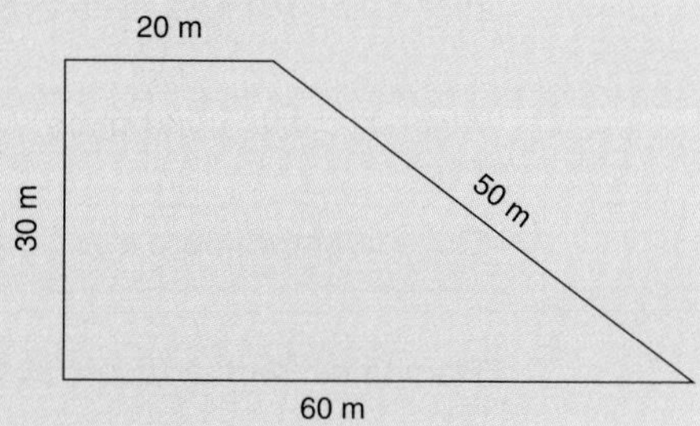

12.

Dans un rayon de magasin, je vois: "4 briques de savon toilette pour le prix de 3". Vais-je réaliser une réelle économie ? Si oui, prouve-le moi.

13.

"Tu dois acheter de la farine. Tu trouves

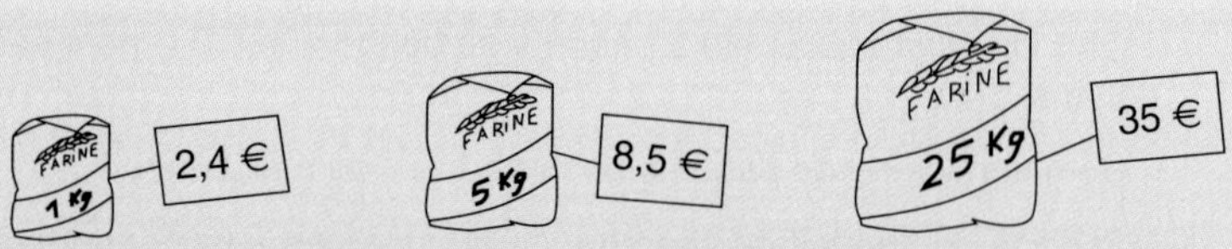

Que vas-tu acheter ? Explique pourquoi ."

14. Forme deux carrés sans allumette inutile en déplaçant deux allumettes dans la figure ci-dessous (problème de Katona)".

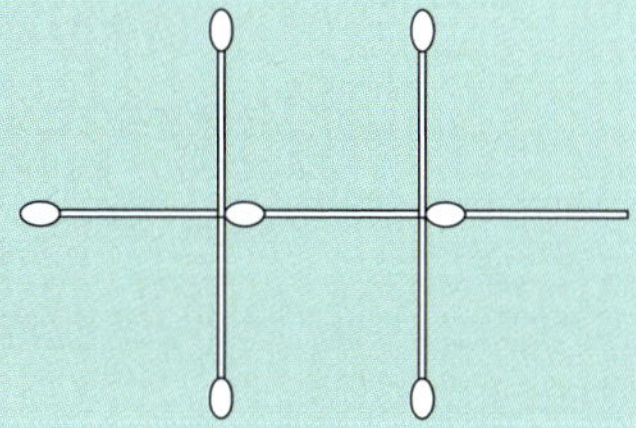

15. "Parmi ces figures, quelles sont celles que l'on peut construire en assemblant deux triangles rectangles identiques ?

Quelles sont les figures pour lesquelles ces deux triangles sont retournés l'un par rapport à l'autre ?"

16. Un artiste fou a maquillé le tableau suivant.

Tu sais que s'il enlève des disques, il les remplace par des triangles,
s'il enlève des triangles, il les remplace par des carrés,
il a supprimé la moitié des chiffres.

Entoure le tableau maquillé.

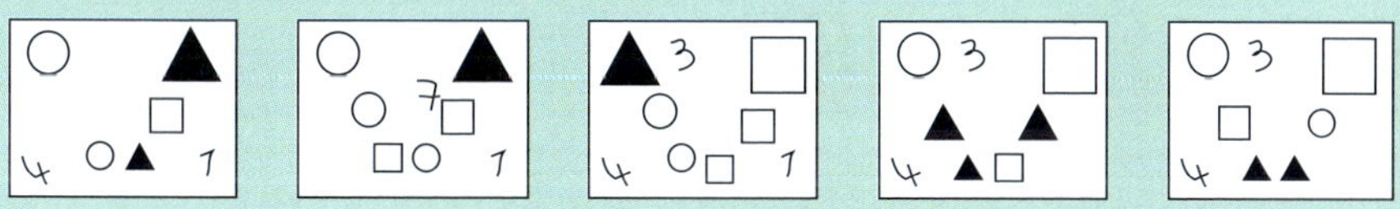

17. Pourquoi un carré dessiné à l'échelle 1/2 a-t-il une aire 4 fois plus petite ?

18. 1 kg de pommes coûte 0,5 €. Montant de la dépense ?

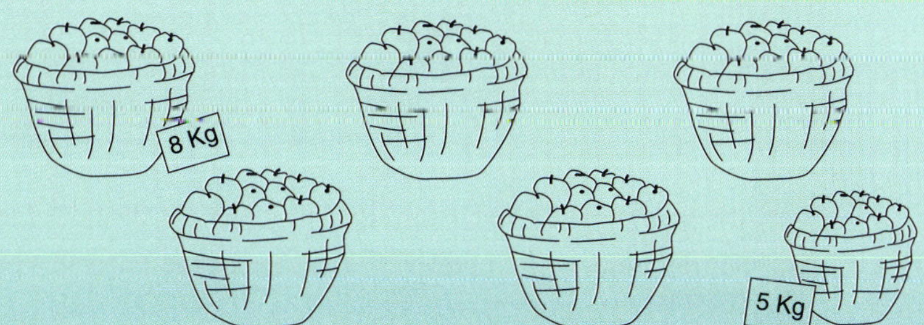

19.

Une poupée à habiller

3 perruques: c. courts – c. bouclés – c. longs
4 robes : jaune – rouge – verte – bleue
2 chaussures : t. hauts – t. plats

Combien de possibilités as-tu pour habiller ta poupée ?

20.

Jean a reçu 28 € de sa marraine et 15 € de son parrain. Il voudrait acheter un jeu électronique pour 15,7 €, une canne à pêche pour 6,5 € et un ballon qui coûte 3 fois moins que la canne à pêche.

Pose une question. Y a-t-il une donnée manquante pour y répondre ?

21.

Projet d'excursion. Intervention financière : 15 €
Retour avant 22 heures

22.

Donne un coup de ciseau dans ce rectangle de façon à ce que tu puisses recomposer un trapèze isocèle à l'aide des deux morceaux obtenus.

23.

Place ces dessins dans le bon ordre de façon à ce que

 soit en dessous de 

 soit entre  et 

 soit en haut

 soit en dessous de 

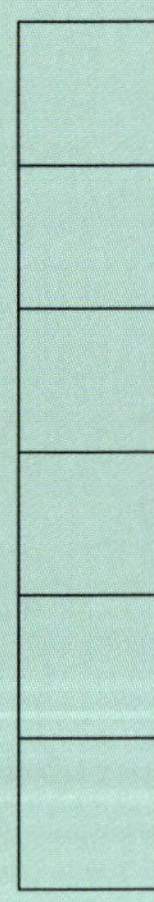

24.

Une recette prévoit qu'il faut utiliser 15 cl de crème fraîche pour 4 personnes.

Combien de litres faudra-t-il prévoir pour 40 personnes ? pour 400 personnes ? pour 20 personnes ?

25. L'inspecteur Laterreur vient de recevoir la photo suivante. Il sait que Dédé-lé-terreur et Pat-le-tendre se cachent parmi ces 5 personnes.

Malheureusement il ne connaît d'eux que leur taille : 1,20 et 1,80 m.

"Ce n'est rien se dt-il. Il me suffit de mesurer la taille de chaque personnage de la photo à l'aide d'une règle."

«Ça y est, j'ai trouvé, s'exclame-t-il». Comment l'inspecteur s'y est-il pris ?

26. Quand un triangle isocèle devient-il équilatéral ?

27. Comment faire pour connaître la masse d'un morceau de sucre d'une boîte de sucre ?

28. Trace une croix à côté de l'information qui te permet de répondre à la question posée.

Maud a son anniversaire le 18 juin.

Quel âge aura-t-elle ce jour là ?

Maud a deux sœurs.	
Son frère a 2 ans de plus qu'elle.	
Elle est née en 1990.	

29. Astrid a décidé de faire de la confiture. Elle achète 10 kg de fraises à 1,5 € le kg et 10 kg de sucre.

À cause des fraises abîmées et des queues, elle a une perte de 15% de fruits. Elle décide malgré tout de mettre tout le sucre.

Combien de pots de confiture de 1/2 kg pourra-t-elle remplir ?

30. Les enfants ont décidé de mettre sur pied une bibliothèque de classe, avec l'aide du professeur.

Écris tous les renseignements dont tu penses qu'il faudra tenir compte pour son installation.

31. Eric range ses livres sur 3 étagères. Il possède 120 livres.

Sur la première étagère, il met 30 livres.

Sur la deuxième étagère, il pose 45 livres.

Combien Eric a-t-il de livres ?

32. Observe ces documents et pose plusieurs questions à leur sujet.

SUPER RÉCLAME

steak.	12 €/K
la laitue.	0,75 €
le litre de lait.	0,60 €
saucisse	6 €/K
250g de beure	0,8 €
le litre de jus.	0,65 €
1,5 l de sangria.	2,50 €

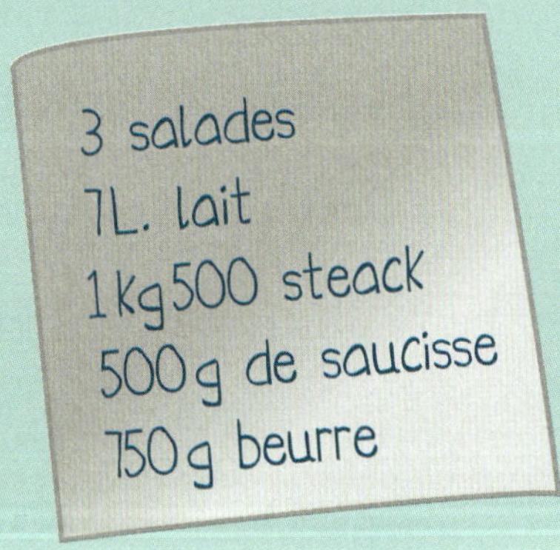

33. La loi interdit de prendre le volant aux conducteurs qui dépassent 0,8 g. d'alcool dans le sang.

Entoure les conducteurs qui peuvent prendre le volant:

A : 0,75	B : 1,21	C : 0,82	D : 0,18
E : 1,08	F : 0,94	G : 0,08	H : 0,78

34.

et du chocolat à **1,80€**

est-ce assez ?

Maman envoie Frank faire des courses

Elle lui demande

d'acheter un pain à **2,50€**

Elle lui donne **5€**

Remets l'énoncé de la situation-problème dans l'ordre. Trouve la réponse.

35.

Désigne celui qui est venu manger mes laitues :

il n'est pas blanc
il regarde à droite
il n'a pas l'oreille fendue

36.

Dessine la pelouse du voisin. Voici sa description :

a) elle a au moins deux côtés de même longueur ;

b) la bordure de fleurs se trouve à gauche.

37.

Histoire de cochon !

Je me souviens avoir mis 3 pièces dans mon cochon. Je sais aussi que je n'y mets que des pièces de 10 c ou de 1 €. Quelle(s) somme(s) peut contenir mon cochon ?

Si tu n'en sors pas, dessine les pièces !

Mon cochon peut contenir

....

....

....

....

....

38. Réalise chacun de ces trois dessins d'un seul trait. Attention, la pointe de ton crayon ne peut pas quitter la feuille et tu ne peux pas repasser deux fois sur le même trait.

39. Voici ce que possède Jacques.
Peut-il acheter cette auto ?

40. Décore des clowns.

Tu peux leur mettre un chapeau 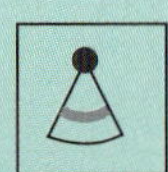 , un noeud  , des lunettes 

Combien de clowns différents pourrais-tu dessiner ?

EXEMPLE : 

41. Quelle somme d'argent un adulte dépense-t-il par jour pour se nourrir convenablement ?

42. Stéphanie a reçu 10 € pour son anniversaire. Elle voudrait acheter 2 livres à 3,5 € et aussi 3 noeuds pour mettre dans ses cheveux. Combien d'argent lui restera-t-il ?

43. Ce matin, Aline est restée en classe pendant 4 heures.

Combien de cours de 50 minutes a-t-elle eus ?

44.

45.

Avec l'aide de quelques-un(e)s de tes camarades de classe, planifie la construction d'une petite station météo. Pour cela, il faut prévoir:

a) un abri sur pied (muni d'une peinture résistante à la pluie, ainsi que d'une aération suffisante). Fabrique le plan de cet abri. Estimes-en le coût de la réalisation.

b) les instruments météorologiques de base permettant des relevés importants de données météo:

– le thermomètre ;

– le baromètre ;

– le pluviomètre ;

– l'hygromètre ;

– l'anémomètre.

Renseigne-toi de la fonction exacte de chacun, de ce qu'il mesure et dans quelle unité, ainsi que son prix approximatif. Eventuellement, propose toi-même un plan de fabrication de l'un ou l'autre de ces instruments.

c) les fiches hebdomadaires de relevés météorologiques. Assure-toi que tout y soit présent et clairement présenté.

46.

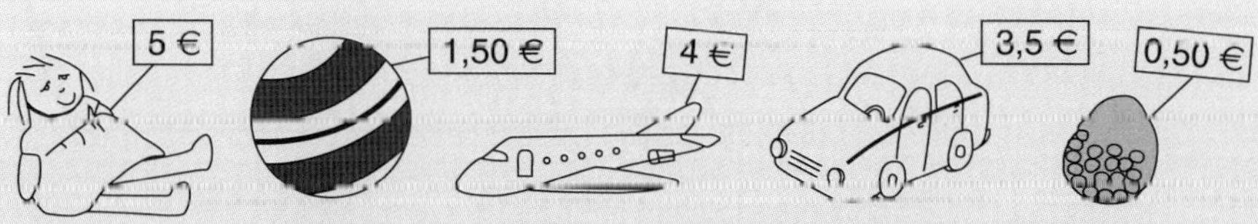

Sophie veut acheter deux jouets.

Elle a 2 €. Que peut-elle acheter ?

Qu'est-ce qui coûterait le moins cher ?

47. Monsieur Lafleur voudrait carreler le mur de sa cuisine. Ce sont des carreaux de 20 sur 20 à 6 € pièce.

Voici les dimensions de la partie à carreler.

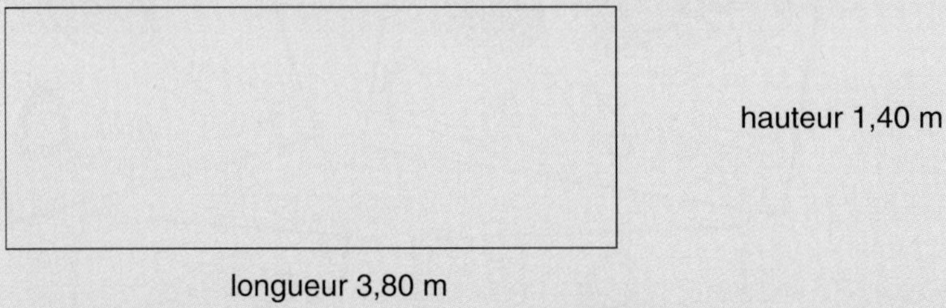

Il cherche à savoir le montant total de la dépense.

Mais comme il n'est pas très fort en mathématiques, il a écrit toutes sortes d'opérations. Parmi ces opérations, lesquelles ont du sens ? Et que calculent-elles chacune ?

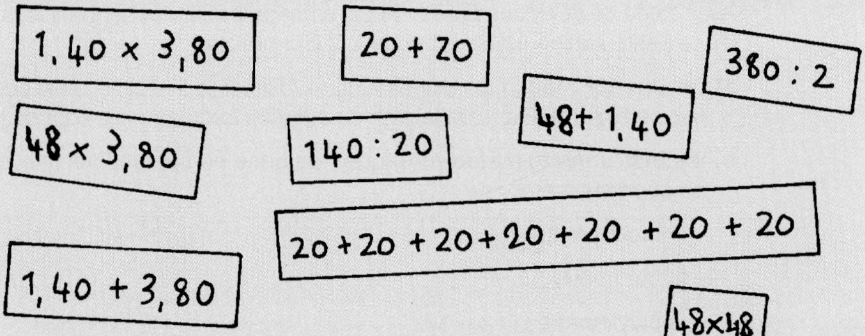

Ensuite, résous la situation-problème.

48.

Celui qui a le plus de points avec 3 cartes a gagné.
Céline a encore une carte à jouer. Elle dit : "J'ai gagné !"
Quelle peut être la carte qui lui reste ?

Voici les cartes du jeu :

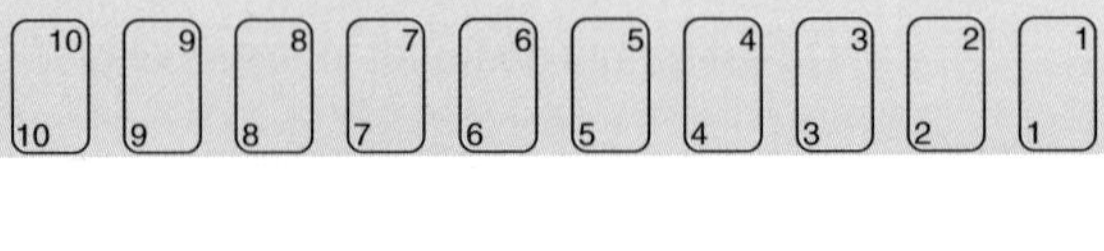

LES TAXONOMIES DES OPÉRATIONS COGNITIVES

A. LA TAXONOMIE DE D'HAINAUT

Pour L. D'HAINAUT, une opération cognitive est définie comme le processus mental par lequel une personne obtient un produit à partir d'un "objet" donné au départ ou à partir de son propre répertoire cognitif.

Les opérations cognitives élémentaires sont au nombre de 5 :

1. **Reproduction**
2. **Conceptualisation**
3. **Application**
4. **Exploration** (du réel et du possible)
5. **Mobilisation** (convergente et divergente)

Une sixième vient compléter cet ensemble :

6. **Résolution de situations-problèmes.**

1. La reproduction

C'est une activité cognitive où le sujet, placé devant le même objet que lors de l'apprentissage, fournit la même réponse (le même produit).

EXEMPLE : Répondre "cm" à la question "Symbole conventionnel du centimètre ?", si ce symblole a été associé antérieurement au centimètre.

Ce produit peut être un savoir, un savoir-faire cognitif, un savoir-faire gestuel ou un savoir-être. Il peut être notamment un problème qui a déjà été résolu en classe, ou une synthèse déjà élaborée auparavant.

2. La conceptualisation

Dans cette activité, le sujet placé devant un objet fournit une réponse commune à la classe à laquelle l'objet appartient ou qui est un autre objet de cette classe; dans l'apprentissage, le produit n'a pas été associé à l'objet (sinon, il s'agirait d'une répétition, d'une reproduction).

Par exemple, répondre "quadrilatère" à l'objet "parallélogramme" constitue une activité de conceptualisation, à condition que l'on ait pas associé antérieurement dans l'apprentissage le mot "quadrilatère" à l'objet particulier "parallélogramme".

Pour mettre en évidence une conceptualisation, il faut mettre le sujet en présence d'exemples dont on peut être pratiquement sûr qu'il ne les a jamais rencontrés.

L'activité exercée est un savoir-faire.

On peut associer à la conceptualisation les comportements suivants:identifier un objet comme membre d'une classe, classer, sélectionner, trier, etc.

3. L'application

Il y a application quand le sujet fournit à une situation une réponse spécifique déterminée en utilisant une relation, une opération ou une structure qu'il a apprise et qui sert d'opérateur à l'activité cognitive d'application.

EXEMPLES :
- appliquer un critère donné (déterminer si tel triangle est isocèle),
- traduire, transposer (exemple : construire le diagramme de...)
- appliquer un algorithme,
- appliquer une méthode de mesure,
- calculer (effectuer une opération),
- expliquer, justifier,
- prévoir,
- comparer
- etc.

4. L'exploration

Elle consiste à extraire *d'une situation* un élément, un contenu ou une information déterminée.

EXEMPLES :
- retrouver dans une situation donnée les éléments qui permettent de dire que... ;
- retrouver des résultats qui semblent anormaux ;
- rechercher la cause d'une dysfonctionnement ;
- etc.

On peut distinguer :

a) l'exploration du réel

Le sujet doit retirer de l'information ou un élément déjà présent dans une situation et dont il peut vérifier qu'il s'y trouve effectivement.

EXEMPLE : Le jeu des 7 erreurs.

b) l'exploration du possible

Le sujet doit retirer de l'information d'une situation non encore réalisée.

EXEMPLE : Rechercher une façon de développer un parallélépipède rectangle.

5. La mobilisation

Elle consiste à extraire *du répertoire cognitif* un ou plusieurs éléments répondant à des conditions précises.

a) La mobilisation convergente

Elle consiste à trouver un ou quelques produits répondant à un ensemble de conditions contraignantes (mobilisation "contraignante").

EXEMPLE : Inventer une situation-problème qui répond à des conditions données.

b) La mobilisation divergente

Elle consiste à évoquer un grand nombre de produits répondant à une ou deux conditions peu contraignantes (mobilisation "libre").

EXEMPLE : Citer différentes sortes de triangles.

6. La résolution de problèmes

C'est une activité cognitive qui consiste à fournir un produit à partir d'un objet ou d'une situation lorsqu'une des conditions suivantes est réalisée :

(1) la situation n'a pas été rencontrée antérieurement ;

(2) la solution exige l'application d'une combinaison non apprises de règles ou de principes appris ou non appris ;

(3) le produit et la classe à laquelle il appartient n'ont pas été rencontrés antérieurement.

Elle comprend les activités complexes qui sont la résultante de combinaisons d'activités simples. Ce qui caractérise la résolution de problèmes est la nouveauté, pour le sujet, de la situation, du processus ou du produit à obtenir.

Sur le plan du processus, une activité de résolution de problèmes exige principalement :

- d'identifier le problème (mobilisation convergente);
- d'identifier les données ou les variables pertinentes (exploration du possible);
- de se faire une idée de la solution (exploration du possible);
- de voir si l'on dispose de tous les éléments nécessaires à la résolution (exploration du réel);
- arrêter un plan ou une stratégie de recherche (mobisation divergente);
- etc.

B. LA TAXONOMIE DE BLOOM

La connaissance

1.00 Acquisition des connaissances

La connaissance est entendue plutôt comme mémorisation et rappel de ce qui est mémorisé.

1.10 Connaissance des données particulières

1.11 Connaissance de la terminologie.

EXEMPLE : Connaître la signification d'une série de synonymes.

1.12 Connaissance des faits particuliers.

EXEMPLES : Connaissance de dates, événements, personnes, lieux, etc.

1.20 Connaissance des moyens permettant l'utilisation des données particulières

1.21 Connaissance des conventions.

1.22 Connaissance des tendances et des séquences.
Connaissance de l'évolution des phénomènes qui se déroulent dans le temps.

1.23 Connaissance des classifications.

1.24 Connaissance des critères.
Connaissance des critères d'après lesquels sont jugés ou vérifiés les faits, principes opinions ainsi que le comportement.

1.25 Connaissance des méthodes.

1.30 Connaissance des représentations abstraites

1.31 Connaissance des principes et des lois.

1.32 Connaissance des théories.

Les habiletés et capacités intellectuelles

Les catégories suivantes mettent l'accent sur les processus mentaux mis en œuvre par l'élève pour obtenir un résultat particulier.

2.00 Compréhension

Il s'agit ici du niveau le plus élémentaire de l'appréhension intellectuelle. Elle permet à l'étudiant de connaître ce qui est communiqué sans nécessairement établir un lien entre ce contenu et un autre, ou en saisir toute la portée.

2.10 Transposition

Exemples : capacité de transformer du matériel mathématique verbal en énoncés symbolique et vice versa.

2.20 Interprétation

Explication ou résumé d'une communication. Alors que la transposition équivaut à rendre objectivement le sens littéral d'une communication, l'interprétation équivaut à présenter le matériel, soit dans une disposition ou un ordre différents, soit d'un point de vue nouveau.

2.30 Extrapolation

Extension des courants et tendances au-delà des données présentées, afin de déterminer la portée, les conséquences, corrolaires, influences, etc., correspondant aux conditions décrites dans la communication originale.

3.00 Application

Utilisation des représentations abstraites dans des cas particuliers et concrets. Ces représentations peuvent prendre, soit la forme d'idées générales, de règles de procédures ou de méthodes largement répandues, soit celles de principes, d'idées, de théories qu'il faut se rappeler et appliquer.

Exemple : Habileté à prévoir l'effet probable de la modification d'un facteur dans un état d'équilibre biologique.

4.00 Analyse

Séparation des éléments ou parties constituantes d'une communication de manière à éclaircir la hiérarchie relative des idées et (ou) les rapports entre les idées exprimées.

4.10 Recherche des éléments

EXEMPLE : Habileté à distinguer les faits des hypothèses.

4.20 Recherche des relations

4.30 Recherche des principes d'organisation

5.00 Synthèse

Réunion d'éléments et de parties aux fins de former un tout.

Cette opération consiste à disposer et combiner les fragments, parties, éléments etc., de façon à former un plan ou structure que l'on ne distinguait pas clairement auparavant.

5.10 Production d'une œuvre personnelle

EXEMPLE : Facilité à conter une expérience personnelle de façon intéressante.

5.20 Élaboration d'un plan d'action

EXEMPLE : Habileté à proposer des méthodes de vérification d'hypothèses.

5.30 Dérivation d'un ensemble de relations abstraites

EXEMPLE : Capacité de faire des découvertes et des généralisations mathématiques.

6.00 Évaluation

Formulation de jugements sur la valeur du matériel et des méthodes utilisés dans un but précis. Jugements qualitatifs ou quantitatifs établissant jusqu'à quel point le matériel et les méthodes correspondent aux critères. Emploi d'une norme d'appréciation. Les critères peuvent être, soit proposés par l'étudiant, soit établis par lui.

6.10 Critères internes

Évaluation de l'exactitude d'une communication à partir d'éléments tels que la rigueur, la cohérence et d'autres critères internes.

EXEMPLES : Habileté à déceler les sophismes dans des discussions.

6.20 Critères externes

Évaluation du matériel à partir de critères donnés ou dont on se souvient.

EXEMPLE : Habileté à comparer une œuvre avec d'autres œuvres dont l'excellence est reconnue.

De nombreuses critiques ont été faites à la taxonomie de BLOOM, en particulier sur l'indépendance et la hiérarchisation des catégories. Dans la pratique, le système de classification présente des difficultés pour les niveaux intermédiaires.

Pour éliminer ces difficultés, certains auteurs proposent une taxonomie simplifiée dans laquelle on ne distingue plus que trois catégories:

- **mémorisation** qui remplace connaissance ;
- **application** qui remplace compréhension et application ;
- **résolution de problèmes** qui remplace analyse, synthèse, évaluation.

SOLUTION DES EXERCICES

CHAPITRE 3

p. 20

Oui, on peut passer de l'un à l'autre par transformation continue.

p. 34

3 points → 3 segments

4 points → 6 segments

5 points → 10 segments

n points → n(n–1)/2 segments

p. 47

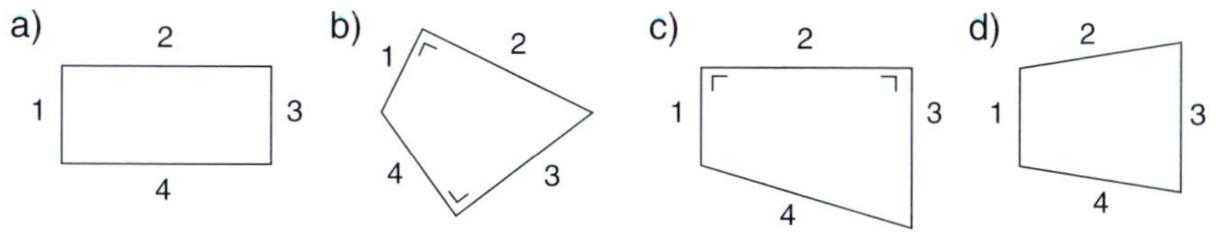

p. 58

Centre de symétrie : H, I, O, N, S, X, Z

Un seul axe de symétrie : A, B, C, D, K, M, T, U, V, W, Y

Deux axes de symétrie : H, I, X, O

p. 66

4 côtés : 2   5 côtés : 5   6 côtés : 9

n côtés : 2 + 3 + 4 ... (n–2) = n(n – 3)/2

p. 79

a) 108°   **b)** $180° - \frac{360°}{n}$

p. 81

Oui, à condition que la distance entre les deux droites soit égale à la moitié de la distance entre **A** et **B**.

(à ce moment, [**AB**] est la diagonale d'un carré).

p. 93

Seul le trapèze isocèle non convexe existe; (AB) est parallèle à (CD) et il existe une médiane qui soit axe de symétrie.

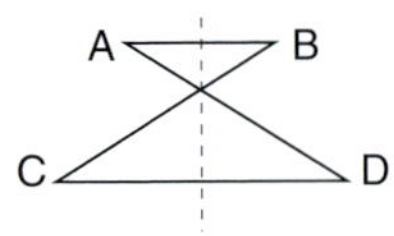

p. 113

Le patron C.

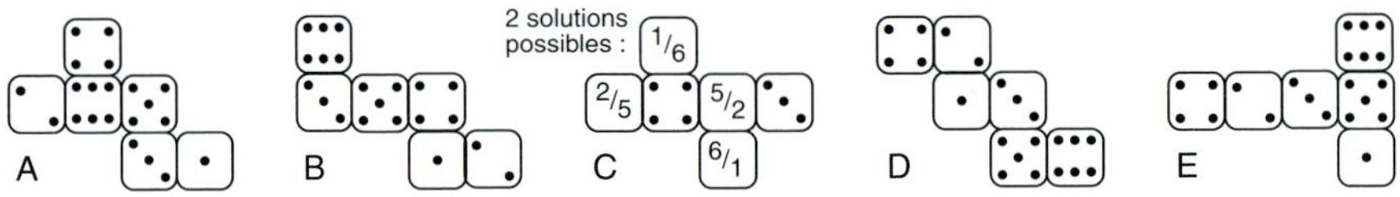

Une méthode de travail consiste à transformer le patron pour revenir au patron donné au départ.

CHAPITRE 4

p. 127

a) Elles sont de même longueur.

b) 6,26 m car si la longueur (en mètres) de la première ficelle est de 2 πR (avec le rayon de la terre en m), celle de la seconde est de 2 π(R + 1), soit 6,28 m plus longue que la première.

p. 128

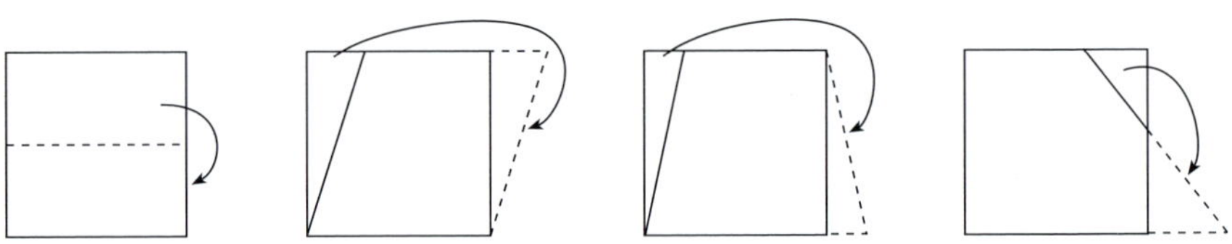

p. 135

Théoriquement 20 morceaux, mais pratiquement, on ne peut pas en découper plus de 18.

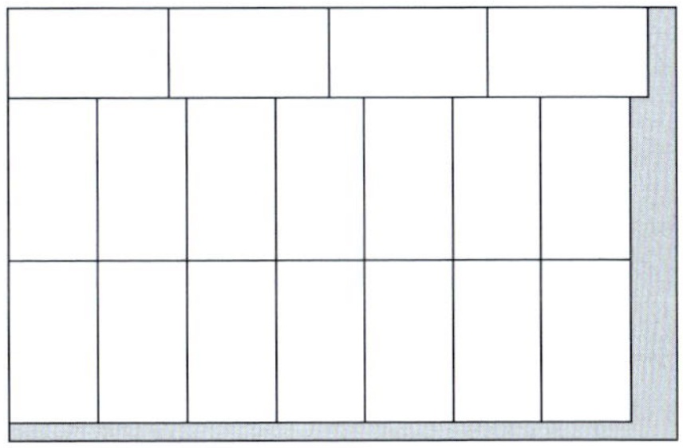

p. 135

2 m car on pourrait inscrire ce carré dans un carré dont l'aire vaut le double du premier, soit 4 m^2. Le côté de ce carré (2 m) est la diagonale du premier.

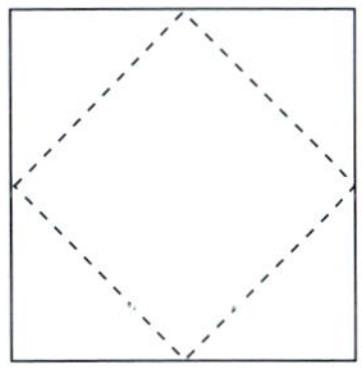

p. 136

On considère le losange comme un parallélogramme de hauteur A et de base B égale au côté (la longueur du segment perpendiculaire à A et limité par les côtés).

p. 166

Les unités de longueur doubleraient toutes.
Les unités d'aire quadrupleraient toutes.
Les unités de volume, de masse et de capacité deviendraient 8 fois plus grandes.
Les autres unités ne changeraient pas car leur valeur n'est pas liée à celle du mètre.

p. 174

25 fois plus, soit 50 œufs, car il y a cinq fois plus de poules qui pondent pendant une durée 5 fois plus grande, à condition qu'elles continuent à pondre au même rythme...

p. 175

Il faut revenir à une longueur pour effectuer la transformation d'échelle. 4 m^2 d'aire signifie un côté de 2 m à l'échelle 1/100. La grandeur réelle du côté est de 200 m. L'aire d'un tel carré est de 4 ha.

BIBLIOGRAPHIE

AUDIGIER, M.-N., COLOMB, J., GUILLAUME, J.-C., RICHARD, J.-F. (s. d.)
Recherche d'information et planification dans la résolution de problèmes à l'école élémentaire.
I.N.R.P., Ministère de l'Éducation Nationale, Paris

BARTH, B.-M. (1993)
Le savoir en construction
Paris : Retz.

BARUK, S. (1992)
L'âge du capitaine : de l'erreur en mathématiques
Paris : Éditions du Seuil.

BROUSSEAU, G. (1986)
Fondements et méthodes de la didactique des mathématiques
Recherches en didactique des mathématiques, vol 7 n°2.

BROUSSEAU, G. (1983)
Les obstacles épistémologiques et les problèmes en mathématiques
Recherches en didactique des mathématiques
Grenoble : La Pensée Sauvage.

BROUSSEAU, G. (1981)
Problèmes de didactique des décimaux
Recherches en didactique des mathématiques, vol 2 n°1.

BRUN J., CONNE F. (1979)
Approches en psychopédagogie des mathématiques
Section des sciences de l'éducation Uni II, 1211 Genève 4 (Suisse).

BRUNER, J. S. (1974)
The growth of competence
London : Academic Press.

CHARNAY, R. (1996)
Pourquoi les mathématiques à l'école ?
Paris : E.S.F.

CHEVALLARD, Y., JOSHUA, A.-M. (1982)
Un exemple de la transposition didactique
Recherches en didactique des mathématiques, vol 3 n°3, 1982

CHEVALLARD, Y. (1985)
La transposition didactique : du savoir savant au savoir enseigné
Grenoble : La pensée Sauvage.

COLOMB J., RESPONSABLE DE L'ÉQUIPE DE L'E.R.M.E.L. (1978)
Apprentissage mathématiques à l'école élémentaire
Sermap, O.C.D.L.

DE KETELE, J.M. (1996)
L'évaluation des acquis scolaires : quoi ? pourquoi ? pour quoi ?
Revue Tunisienne des Sciences de l'Education, 23, 17-36

DE KETELE, J.M., CHASTRETTE, M., CROS, D., METTELIN, P., THOMAS, J. (1989)
Guide du Formateur
Paris : De Boeck, Éditions Universitaires.

D'Hainaut, L. (1983)
Des Fins aux Objectifs
Éditions Labor Nathan.

Douady, R., Artigue, M. (1987)
La didactique des mathématiques en France
Revue française de Pédagogie, n°76, Paris : INRP.

Jonnaert P. (1988)
Conflits de savoir et didactique
Paris-Bruxelles : De Boeck Université.

Goguelin, P. (1967)
La pensée efficace. Tome II : La problémation
Paris : S.E.D.E.S.

Perret J.-F. (1985)
Comprendre l'écriture des nombres
Bern : Peter Lang.

Perret-Clermont, A.-N. (1981)
La construction de l'intelligence dans l'interaction sociale
Berne, Francfort : Peter Lang.

Piaget J. (1972)
Problèmes de psychologie génétique
Paris : Denoël Gonthier.

Piaget J., Inhelder B. (1967)
La genèse des structures logiques élémentaires
Neuchatel : Delachaux-Niestlé.

Piaget J., Szeminska A. (1972)
La genèse du nombre chez l'enfant
Neuchatel : Delachaux-Niestlé.

Roegiers, X. (2003, 3e éd. 2011).
Des situations pour intégrer les acquis scolaires.
Bruxelles : De Boeck.

Roegiers, X. (2010).
La Pédagogie de l'Intégration : des systèmes d'éducation et de formation au cœur de nos sociétés.
Bruxelles : De Boeck Université.

Rouche, N. (1992)
Le sens de la mesure : des grandeurs aux rationnels
Bruxelles : Didier Hatier

Van Hout, G. (1994)
Et que le nombre soit ! ...
Bruxelles : De Boeck Université

Vergnaud G. (1981)
L'enfant, la mathématique et la réalité – Problèmes de l'enseignement des mathématiques à l'école élémentaire.
Bern : Peter Lang.

Index

Légende: [1] *et* [2] *renvoient respectivement au premier et au second volume.*
Une référence en caractères accentués renvoie à la page à laquelle figure la définition.

A

D

F

G

H

I

J – K

L

M

N

O

P

Q

R

S

T

U

V

W

Z